国家自然科学基金创新研究群体项目"金融创新、资源配置与风险管理"（编号71771220），国家社会科学基金重大项目"数字普惠金融的创新、风险与监管研究"（编号18ZDA092），广东省高等学校珠江学者岗位计划资助项目（2018）

中国数字普惠金融

热点问题评述

2020 | 2021

曾燕　杨佳慧◎等著

中国社会科学出版社

图书在版编目（CIP）数据

中国数字普惠金融热点问题评述. 2020–2021/曾燕等著.
—北京：中国社会科学出版社，2021.7
ISBN 978 – 7 – 5203 – 8846 – 7

Ⅰ. ①中… Ⅱ. ①曾… Ⅲ. ①数字技术—应用—金融
事业—研究—中国—2020 – 2021 Ⅳ. ①F832 – 39

中国版本图书馆 CIP 数据核字（2021）第 157471 号

出 版 人	赵剑英
责任编辑	刘晓红
责任校对	周晓东
责任印制	戴 宽

出　　版	中国社会科学出版社
社　　址	北京鼓楼西大街甲 158 号
邮　　编	100720
网　　址	http：//www.csspw.cn
发 行 部	010 – 84083685
门 市 部	010 – 84029450
经　　销	新华书店及其他书店

印　　刷	北京君升印刷有限公司
装　　订	廊坊市广阳区广增装订厂
版　　次	2021 年 7 月第 1 版
印　　次	2021 年 7 月第 1 次印刷

开　　本	710 × 1000　1/16
印　　张	17
插　　页	2
字　　数	270 千字
定　　价	99.00 元

前　言

2020 年是中国数字普惠金融走向高质量发展的一年。数字技术的发展和新冠肺炎疫情的影响使数字普惠金融逐渐成为经济增长的新动能，加快经济社会数字化转型发展成为各行业的共识。中国人民银行在2016 年发布的《G20 数字普惠金融高级原则》中提出，数字普惠金融是通过数字技术促进普惠金融的行动。自 2016 年以来，数字技术发展助力我国数字普惠金融取得了不少突破性进展，但是，行业监管与发展中也存在不少问题与挑战。到 2020 年，我国数字普惠金融监管与发展困境凸显。只有对数字普惠金融监管与发展困境进行深入的总结与反思，我国数字普惠金融才能迸发出更强劲的活力。

在过去一年的发展过程中，我国数字普惠金融出现了一系列的热点事件，如银行业与保险业监管在数字技术驱动下的创新、消费金融行业与保险经纪公司在服务长尾群体过程中问题频发、监管部门彻底清理P2P 网贷行业等。数字普惠金融的热点事件都与经济社会的发展息息相关，值得我们重点关注。这一系列热点事件蕴含了我国数字普惠金融的最新发展动态，体现了我国数字普惠金融创新、风险与监管的作用关系，需要我们深入思考、分析与探讨，找出中国数字普惠金融高质量发展问题的症结。

基于此，本书聚焦中国数字普惠金融发展的前沿热点事件，对中国2020—2021 年数字普惠金融的部分热点问题进行评述，旨在为广大读者提供中国数字普惠金融发展的最新问题和研究展望。本书的热点问题包括数字普惠金融新型业务监管相关研究，如数字技术驱动的银行业监管创新、数字技术驱动的保险业监管创新、我国助贷业务监管、数字金融监管与创新错配以及金融科技可能引致的新型风险。同时，本书还梳理了数字普惠金融发展面临的困境，包括数字普惠金融服务老年群体的困境、保险经纪公司服务小微企业的困境、我国消费金融行业的发展困境、惠民保产品的社会价值及其市场发展方向与P2P网贷行业走向衰亡的历程。在梳理热点问题过程中，本书结合学术理论与业界实践，对数字普惠金融的相关热点问题深入剖析和评述，给出了一些促进数字普惠金融监管与创新发展的对策建议。

我们期待本书能为政府决策提供一些参考价值，为业界提供一些发展启示，也能为学术界提供一些新的研究视角，最终能为促进中国数字普惠金融健康发展贡献一份绵薄之力。我们还将继续关注数字普惠金融领域最新动态，在本书研究成果上进行深入的学术探索和实践分析，通过扎实的理论研究推动社会经济良好发展。我们相信：在党和政府的领导下，在实务界和学术界共同努力下，中国数字普惠金融必将对整个经济社会发展起到重大的推动作用。

曾 燕

2021 年 5 月 15 日

主要编撰者简介

曾 燕 中山大学岭南（大学）学院，博士，教授，研究方向为：数字普惠金融、数字经济、金融工程、风险管理与保险精算。

杨佳慧 广东工业大学管理学院学生，研究方向为：数字普惠金融、互联网金融与并购重组。

目 录

第一部分

数字普惠金融新型业务监管研究

第二部分

数字普惠金融发展困境与对策

第一部分

数字普惠金融新型业务监管研究

数字技术驱动的银行业监管创新与对策建议

曾　燕　杨佳慧　温君南

摘要 本文主要研究了数字技术驱动的银行业监管创新的情况，提出了数字技术驱动的银行业监管创新对金融业监管发展的启示。第一，从监管体制、监管手段等角度描述了银行业监管现状，并阐述了我国银行业监管存在的主要问题。第二，梳理了大数据、云计算等数字技术具体在银行业监管中的运用情况。第三，阐述了数字技术驱动的银行业监管的主要创新。第四，分析数字技术驱动的银行业监管创新的主要影响因素。第五，提出了一些数字技术驱动银行业监管创新的对策建议。第六，阐述了数字技术驱动的银行业监管创新对金融业监管发展的启示。

近年来，数字技术发展引起了国家监管机构的重视，为银行业监管机构优化监管体系建设提供了契机。央行[①]在 2020 年第一次召开的金融科技委员会中强调，要运用大数据、人工智能等数字技术提高数字监管能力，加强数字技术在监管领域中的应用实践。[②] 接着，银保监会[③]开始改进监管标准化数据系统（以下简称 EAST），旨在提升监管数据质量，为银行业监管机构运用数字技术提升监管能力奠定基础。[④]

---

① 本文所提到的央行均指中国人民银行。
② 搜狐网，https：//www.sohu.com/a/395175381_826383。
③ 本文银保监会均指中国银行保险监督管理委员会。
④ 搜狐网，https：//www.sohu.com/a/407633337_603349?_f = index_pagefocus_2。

此外，随着数字技术发展，银行业金融机构①运用数字技术进行金融科技②创新进一步升级了金融业混业经营的业态，驱动了银行业监管机制创新。传统银行业监管体制难以有效应对金融科技创新，使银行业监管存在"监管空白"和"监管滞后"的现象。为平衡银行业金融科技创新与监管，央行通过设立中国金融科技创新监管试点探索适合我国的监管沙盒机制。③ 同时，为解决银行业金融科技创新乱象并加强银行业风险管理，央行还通过发布资管新规约束金融业的混业经营现象，开始推动银行业监管走向功能监管和行为监管。

基于上文描述，本文将分析数字技术驱动的银行业监管创新的情况。本文结构安排如下：第一节描述银行业监管现状，在此基础上总结出我国银行业监管存在的主要问题；第二节梳理数字技术在银行业监管中的具体运用情况；第三节阐述数字技术驱动的银行业监管的主要创新；第四节分析数字技术驱动的银行业监管创新的主要影响因素；第五节提出一些数字技术驱动银行业监管创新的对策建议；第六节阐述数字技术驱动的银行业监管创新对金融行业监管发展的启示。

一 我国银行业监管现状与存在的主要问题

2018 年 3 月，我国将金融业监管框架调整为"一委一行两会"④。金融监管框架的调整为促进金融稳定提供了监管机制保障，也为银行业监管从机构监管走向行为监管创造了基础条件（王国刚，2019）。基于

---

① 根据《中华人民共和国银行业监督管理法》规定，银行业金融机构是指我国设立的商业银行、城市信用合作社、农村信用合作社等吸收公众存款的金融机构以及政策性银行。金融资产管理公司、信托投资公司、财务公司、金融租赁公司以及经国务院银行业监督管理机构批准设立的其他金融机构也适用于该法律的监管规定。因此，本文中银行业涵盖商业银行、政策性银行、合作银行、外资银行、互联网银行等金融机构。参见中国政府网，http://www.gov.cn/jrzg/2006-10/31/content_429279.htm。

② 金融科技是指基于大数据、云计算、人工智能等数字技术运用而产生的新的商业模式、应用、过程或产品，能够对金融市场、金融机构或金融服务的提供方式产生重大影响。资料来源：笔者根据 FSB 资料整理。

③ 未名湖数字金融研究，https://mp.weixin.qq.com/s/wJgkkxPuGUOXdI-yaTVgHw。

④ "一委"是指国务院金融稳定发展委员会（以下简称金融委），"一行"是指央行，"两会"是指银保监会和中国证券监督管理委员会（以下简称证监会）。参见新华网，https://baijiahao.baidu.com/s?id=1594874786819346820&wfr=spider&for=pc。

此，本节先阐述银行业监管现状，并指出银行业监管存在的主要问题。

（一）银行业监管现状

为方便讨论银行业监管相关话题，本文所提到的银行业监管机构均是指央行、银保监会以及其派出机构。后文中金融业监管机构不仅包括银行业监管机构，还包括证监会等其他监管机构。以下将先从监管主体角度界定银行业监管概念，再从监管体制、监管手段等角度描述我国银行业监管现状。

银行业监管主要包括监管银行业资本和限制非传统银行活动（Chen et al.，2020）。2018 年，时任央行研究局局长徐忠和东方证券经济学家邵宇曾表示，分离监管规制与执行后，央行主要负责银行业重大监管政策的制定，银保监会负责微观审慎监管、市场监管、投资者保护等执行类工作。① 如图 1 所示，本文分别从广义和狭义的角度绘制了银行业监管框架，其中内部监管主要指银行业金融机构监督管理自身内部运作、人员配置等情况；自律监管主要指中国银行业协会通过组织协会

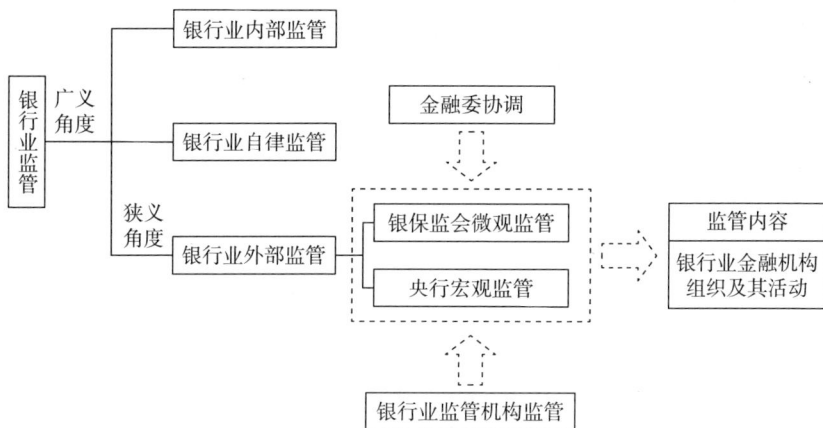

图 1　银行业监管框架

资料来源：笔者根据公开资料绘制。

---

① 新华网，https：//baijiahao. baidu. com/s?id = 1594874786819346820&wfr = spider&for = pc。

会员签订自律公约等方式促进我国银行业健康发展;① 外部监管主要指银保监会的微观监管和央行的宏观监管。金融委主要起到落实党中央与国务院关于金融工作的决策部署与协调监管等作用。② 结合银行业监管实际情况，本文从狭义角度理解银行业监管，将银行业监管主体界定为以央行与银保监会为主导的银行业监管机构，包括基层央行、各地方银保监局等派出机构。

如表1所示，银行业监管现状包括我国银行业现阶段的监管体制、监管手段与监管人员方面的状况。从监管体制来看，银行业监管机构既依据自身职责分别负责各自领域内的事务，也相互协调配合，进而形成分业监管体制。从监管手段来看，我国银行业监管机构主要通过窗口指导、监管报告等手段开展银行业监管工作。而随着数字技术发展，银行业监管机构也开始运用数字技术手段提升自身监管能力和效率。从监管人员来看，我国基层银行业监管机构还存在现场调研监管人员少、监管人员年龄偏大、工资低等现象。此外，银行业监管队伍还缺少具有特定金融领域知识的监管人员。

表1   **银行业监管现状**

角度	现状
监管体制	1. 银行业监管构建了以央行、银保监会为主导的分业监管体制；其中央行主要负责宏观监管政策制定，银保监会负责微观审慎监管、市场监管等执行类工作。 2. 基层央行、银保监局负责监管地方银行业；其中基层央行主要负责促进宏观调控措施落实，调查、监测与分析地方银行业运行情况；银保监局接受银保监会的垂直领导，维护地方银行业金融机构合规运营和金融安全
监管手段	1. 银行业监管机构主要利用窗口指导、诫勉谈话、金融监管报告和通报的手段开展银行业监管工作。 2. 随着数字技术在金融领域的发展，我国各大银行纷纷进行数字化转型。银行业监管机构也开始借助大数据、人工智能等数字技术进行数字化转型，旨在运用数字技术丰富我国银行业监管手段，提升跨行业、跨市场交叉性金融风险的甄别、防范和化解能力③

---

① 中国银行业协会，https://www.china-cba.net/Index/lists/catid/9.html。
② 中国政府网，http://www.gov.cn/guowuyuan/2017-11/08/content_5238161.htm。
③ 央广网，https://baijiahao.baidu.com/s?id=1639181627032588856&wfr=spider&for=pc。

续表

角度	现状
监管人员	1. 基层银行业监管机构现场调研人员少。
	2. 监管人员年龄偏大，较难熟练运用前沿技术。
	3. 监管人员工资低等

资料来源：笔者根据公开资料整理。

（二）银行业监管存在的主要问题

随着数字技术发展，银行业金融机构纷纷借助数字技术推出金融科技创新产品。近年来，虽然银行业监管机构持续治理影子银行和交叉金融业务[①]，但是仍有部分银行业金融机构打着"金融科技创新"的旗号，利用"监管真空"和"政策漏洞"开展影子银行和交叉金融业务。[②] 已有的监管机制和监管手段较难高效识别该类违规业务，我国银行业监管仍有较大的改进空间。基于上文阐述的银行业监管现状，本小节将进一步梳理银行业监管存在的主要问题。

第一，以银保监会为主的银行业监管机构的监管技术较难识别金融科技产生的风险，央行颁布的监管政策也滞后于银行业金融科技创新。随着数字经济飞速发展，在互联网科技企业的帮助下，我国银行业金融机构运用数字技术推出了各类创新的金融产品、业务流程与商业模式，金融科技创新层出不穷。然而，现有监管技术难以有效识别金融科技创新产生的风险，监管政策也滞后于金融科技创新，给社会经济稳定带来了巨大隐患。大型金融科技公司开设互联网银行后，运用数字技术开展联合贷款等金融业务，但却不承担主要风险，将主要金融风险转嫁给合作的银行业金融机构或者投资者。以蚂蚁集团旗下网商银行的联合贷款模式为例，蚂蚁集团 2020 年发布的招股说明书显示，其在 2020 年 6 月前发放信用贷款的资金大约 2% 是自有资金，其他资金均来源于合作的

[①] 从本质上看，"影子银行"和交叉金融业务是游离于监管体系之外的金融创新业务，存在着交易结构复杂、杠杆层层叠加及期限错配等风险（裘翔、周强龙，2014）。

[②] 中国产经新闻网，https：//baijiahao. baidu. com/s?id = 1672881921844704 134&wfr = spider&for = pc。

银行等金融机构或者资产证券化。① 蚂蚁集团涉及吸收公众存款，而央行的监管政策未从宏观审慎层面限定这类金融科技公司的金融活动，现有的监管技术也难以高效识别其业务开展过程中产生的金融风险。一旦"大而不能倒"的金融科技公司风险积聚，合作金融机构和投资者将会遭受巨大损失。此外，工商银行、建设银行等金融机构近年来也纷纷成立金融科技子公司或者在内部进行数字化转型，运用数字技术开展普惠金融服务。但是在依托各类场景开展互联网金融业务过程中，部分银行存在诱导还款能力弱的群体过度负债的现象。随着互联网多次曝出"校园贷""套路贷"等恶性事件，银行业监管部门多次发布通知整治银行业金融机构过度授信的现象。但是央行《2020 年第四季度中国货币执行报告》显示，部分银行业金融机构忽视了消费类贷款的潜在风险，仍然对缺乏资质的客户过度授信。② 可见，虽然部分银行业金融机构运用数字技术创新推出了金融科技产品，但是忽视了金融科技产品的风险隐患。而银行业监管机构也未能在风险发生前有效监管银行业金融机构，滞后于银行业金融科技创新，不利于社会安定和经济的良好发展。

第二，银行业金融机构尚未完全建成数据治理体系，银行业监管机构在员工数量、专业能力等方面存在不足，导致银行业监管机构的监管成本较高且监管能力较差。我国银行业监管成本较高的原因之一是银行业监管数据收集、处理与分析过程较难。特别是我国中小银行普遍未建成健全的数据治理体系，耗费了大量的人工成本。《中小银行金融科技发展研究报告（2019）》提到，仅 9% 的中小银行建立了完整的数据治理体系，大多中小银行的业务数据仍通过人工方式传递。③ 因此，一些监管信息不是标准化数据，需要人工实地调查甄别金融业务活动，导致银行业监管机构的监管成本较高。以银行业监管机构开展现场检查为例，监管人员一般需要遵循调看材料、现场访谈、发现疑点、找出问题

---

① 蚂蚁集团招股说明书，http://static.sse.com.cn/stock/information/c/202008/e731ee980f5247529ea824d20fcdb293.pdf。

② 搜狐网，https://www.sohu.com/a/455979166_120061090。

③ 经济观察报，https://baijiahao.baidu.com/s?id=1641305873516429395&wfr=spider&for=pc。

等步骤，问题能否被发现主要依赖监管从业人员的技术水平和专业能力。特别地，对于银行业监管机构中的分支机构而言，基层央行和银保监局在员工数量、技术水平与专业能力等方面存在不足，监管信息较多时，自身面临监管的压力较大，其对金融创新活动的风险预警能力和监测能力也相对较差。央行某支行员工提到，基层央行的体制和工作内容较为僵化，其所在的支行全行员工平均年龄53岁，年轻人才要面临大量冗杂、重复性工作，较难获得成就感和顺畅的晋升渠道，因而离职率较高。① 年龄较大的金融监管从业人员学习新技术所花费的时间和精力通常较多，其专业能力和对风险的预警能力较弱，这进一步降低了银行业监管机构的监管能力。此外，在金融业混业经营的现实情况下，部分投机分子较为了解分业监管体制的重心与运作模式，能够通过在不同行业套取资金实施监管套利。② 而监管人员在特定领域的专业知识储备不足，难以识别跨行业交叉风险。比如，近年来引发我国股灾、债灾与险灾的各类资管计划，均与银行业监管队伍缺乏系统掌握市场动态和监管规则的能力有关。③

第三，监管机构之间协调困难，导致分业监管体制弹性不足，银行业监管存在"监管真空""多头监管"等现象。自2003年起，我国就开始实行了分工明确的分业监管体制。然而，随着银行业综合经营与数字金融业态快速扩大，各类型风险层出不穷。银行业监管机构的风险监管目标与行业发展目标相互冲突时，部分银行业监管机构存在相互推诿跨行业风险的现象。同时，央行有关负责人曾在公开场合表示金融业内机构分别建造金融市场基础设施，尚未互联互通监管信息和建立统一的金融统计系统。④ 这在一定程度上导致了银行业监管存在"多头监管""监管真空"的现象，不仅增加了银行业监管成本，也使银行业监管机

① 新浪财经，http：//finance.sina.com.cn/roll/2018-09-10/doc-ihiixyeu5483762.shtml。
② 第一财经，https：//baijiahao.baidu.com/s?id=1592115395663491760&wfr=spider&for=pc。
③ 第一财经，https：//baijiahao.baidu.com/s?id=1592115395663491760&wfr=spider&for=pc。
④ 澎湃新闻，https：//baijiahao.baidu.com/s?id=1597272164416796540&wfr=spider&for=pc。

构未能及时识别银行业金融科技创新的风险。比如，部分银行业金融机构打着"产品创新"的旗号，乱做表外业务和同业业务；也有通过资产证券化拉长资金链条实施监管套利。[①] 随着我国大力推进金融创新，银行业部分金融机构不断推出创新产品，与之相应的监管却存在漏洞和空白，最终影响了金融秩序和社会稳定。虽然我国已改为"一行两会"的基本监管架构，在一定程度上缓解了多样化的金融创新业态带来的风险。但是，我国银行业监管仍属于以行业划分监管职能的监管体制，难以避免"监管真空"和"重复监管"的现象。比如，央行西北某大区监管人员表示，基层央行的部分监管功能与银保监县域机构重叠，造成了基层监管资源的浪费。[②]

综上所述，我国银行业监管建立了以央行、银保监会为主导机构的分业监管体制。银行业监管机构仍以人工实地监管的方式为主，并开始借助数字技术对银行业实施监管。但是，银行业监管也存在一些问题，主要包括监管技术较难识别金融创新产生的风险、监管政策滞后于银行业金融科技创新、监管从业人员缺乏相应的专业能力以及银行业监管体制弹性不足。

二 数字技术在银行业监管中的主要运用

如表 2 所示，Von Solms（2020）总结了数字技术在监管领域的运用，大数据、人工智能等数字技术成为银行业监管机构解决银行业监管问题的推动器。本节将基于上文描述的银行业监管现状及其主要问题，分别阐述数字技术在银行业监管中的主要运用。

第一，大数据技术可以高效收集与分析银行业监管数据，助力银行业监管机构防范潜在风险。银行业监管机构可以通过收集关于银行业的结构化数据、半结构化数据与非结构化数据对银行业实施监管，然而银行业监管机构运用传统的监管方式难以挖掘半结构化数据和非结构化数

---

① 人民日报，https：//www.sohu.com/a/215414591_104421。
② 新浪财经，http：//finance.sina.com.cn/roll/2018-09-10/doc-ihiixyeu5483762.shtml。

表 2　　　　　　　　　　数字技术在监管领域的运用

	监管报告	合规性审计	交易监控	身份认证管理	风险管理
大数据分析			√	√	√
自然语言处理	√				
机器自动化处理	√		√		
分布式分类技术	√	√			
人工智能			√	√	√
云计算		√	√		
机器学习		√			√
应用程序设计接口	√	√			

据中的有效信息。传统的监管方式主要依赖银行业金融机构统计的数据，银行业金融机构在统计过程中通常会根据汇总统计表格的内容上报监管数据。[①] 在此过程中，银行业金融机构容易忽视汇总统计指标背后的真实业务情况，故监管数据的产出通常小于银行业真实产出的数据。同时，这种监管方式需要银行业监管机构投入大量的人力成本分析非结构化数据，耗费了大量的人力、物力也较难发现金融机构潜在的风险。比如，2020 年新冠肺炎疫情期间，为稳定就业与加强社会安定，国家推出了年化利率在 3%—4% 的小微企业经营贷款。[②] 由于房贷利率与经营贷利率之间形成了较大利差，部分投机分子便违法套取经营贷。一些商业银行未完全尽到审核贷款人资质和监管资金流向的责任，银行业监管机构也较难了解真实的业务情况，最终使部分经营贷款违规流入楼市。[③] 而大数据技术的运用可以将非结构化数据与多个不同的数据集整合在单一的分析框架中（Cárdenas et al.，2013），进而挖掘非结构化数据中与银行业监管相关的有效信息，助力银行业监管机构防范潜在

① 和讯名家，http://news.hexun.com/2020-07-14/201705867.html。

② 金角财经，https://baijiahao.baidu.com/s?id=1693724120593401342&wfr=spider&for=pc。

③ 新华社，https://baijiahao.baidu.com/s?id=1695026540262608476&wfr=spider&for=pc。

风险。

第二，云计算技术可以存储银行业监管数据，与大数据技术相结合可以降低银行业监管机构的监管成本。云计算技术可以计算与存储大数据，将风险数据、预警值指标纳入监控范围，识别以往人工监管难以发现的疑点（秦荣生，2014）。随着大数据与云计算技术的运用，银行业监管机构间可以高效共享数据，还可以与其他政府部门实现数据互联互通。在此情形下，银行只掌握了本行数据，而银行业监管机构可以高效获取全银行业甚至跨行业数据，并且可以借助云计算与大数据技术提高自身数据收集与存储能力，结合其他数字技术多维度分析银行业风险。以 Hadoop 为主的分布式数据系统架构能够为银行业监管机构提供较好的数据支撑服务，也能提高其数据分析能力，助力银保监会推出第四代数据监管分析系统（EAST4.0）。银行业监管机构通过使用该系统能够融合传统关系型数据库和大数据技术能力，可以有效降低银行业监管成本。[1]

第三，人工智能技术可以自动收集与分析金融机构是否存在违规报送监管数据现象，自动识别银行业风险，降低了银行业监管机构的监管成本。大数据的属性之一是价值密度较低，而机器学习、机器自动化处理等人工智能技术可以对数据自动分析，实现异常信息识别与归类排序（刘春航，2020）。以人工智能技术在金融反洗钱中的应用为例，机器学习可以学习反洗钱专家如何识别洗钱的金融账户，通过模型分析新客户的数据信息，进而判断其账户是否存在洗钱行为。[2] 人工智能技术可以实现银行业监管的数字化转型，改变以往人工处理非结构化数据的环节。人工智能技术在银行业监管中的运用能够很大程度上降低央行投入的人工成本。此外，机器学习等人工智能技术还有助于银行自动报送银行业信息数据，银行业监管机构可以对银行业监管信息进行实时监测，自动识别风险账户名单，进而提升自身风险控制能力。

综上所述，大数据技术能够提高银行业监管机构监管信息的收集与分析能力；云计算技术能够提高银行业监管机构监管信息的存储能力；

---

[1] 科技讯，http：//www.kejixun.com/article/170706/346275.shtml。

[2] 未央网，https：//www.weiyangx.com/365051.html。

人工智能技术能够通过自动化监管降低银行业监管机构的监管成本，也能通过自动识别风险名单提升银行业监管机构的风险控制能力。

三 数字技术驱动的银行业监管的主要创新

为推动数字技术在银行业监管过程中的运用，银行业监管机构进行了一系列银行业监管创新，力求解决银行业监管现状中存在的问题。本节将介绍数字技术驱动银行业监管的主要创新，包括银行业监管体系建设创新和银行业监管机制创新。

（一）数字技术驱动的银行业监管体系建设创新

银行业监管体系建设创新主要是指银行业监管机构创新性地使用数字技术和银行业全量数据完成监管体系建设，并运用数字技术收集、处理与分析银行业全量数据，旨在提高银行业监管机构监测风险的能力并实现穿透式监管。[①] 国际清算银行金融稳定学院的调查显示，较多国家已经开始运用数字技术收集和处理数据、监管银行业行为以及监测银行业风险。[②] 德国央行准备运用机器学习技术自动化处理监管数据，意大利和美国的监管机构运用自然语言技术处理网络媒体和机构年报内的半结构化数据与非结构化数据。[③] 我国银行业监管机构也开始运用数字技术和监管数据进行银行业监管体系建设创新，并已经通过改进银行业监管数据库赋能银行业监管。[④]

第一，银行业监管机构开始采集银行业全量数据，为后期完善银行业监管体系创新夯实基础。原银监会早在成立时，就开始研发非现场监管统计报表体系（以下简称 1104 系统），推动非现场监管和现场监管相结合。[⑤] 为了能够进一步运用数字技术提升银行业监管有效性，银保

---

① 根据银保监会非银行机构检查局副局长裴涛公开发表讲话整理。参见北京商报，https：//www. sohu. com/a/426583058_115865。

② 和讯网，https：//shandong. hexun. com/2019-12-31/199832682. html？from = rss。

③ 和讯网，https：//shandong. hexun. com/2019-12-31/199832682. html？from = rss。

④ 搜狐网，https：//www. sohu. com/a/407633337_603349？_f = index_pagefocus_2。

⑤ 搜狐网，https：//www. sohu. com/a/397329924_465408。

监会开发了第四代银行业现场数据检查分析系统。该系统建立了一套通用封闭式数据采集标准，涵盖了银行业监管机构所重点关注的风险数据点；并通过收集、筛选、抽取、建模、挖掘等步骤分析银行业务数据。银保监会不断地获取银行业金融机构的全量基础数据，特别关注采集业务的明细数据，为后期实现穿透式监管提奠定基础。

第二，银保监会还要求各地银保监局直接接入银行业金融机构管理系统，运用数字技术处理各类数据，提高银保监局现场与非现场分析能力，逐步完善银行业监管体系建设。早在 2014 年 8 月，原银监会信息科技监管部单继进副主任发表演讲时就提出，EAST 在风险管理、信贷管理等方面取得了较好的效果，未来的 EAST 也将接入银税、舆情等系统，为银行业监管机构提供更为准确的决策支持。① 在 2020 年银保监会公示的对多家银行的各类处罚中，较多线索均来自 EAST4.0 与 1104 系统。② 银行业监管机构在 EAST4.0 中运用了大数据与人工智能等数字技术，可以自动分析银行各类业务数据，在很大程度上降低了银行业监管机构的监管成本。银行业监管机构先运用数字技术全面分析银行业明细数据，并提前排查出可疑数据。在此后现场检查过程中，监管人员可以定向检查可疑数据，并依据实际情况对银行做出处罚。比如，在2020 年 5 月，由于商业银行存在 EAST 数据质量问题以及报送违规现象，银保监会对其处以 160 万元到 270 万元不等的罚款。③ 可见，银行业监管体系建设创新成效初显；央行未来也可以依据各行业全量数据实施宏观审慎监管，防范系统性风险。

（二）数字技术驱动的银行业监管机制创新

在数字技术与银行业金融产品相结合的背景下，为防范金融科技创新风险，银行业监管机构还进行了监管机制创新。监管机制创新是指监

---

① 天极网，http://cio.yesky.com/252/38806252.shtml。
② 搜狐网，https://www.sohu.com/a/407633337_603349?_f=index_pagefocus_2。
③ 新浪财经，http://finance.sina.com.cn/roll/2020–05–09/doc–iirczymk0754122.shtml。

管机构创新性地推出监管方法或工具。① 银行业监管机制创新旨在防范银行业金融科技创新的潜在风险与强化监管机构的监管能力。时任证监会主席肖钢在接受记者采访时曾表示，监管沙盒是运用科技手段创新金融产品和服务的测试系统，是一项新的监管制度安排，可以兼顾银行业金融科技创新与防范潜在风险。② 同时，银行业监管机构还发布了资管新规，开始推进功能监管与行为监管机制建设，与已有分业监管体制形成补充。

第一，为了平衡银行业金融科技创新与监管，央行推出监管沙盒③机制，进一步提升银行业监管能力。银行业监管机构以往较难监管银行业金融科技创新。一方面，银行业监管机构忽视或较少地监管银行业金融科技创新时，会增加银行业金融机构面临的潜在风险，还可能导致普通投资者遭受经济损失；另一方面，银行业监管机构过度监管银行业金融科技创新，会导致银行业难以释放创新活力，丢失消费者市场。在此基础上，央行为了平衡银行业的金融科技创新与监管，在 2020 年 1 月 14 日公布了首批涉及多家银行的监管沙盒试点，为银行业提供了一块微缩版"试验田"。④ 监管沙盒不仅可以测试银行业金融科技创新，还可以测试基于数字技术创新的监管方法和监管技术，进而助力监管规则的修改和实施，提高银行业监管机构的监管能力。但是中国普惠金融研究院调查显示，由于我国功能监管不发达，银行业监管沙盒目前只允许持牌金融机构的金融科技创新产品入盒测试。⑤ 银行业监管机构将测试后的金融科技创新产品纳入银行业正常监管过程中，本质上可以改变银行业监管技术滞后于银行业金融科技创新的现象。

第二，为了避免银行业监管存在"监管真空"和"监管套利"现

① 根据中国政府网相关资料整理。参见中国政府网，http：//www. gov. cn/xinwen/2015 - 06/19/content_2882027. htm。

② 新浪财经，https：//baijiahao. baidu. com/s?id = 1653756150708425446&wfr = spider&for = pc。

③ 银行业监管沙盒是指银行业监管机构在严防风险外溢的前提下，通过适当放松监管规则减少银行业金融科技创新的规则约束，为其自身与银行业金融机构提供了一个安全的试验区（DiCastri and Plaitakis，2018；张红伟等，2020）。

④ 搜狐网，https：//www. sohu. com/a/367196193_119666。

⑤ 中国普惠金融研究院，https：//mp. weixin. qq. com/s/UbAHxw2EFuf7VB - 8qgTxQg。

象，银行业监管机构还通过推出资管新规开始实施监管机制创新，加快银行业监管走向功能监管与行为监管的步伐。在我国的分业监管体制背景下，数字技术不断发展加剧了金融业混业经营的事态，以机构监管①为主导的监管机制较难有效监管混业经营事态。②而功能监管和行为监管能够对相同功能和法律关系的金融产品按照统一规则进行监管，可以有效改善银行业"监管空白"和"监管套利"的现象。③国务院发布的资管新规④中明确指出，可以按照机构监管与功能监管相结合的理念，依据功能和性质监管资产管理产品。⑤资管新规落地为银行业监管机构提供了一个全新的监管机制，可以遏制银行业金融机构运用数字技术跨行业经营而产生的乱象，也标志着我国银行业监管加快了走向功能监管和行为监管的步伐。⑥

综上所述，在数字技术的驱动下，银行业监管机构主要进行了监管体系建设创新和监管机制创新。银行业监管体系建设创新体现在银保监会运用数字技术和全量监管数据完成监管体系建设，比如通过改进EAST4.0开始赋能银行业监管体系建设。银行业监管机制创新体现在央行以功能监管为导向推出的监管沙盒，可以在一定程度上弥补分业监管模式的不足，还体现在通过实施资管新规开始转向功能监管与行为监管。其中EAST4.0统一了银行业监管数据的报送标准，降低了银行业监管机构收集监管数据的成本；监管沙盒和资管新规以功能监管和行为监管为导向，可以改变银行业"监管空白"和"监管套利"现象。

---

① 机构监管是指银行业监管机构主要监管金融机构的市场准入、持续稳健经营、风险处置与市场退出。资料来源：全国人大常委、财经委副主任委员吴晓灵在新华网的撰文，http://app.myzaker.com/news/article.php? pk = 596de4d51bc8e0024f000009。

② 第一财经，https://baijiahao.baidu.com/s?id=1592115395663491760&wfr = spider&for = pc。

③ 经济观察报，https://baijiahao.baidu.com/s?id=1573249687682358&wfr = spider&for = pc。

④ 主要指央行、银保监会、证监会与外汇局关于规范金融机构资产管理业务的指导意见。参见中国政府网，http://www.gov.cn/gongbao/content/2018/content_5323101.htm。

⑤ 中国政府网，http://www.gov.cn/gongbao/content/2018/content_5323101.htm。

⑥ 证券之星，https://baijiahao.baidu.com/s?id=1601752226938554459&wfr = spider&for = pc。

四 数字技术驱动的银行业监管创新的影响因素

基于上文阐述的数字技术驱动的银行业监管的主要创新，本节将进一步分析数字技术驱动的银行业监管创新的影响因素，主要包括国家政策与监管强度、数字技术的发展水平与运用、监管目标与人才储备。

（一）国家政策与监管强度

第一，国家政策影响了数字技术驱动银行业监管创新的方向。一方面，为强化银行业监管机构的监管能力，央行近年来颁布了一系列政策文件以推动数字技术在银行业监管中的创新运用。如图 2 所示，央行在 2017 年就提出了要探索基于大数据、人工智能等数字技术的穿透式监管方法。[①] 国务院办公厅在 2018 年 3 月也提出要运用数字技术建立数据库，强化大国金融数据治理手段。[②] 此后，央行又在 2019 年 8 月提出银行业监管机构要加强监管科技应用，建立健全数字化监管规则库，完善监管数据采集机制。[③] 这些国家政策提出银行业监管要运用数字技术提升监管能力，指引了银行业监管体系建设的创新方向。另一方面，国家政策还指引了数字技术驱动的银行业监管机制创新方向。北京市政府在 2018 年 10 月提出要落地监管沙盒创新试点，指引银行业监管机构推出监管沙盒以甄别银行业风险。习近平总书记在全国金融工作会议上指出，要提高防范化解金融风险能力，加强功能监管，更加重视行为监管。[④] 由此可见，国家政策指出了银行业监管机构可以通过功能监管和行为监管完善银行业监管机制创新，防范金融业运用数字技术混业经营衍生出的风险，影响了数字技术驱动银行业监管创新的方向。

---

① 搜狐网，https://www.sohu.com/a/140655205_561670。

② 中国政府网，http://www.gov.cn/zhengce/content/2018 - 04/09/content_ 5280995. htm。

③ 中国人民银行，http://www.pbc.gov.cn/zhengwugongkai/127924/128038/128109/3886683/index.html。

④ 中国政府网，http://www.gov.cn/xinwen/2017 -07/15/content_5210774.htm。

2018—2019年，国家金融基础数据库建立金融业综合统计基础数据归集平台，在数据源上依托金融管理部门现有信息系统资源，构建分层次的数据组织架构。2020—2022年，综合运用大数据等现代信息技术手段，加快建设先进、完备的国家金融基础数据库，实现对基础数据源、汇总指标与统计报表的多层级数据逻辑对应关系审核，并提供数据查询、报表生产、数据挖掘与分析服务

央行提出要提升穿透视监管能力。加强监管科技应用，建立健全数字化监管规则库，研究制定风险管理模型，完善监管数据采集机制，通过系统嵌入、API等手段，实时获取风险信息、自动抓取业务特征数据，保障监管信息的真实性和时效性

《国务院办公厅关于全面推进金融业综合统计工作的意见》

《金融科技发展规划（2019—2021年）》

2017年6月

2018年10月

2018年3月

2019年8月

《中国金融业信息技术"十三五"发展规划》

《北京市促进金融科技发展规划（2018—2022年）》

央行提出要加强监管科技的研究与应用。探索基于大数据、人工智能等技术的穿透式监管方法，加强跨行业、跨市场交叉性金融产品的监管，提升金融风险甄别、防范与化解能力。健全与监管科技发展相匹配的金融监管体系

推动在北京金融科技与专业服务创新示范区探索"监管沙盒"试点和"金融风险管理实验区"，吸引监管机构、地方政府、技术企业、高校与研究机构、行业组织等参与，有效探索金融科技的安全边界与创新路径。积极推动新技术应用于监管活动的全流程，缓解现有监管工作中的资源约束，助力监管效率与效益提升

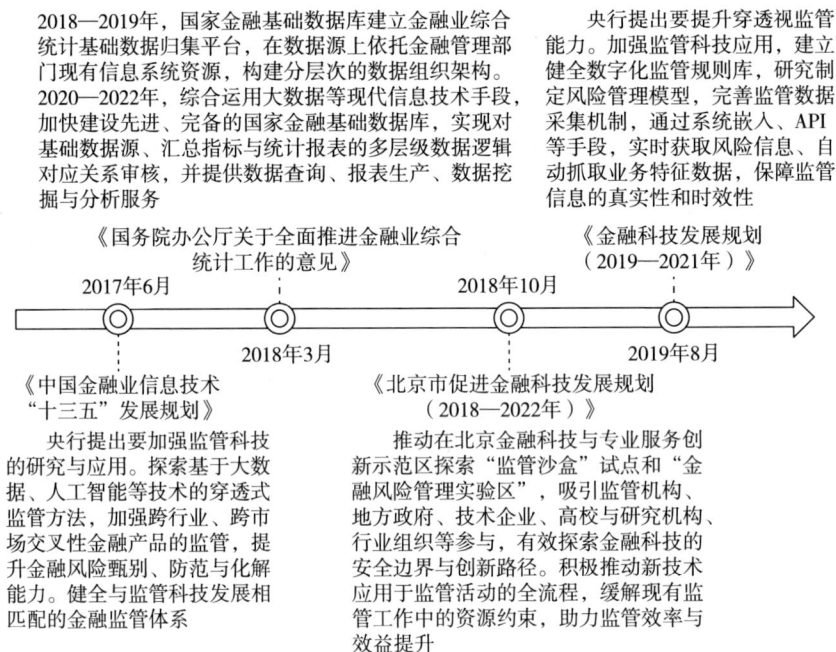

图2 数字技术与银行业监管相关政策发展历程

资料来源：笔者根据公开资料绘制。

第二，银行业的监管强度影响了银行业监管机构创新的积极性。一方面，如前文所述，银行业监管体制难以有效监管银行业金融科技创新，使银行业监管存在"监管真空"现象。为平衡银行业金融科技创新与监管，央行也加大了对银行业推出创新产品、模式等方面的监管力度。2017年以来，我国银行业监管机构多次开展了专项行动整治金融市场乱象，对千余家银行业金融机构及其从业人员开出罚单。[①] 央行还针对银行业不同业务、不同技术与不同机构的共性特点，逐渐在监管沙盒中明确银行业应用创新基本规则体系。可见，银行业监管强度提高了银行业金融机构创新活力，进一步影响了数字技术驱动的银行业监管创新的积极性。另一方面，在传统的监管手段下，银行业监管机构通常依

---

① 麦肯锡官网，https：//www.mckinsey.com.cn/合规管理：-金融严监管时代的制胜良方/。

赖监管报告、现场检查工作等方式发现银行业违规问题，在风险暴露前的监管强度较低。随着数字化时代到来，央行提出银行业监管机构要利用数字技术提升穿透式监管能力，[①] 银行业监管机构可以运用数字技术处理更为全面的监管数据，能够与银行业金融机构形成竞争关系。在银行业监管体系建设完成后，银行业监管机构可以在风险暴露前发现银行业违规问题，并对银行业金融机构作出处罚。可见，银行业监管强度影响了银行业监管机构运用数字技术创新监管体系建设的积极性。

（二）数字技术的发展水平与运用

第一，数字技术的发展水平助力银行业监管体系建设和监管机制创新，影响了数字技术驱动的银行业监管创新的条件。一方面，银行业监管体系建设创新离不开大数据、云计算等数字技术的发展水平。在传统银行业监管机制下，金融监管部门通常采用政策指导、现场检查与核查报送信息等方式开展银行业监管工作，此类传统的监管机制通常耗费大量的人力、物力也难以及时发现银行业存在的违规问题。大数据技术和人工智能技术发展使银行业监管机构能够顺利推出EAST4.0，进而使银行业监管机构可以高效处理银行业的海量数据，也能提高其金融风险监测能力。另一方面，随着数字技术发展，银行业监管机构推出的监管沙盒还能测试基于数字技术创新的监管办法和监管技术，进而更好地促进监管规则的修订与实施有效的监管措施。[②] 大数据、人工智能等数字技术也助力银行业监管机构建立完善的项目数据库，提高监管沙盒测试结果的准确性。[③] 同时，大数据技术和人工智能技术也能使监管沙盒持续记录金融机构应用的运行数据，自动评估应用的系统性风险防控能力。

第二，数字技术在银行业监管的运用加快了数字技术驱动的银行业监管创新的速度。一方面，大数据和人工智能技术的运用使 EAST4.0能够自动化采集银行业金融机构数据，通过设定统一的数据标准降低监管机构手工录入信息的成本，提高了银行业监管机构处理监管数据的能

---

① 和讯网，http：//news. hexun. com/2020 – 07 – 14/201705867. html。

② 新浪财经，https：//baijiahao. baidu. com/s?id = 1654625959783796975&wfr = spider&for =pc。

③ 电子发烧友网，http：//www. elecfans. com/blockchain/1151312. html。

力。可见，数字技术在银行业监管中的有效应用推动了银行业监管的数字化转型，加快了数字技术驱动的银行业监管创新的速度。另一方面，银行业监管机构通过传统的监管方式通常只能在事后发现银行业的违规问题，再根据银行业实际业务中发现的漏洞修改原有的监管规则，导致银行业监管创新速度较慢。而大数据、云计算等数字技术加快了银行业监管创新的速度。以央行推出的监管沙盒为例，其沙盒技术的本质是一种新的云计算技术①，银行业监管机构将监管政策和监管技术放置在模拟的控制系统中，可以在很大程度上提高监管的可拓展性与可操作性。监管沙盒不仅能够提高银行业监管机构的创新能力，还能缩短银行业监管机构的监管政策和监管技术推出时间。

（三）监管目标与人才储备

第一，银行业监管机构的监管目标影响数字技术驱动的银行业监管创新的内在动力。银行业监管机构的长期目标是降低银行业监管成本和防范化解银行业金融风险。然而，银行业监管存在困境使监管机构难以较好地完成监管目标。一方面，银行业长期以来缺乏统一的数据标准，报送的数据较乱，导致银行业监管成本较高且监管效率较低。特别地，对偏远地区的基层银行业监管机构而言，人工智能等数字技术在银行业监管中的运用可以大幅度减少人力监管的工作量。② 比如银行业监管机构运用人工智能技术可以规范标准化材料申报，迅速捕捉信息数据的关联性及规律性，进而发现隐藏的风险线索。③ 银行业监管体系建设能够提高银行业监管的统一性和全面性，解决银行业监管成本高的问题，助力银行业监管机构实现降低监管成本的目标。另一方面，央行长期以来想要解决分业监管体制导致的"监管真空""监管套利"等银行业监管问题。通过监管沙盒和资管新规创新银行业监管机制，央行能够改变银行业"监管真空"与"监管套利"的现象，防范银行业金融风险。以央行推出的监管沙盒为例，银行业监管机构可以以更为安全的方式鼓励

---

① 搜狐网，https://www.sohu.com/a/201751073_99955888。
② 中国金融，https://www.mpaypass.com.cn/news/202102/20143843.html。
③ 中国金融，https://www.mpaypass.com.cn/news/202102/20143843.html。

银行业金融产品创新，也避免了银行业监管滞后于金融科技创新的现象，助力央行实现防范银行业金融风险的监管目标。

第二，人才储备影响了银行业监管机构的自身能力，进而影响了数字技术驱动的银行业监管创新的效果。《中国数字化人才现状与展望（2020）》显示，数字化人才队伍的搭建与持续培育已成为各行业数字化转型的关键。[1] 而银行业监管创新也离不开技术人才的支持，央行为加强人才队伍建设，专门设立了金融基础数据中心司局级事业单位，引进了一批计算机、统计学等专业的人才。该类人才储备助力银行业监管机构研发出有效的银行业监管体系建设和监管机制，为银行业监管创新提供了智力支持。如前文所述，在金融业混业经营的现实情况下，部分投机分子熟悉分业监管体制的重心与运作模式，通过在不同行业寻找监管漏洞实施监管套利。[2] 银行业监管人员若能系统掌握市场动态和监管规则，在一定程度上能够改善"监管套利"的局面。可见，人才储备能够影响银行业监管体系建设和监管机制，进而影响了数字技术驱动的银行业监管创新的效果。

综上所述，数字技术驱动的银行业监管创新的影响因素主要有政策方向与监管强度、数字技术的发展水平与运用、银行业监管目标与人才储备。其中国家政策影响了数字技术驱动的银行业监管创新的方向，银行业监管强度影响了银行业监管机构创新的积极性；数字技术的发展水平和应用分别影响了数字技术驱动的银行业监管创新的条件和速度；银行业的监管目标影响了数字技术驱动的银行业监管创新的动力，人才储备影响了数字技术驱动的银行业监管创新的效果。

五 数字技术驱动的银行业监管创新的对策建议

为充分发挥数字技术在银行业监管中的作用，提高银行业监管创新的质量，本节将提出数字技术驱动的银行业监管创新的对策建议，具体

---

① 网易新闻，https：//news. 163. com/20/0828/15/FL4IQUD000019OH3. html。

② 第一财经，https：//baijiahao. baidu. com/s?id = 1592115395663491760&wfr = spider&for = pc。

包括银行业监管机构需要继续完善监管制度与规定、提高自身技术运用水平以及继续推进监管体系建设和监管机制创新。

（一）银行业监管机构需要继续完善监管制度与规定

第一，银行业监管机构要完善和宣传与监管相关的法律法规，加强对金融创新产品的合规监管。银行业监管机构要从战略层面制定完善的监管法律法规，使金融产品创新产生的风险处于可控范围内。在银行业监管创新过程中，银行业监管机构要重视运用监管沙盒机制，加强金融创新产品合规监管。此外，银行业监管机构要加强相关法律法规宣传工作，培养银行业从业人员主动合规意识，从源头上遏制风险产生。同时，银行业监管机构也要做好数字技术驱动的银行业监管创新的指导工作，引导基层银行业监管机构人员主动适应银行业监管创新带来的变化，做好监督检查工作。

第二，银行业监管机构需要进一步落实监管主体责任，通过细化监管主体的职责范围发挥分业监管体制的作用。如前文所述，"一委一行两会"的监管框架仍未改善我国银行业监管存在的"监管真空"和"重复监管"现象，特别是在银保监局和基层央行开展监管工作过程中，该类现象仍然较为严重。故银行业监管机构需要继续细化监管主体的职责范围，做到"有险能避、有责必究"。此外，为了能够及时化解金融风险与压实地方监管责任，全国各地开始设立地方金融监督管理局，主要负责监管"7＋4"类金融机构的金融活动。① 由于"7＋4"类金融机构会与银行业金融机构交叉金融业务，该类金融监管机构的设立与银行业基层监管机构也可能存在"监管重叠"的现象。故银行业监管机构应当注重监管的协调性和一致性，切实落实监管主体责任，及时防范与化解银行业风险。

---

① 7＋4类金融机构中的"7"主要指小额贷款公司、融资担保公司、区域性股权市场、典当行、融资租赁公司、商业保理公司、地方资产管理公司等金融机构；"4"是指投资公司、农民专业合作社、社会众筹机构、地方各类交易所。参见搜狐网，https：//www.sohu.com/a/234418140_100008486。

（二）银行业监管机构需要提高自身技术运用水平

第一，银行业监管机构要关注大数据、云计算与人工智能技术的发展趋势，积极与各方开展交流合作，提高银行业监管创新水平。银行业监管机构自主研发的进程通常较慢，故银行业监管机构要主动关注大数据、云计算与人工智能技术的发展趋势，可以先通过与金融科技公司合作的方式，加快银行业监管体系建设创新。在合作过程中，银行业监管机构要加强与金融科技公司的沟通，明确告知其监管产品预期要达到的效果。同时，银行业监管机构在与金融科技公司合作过程中要注重保护客户隐私，预防监管数据泄露风险。此外，银行业监管机构还可以加强与发达国家在数字技术驱动银行业监管创新方面的交流，成立国际性行业交流组织，定期分享最新的应用成果，提高自身监管创新水平。

第二，银行业监管机构要关注区块链技术的发展水平，推动其与银行业监管有效结合。区块链技术的去中心化、信息不能篡改等优势能够促进交易双方达成共识机制，帮助双方建立信任关系（范忠宝等，2018）。区块链技术可以助力银行业监管机构溯源银行业监管信息、全流程监管银行业监管数据，保障监管信息的真实性，从源头降低银行业金融风险发生的概率，进而降低银行业监管机构的监管成本。同时，区块链技术和现有的数字技术结合有助于一些通用化数据交换（朱晓武，2019），交叉验证企业银行账户信息，进而提高银行业监管信息的真实性。银行业监管机构可以推动银行业金融机构运用区块链技术开展业务，通过全程监测区块链上数据，大幅提升自身数据收集、分析与评估能力，减少人工核对银行业监管信息真实性的工作量。此外，区块链技术还能使监管沙盒在链上发布测试报告，保障多方参与者同时收到报告，避免存在监管测试过程中的作弊现象。银行业监管机构可以运用区块链技术与测试应用的银行建立共识机制，在强制银行业披露相关数据的前提下保护客户隐私。

（三）银行业监管机构需要继续推进监管体系建设和监管机制创新

第一，银行业监管机构还需要扩大银行业监管合规数据来源，并不断完善数据报送标准，也要加快推进数字技术在监管体系建设中的运用，有效提高银行业监管质量。一方面，银行业监管机构的监管平台是以分析银行报送业务数据为主，银行业监管机构应当引入外源有效数据，扩大合规数据的来源。比如，银行业监管机构可以在 EAST4.0 中引入招聘、司法、投诉、水电等第三方数据，交叉验证银行业监管数据的真实性，提高银行业监管创新的质量。银行业监管机构也要根据银行业实际业务制定统一的数据报送标准，保障银行业监管创新能够稳定有效地发挥作用。另一方面，银行业要继续运用大数据等数字技术完善银行业监管体系建设，提高银行业监管机构的监管能力。比如，银行业监管部门可以运用大数据等数字技术挖掘金融机构业务活动的真实场景信息，研发设计精确的监测预警模型。在此基础上，银行业监管机构可以借助机器学习等人工智能技术提前发现银行业违规问题。

第二，银行业监管机构需要继续扩大具有专业知识的人才队伍，为银行业监管机制创新设立人才储备计划，继续推动银行业转向功能监管和行为监管。在央行建立的金融基础数据中心基础上，各银行业监管机构还需继续落实人才引进计划，继续推动银行业监管机制转变。一方面，银行业监管机构可以通过设置完善的年度考核机制和晋升管理办法，激励相关人才为银行业监管转向功能监管和行为监管提供智力支持。另一方面，银行业监管机构可以与高校进行合作，在高校实施"产学研"联培计划，通过设置专业课程、举办相关竞赛类项目等方式挖掘潜在监管人才。同时，在金融业混业经营的背景下，银行业监管机构还需要定期通过各类交流、实地操作、业务培训等方式帮助监管人员学习特定领域的专业知识，为银行业监管机制创新提供储备人才。

综上所述，数字技术驱动的银行业监管创新的对策建议主要有：一是银行业监管机构要继续完善监管制度规定，包括完善相关的法律法规与落实银行业监管主体责任；二是银行业监管机构需要提高自身科技运用水平，可以通过外部金融科技公司合作以及关注区块链等其他数字技术的方式，提高数字技术在监管领域的运用水平；三是要推进监管体系建设和监管机制转变，包括制定符合实际业务的数据报送标准与推进数字技术在监管中的运用以及设立人才储备计划。

六 数字技术驱动的银行业监管创新 对金融业监管发展的启示

数字技术在银行业监管创新过程中发挥着重要的作用，对银行业监管创新具有重要意义。同时，数字技术驱动的银行业监管创新也对金融行业监管发展具有一定的启示作用。基于此，本节将进一步提出数字技术驱动的银行业监管创新对金融行业监管发展的启示，包括政府相关部门要有效推动金融业监管创新发展、金融监管机构要关注数字技术的发展趋势与金融监管机构要注重培养具有专业知识的人才。

启示1：政府相关部门要从战略上高度重视数字技术驱动的金融监管创新，有效推动金融业监管创新发展。数字技术驱动的金融业监管创新还存在较多挑战。首先，金融监管机构和金融机构的认知不同导致双方行为驱动力存在显著差异。[①] 其次，数字技术驱动的金融业监管机制创新和传统监管体制融合存在问题。[②] 最后，部分不法分子热炒数字技术等相关概念，扰乱了市场秩序和规律。[③] 政府相关部门要重视这类现象的产生，从宏观战略层面推动金融监管创新发展。同时，金融监管机构要在宏观层面制定一致性和连续性政策，并及时推动政策落地。比如，金融监管机构可以尽快制定统一的数据治理标准，引导金融业各基层监管单位在监管过程中运用数字技术处理金融业全量数据。

启示2：金融监管机构要关注数字技术的发展趋势，通过运用前沿数字技术完善金融行业的监管体系建设。金融监管机构要发挥数字技术在金融业监管中的作用，完善金融业监管体系建设，进一步降低金融监管机构的监管成本，强化金融监管机构的监管能力。同时，金融监管机构还可以借助数字技术完善金融业监管机制，消除我国分业监管体制带来的监管弊端。比如，金融监管机构可以通过生物识别技术提高银行业、保险业与证券业客户的身份识别能力，并通过大数据技术对银行

---

① 亿欧官网，https://www.iyiou.com/analysis/2019041997833。
② 亿欧官网，https://www.iyiou.com/analysis/2019041997833。
③ 亿欧官网，https://www.iyiou.com/analysis/2019041997833。

业、保险业与证券业客户的交易进行比对。此外，金融机构通常需要向多方监管部门报送数据，各个金融监管部门的数据报送标准并不一致，造成金融机构的报送数据成本较高。因此，金融监管机构要关注数字技术的发展趋势，运用数字技术打通监管的"数据孤岛"，统一数据报送标准，降低金融监管机构的监管成本和金融行业的合规成本。此外，金融监管机构要统筹规划金融监管框架，发挥金融委的协调作用，加快建立以功能监管和行为监管为导向的数字化监管体系。

启示3：金融监管机构要重视培养具有专业知识的人才，实现金融行业监管技术的自主创新，对金融行业实施全方位监管。由前文可知，央行建立的人才储备机制为银行业监管创新提供了智力支持。在此基础上，为解决分业监管体制弹性不足的问题，以央行为主导的金融监管机构应该建设统一的"数据监管中心"，该"数据监管中心"要能够囊括并处理银行业、保险业与证券业的所有数据信息，对金融行业所有数据实时监管。然而，金融监管机构依托外部力量建设"数据监管中心"成本较高，还应当重视数字技术人才的培养，依靠自身力量建设"数据监管中心"。金融监管机构可以运用数字技术在"数据监管中心"内交叉验证数据，提高数据的真实性，进而降低金融行业监管的成本。此外，金融业的混业经营是大趋势，金融监管机构应该重视复合型人才的培养，提升监管人才队伍掌握市场动态和监管规则的能力。

总而言之，银行业监管存在监管技术较难识别金融创新产生的风险、监管政策滞后于金融科技创新等问题，数字技术的发展为银行业监管创新提供了途径。本文通过深入分析数字技术驱动的银行业监管的主要创新，有针对性地提出数字技术驱动的银行业监管创新的对策建议，并进一步从中获得数字驱动银行业监管创新对金融行业发展的启示。政府相关部门要从顶层设计金融监管创新政策，有效推动政策落地，进而推动金融监管创新的可持续性发展。同时，金融监管机构要时刻关注数字技术的发展趋势，通过运用数字技术完善金融业的监管体系建设，避免金融业监管发生"监管真空"与"监管套利"的现象。此外，金融监管机构还要重视专业知识人才的培养，通过研发和完善基于数字技术的创新机制和监管体系建设，达到对金融业全方位监管的目的。

参考文献

范忠宝等:《区块链技术的发展趋势和战略应用——基于文献视角与实践层面的研究》,《管理世界》2018 年第 12 期。

刘春航:《大数据、监管科技与银行监管》,《金融监管研究》2020 年第 9 期。

秦荣生:《大数据、云计算技术对审计的影响研究》,《审计研究》2014 年第 6 期。

裘翔、周强龙:《影子银行与货币政策传导》,《经济研究》2014 年第 5 期。

王国刚:《中国银行业 70 年:简要历程、主要特点和历史经验》,《管理世界》2019 年第 7 期。

张红伟等:《发展不平衡视角下地方监管沙盒竞争的演化博弈分析》,《中国管理科学》2020 年第 6 期。

朱晓武:《区块链技术驱动的商业模式创新:DIPNET 案例研究》,《管理评论》2019 年第 7 期。

Cárdenas, A. A. et al., "Big Data Analytics for Security", *IEEE Security& Privacy*, 2013, 11 (6): 74 – 76.

Chen, L. et al., "Bank Regulation and Systemic Risk: Cross Country Evidence", *Review of Quantitative Finance and Accounting*, 2020: 1 – 35.

Di Castri, S., Plaitakis, A., "Going Beyond Regulatory Sandboxes to Enable FinTech Innovation in Emerging Markets", 2018, Available at SSRN: https://ssrn.com/abstract = 3059309.

Von Solms, J., "Integrating Regulatory Technology (RegTech) into the Digital Transformation of a Bank Treasury", *Journal of Banking Regulation*, 2020: 1 – 17.

数字技术驱动的保险业监管
创新和对策建议

曾　燕　高天洁　杨佳慧

摘要 ▷ 本文主要研究了保险业数字化背景下数字技术驱动保险业监管创新的情况，提出了促进数字技术驱动保险业监管创新的对策建议。第一，梳理和总结了保险业数字化背景下传统保险业监管面临的困境。第二，分析了数字技术在保险业监管中运用的效果。第三，阐述了数字技术驱动保险业监管的主要创新。第四，给出了促进数字技术驱动保险业监管创新的对策建议。第五，总结了数字技术驱动保险业监管创新对我国金融业监管的启示。

数字技术在保险业务中的运用使业务场景日趋丰富，其在保险业监管中的运用也为保险业监管注入了新的活力。2020 年 5 月 20 日，中国银行保险监督管理委员会（以下简称银保监会）发布通知[1]推动保险业和银行业监管数据质量治理。作为银行业数据监管中行之有效的监管工具，EAST 系统（监管标准化数据系统）在保险业监管数据治理工作中也逐渐受到重视。该系统运用大数据、云计算等数字技术进行现场检查项目管理，标准化数据提取及数据模型创建、发布和管理。为加强保险业监管数据质量治理，银保监会于 2020 年 5 月和 10 月相继发布了针对人身

---

[1] 该通知指《关于开展监管数据质量专项治理工作的通知》。参见搜狐网，https://www.sohu.com/a/397498982_255783。

险和财险机构的监管数据标准化规范，推动保险业 EAST 系统建立。①

面对数字技术运用造成的保险业务场景碎片化、营销精细化和数据安全问题，保险业监管数字化迫在眉睫。2020 年，银保监会相继颁布相关文件促进保险业监管数字化。例如，银保监会分别于 2020 年 6 月 30 日和 2020 年 12 月 14 日下发了互联网保险业务相关规范条例②，明确了互联网保险经营范畴，加强了销售过程管理和可回溯管理。为整治保险业产品和服务创新乱象以及完善保险业监管范畴，监管机构也将保险机构纳入了我国金融科技创新监管试点范畴。

基于上述背景，本文将研究数字技术驱动的保险业监管创新的情况。本文结构安排如下：第一节梳理和总结保险业数字化背景下传统保险业在监管模式、监管内容等方面面临的困境；第二节分析数字技术在保险业监管中运用的效果；第三节阐述数字技术驱动保险业监管的主要创新；第四节提出一些针对数字技术驱动保险业监管创新的对策建议；第五节总结数字技术驱动保险业监管创新对我国金融业监管的一些启示。

一 传统保险业监管面临的主要困境

根据我国保险业"三支柱"监管框架③，本文所述保险业监管主要指国家设立的保险业监管机构④对保险机构⑤的经营活动、偿付能力和

---

① 新浪财经，https：//baijiahao. baidu. com/s?id = 1681073062993407192&wfr = spider&for = pc。

② 2020 年 6 月 30 日，银保监会下发《关于规范互联网保险销售行为可回溯管理的通知》，2020 年 12 月 14 日，银保监会下发《互联网保险业务监管办法》。参见银保监会，http：//www. cbirc. gov. cn/cn/view/pages/index/index. html。

③ 2006 年年初，原保监会发布《关于规范保险公司治理结构的指导意见》，标志着我国初步形成了偿付能力、市场行为和公司治理结构监管三大支柱的现代保险监管框架。参见中国政府网，http：//www. gov. cn/xinwen/2018 – 03/17/content_5275072. htm。

④ 根据现行的《保险法》保险业监督管理相关条例，本文提到的保险业监管机构指宏观层面上的由国家设立的监管机关，以银保监会为主，也包括各省、自治区、直辖市和计划单列市的银保监局。参见中国人大网，http：//www. npc. gov. cn/wxzl/gongbao/2015 – 07/06/content_1942828. htm。

⑤ 根据银保监会出示的保险机构名单，本文提到的保险机构包括出口信用保险、保险集团（控股）公司、财险公司、寿险公司、养老保险公司、健康险公司、资产管理公司、保险互助社、相互保险社。参见 http：//www. cbirc. gov. cn/cn/view/pages/index/index. html。

保险市场行为的监督管理。数字技术的运用助力保险业重塑产业价值链，催生了许多新兴的保险产品和服务。近年来，国内保险企业都在加大数字技术研发的投入。[①] 不仅互联网巨头跻身保险业创建保险科技公司，传统险企也纷纷将数字技术布局作为企业的重要战略之一（见表1）。在保险业数字化转型的背景下，传统保险业监管在监管模式、监管内容、监管技术和数据应用等方面面临许多困境。下文将结合目前数字化背景分析传统保险业监管面临的主要困境。

表1　　　　　　　　　传统险企近年来数字技术应用布局

传统险企	布局
平安保险	1. 运用 AI 技术等实现保单与理赔全流程自动化。 2. 2019 年 AI 技术赋能人工座席和代理人，用户侧上线 Ask Bob，增强用户与平台之间的交互体验。 3. 升级智能陪练工具，支持代理人进行产品知识普及、分群客户销售方案多元化场景演练
中国人寿	1. 2018 年搭建人工智能平台"国寿大脑"向全集团赋能。 2. 2019 年推出金盾 AI 重疾风险评估反欺诈模型，AI 核保、智能理赔和智能在线客服"e 小宝"增强交互。 3. 2020 年推出"云端赔"，实现自助报案和勘察
太平洋保险	1. 2018 年推出人工智能核保项目。 2. 2019 年创建"太睿保"车联网平台，分析驾驶行为、监控驾驶异常。 3. 2020 年筹备设立太保金科、推出"太 AI"智能定损
中国人民保险	1. 2017 年出资设立爱保科技，总体布局智慧车险、智慧健康两大板块。 2. 2018 年"3411"工程全面实施数字化
新华保险	2019 年推出 AI 智能理赔，个人客户微信自助理赔上线

资料来源：《金融行业保险科技专题研究（一）：始于线上化，向前后端赋能迈进》，平安证券（2020），https：//stock.pingan.com/static/info/notice/noticelist.html。

---

① 艾瑞网，https：//www.iresearch.cn/。

（一）传统保险业静态监管模式面临困境

数字技术在保险业的运用造成了保险业风险变化，而监管法律法规滞后于数字技术产品创新，现有保险业监管机构的监管模式难以动态识别风险。保险市场风险变化给保险业监管机构风险管理带来困难，传统静态监管模式使法律法规无法与保险产品服务的创新保持步调一致，导致保险业监管存在"监管空白"。

一方面，传统保险业监管法律法规滞后于数字技术创新。大数据等数字技术的运用让投保人的基础数据更易被获取，拓展了可保风险的范畴。例如，中国太平保险推出了"甜蜜蜜"糖尿病保险。过去"三高"人群一般不属于医疗保险被保险人范畴，但保险机构运用数字技术开发新的数据源进行风险预测，优化了承保流程，从而推出了许多新险种和服务。① 而在危机发生后立法的静态监管模式使保险业监管机构制定的监管规则常落后于保险业发展，具有明显的时滞性。保险业监管机构难以在数字技术创新产品出现后及时对其进行规范，监管效果不佳，甚至会贻误相关风险的治理时机。

另一方面，"命令—控制"型的静态监管无法动态识别风险，易导致"监管真空"。我国目前监管方法，如现场检查和非现场检查等，都表现为一种"命令—控制"型监管。这种监管模式主要表现为监管者依靠事先设定的规则来监督保险机构，一旦某机构有违反规则的行为，监管机构会对其采取相应的警告和处罚措施。例如，对于偿付能力的监管，传统保险业监管多依赖于保险机构提供的数据报表，包括经营情况表与保费收入情况表。这些表格只能反映过去某一时段的情况，而不是保险机构当下即刻的运营状况。当监管机构发现某机构在偿付能力上存在不足时，该公司可能已经陷入偿付危机。这种"命令—控制"监管模式是应急性与被动性的监管，不具有前瞻性，易导致"监管真空"。某些保险机构可能利用创新产品和服务打监管"擦边球"，甚至监管套利。

---

① 中国银行保险报，http://chsh.sinoins.com/2019－11/06/content_310900.htm。

（二）传统保险业监管内容面临困境

一方面，传统保险业监管内容未能涵盖互联网保险造成的监管乱象，导致消费者合法权益受损。传统保险业主要是以保险销售为驱动力，依靠庞大的中介群体组织拉拢客户进行保险产品和服务的销售。但随着数字技术发展，互联网销售渠道逐渐拓宽，发展出险企自建官方网站直销模式、综合性电子商务平台模式等五种销售模式（见表2）。新兴的销售模式虽然扩大了保险受众市场，但是也导致了虚假宣传销售、第三方保险平台自动续费、退保难和"相互宝"理赔难等各种市场乱象。例如，我国大型保险代理平台微保WeSure（以下简称微保）未在服务协议中对保障期内会自动扣费续保进行说明，导致很多客户在不知情的情况下其保单被自动续费。保险机构隐瞒或忽视这类重要事项侵犯了消费者的知情权，造成了消费者的错误认知。保险业监管机构应进一步完善互联网保险销售相关细节规范。

表2　　　　　　　　　　　互联网保险销售模式分类

模式名称	含义	代表机构/企业
险企自建官网直销模式	指在互联网金融产品的交易平台中，大、中型保险企业、保险中介企业等通过建立的自主经营的互联网网站进行销售	人保财险官网直销、泰康在线、平安网上商城
综合性电子商务平台模式	指通过第三方综合性电子商务平台销售保险	淘宝/天猫、苏宁、京东等
网络兼业代理结构网销模式	指互联网时代衍生出网络化的兼业代理模式，主要包括银行类机构、航空类机构等的代理销售	中国东方航空网站、携程网、芒果网、工商银行官网
专业互联网保险公司销售模式	指保险中介或代理通过互联网平台进行销售的模式	众安在线
专业中介代理机构网销模式	指金融机构和互联网企业合作，通过共建子公司等形式，成立互联网保险公司进行销售的模式	惠民保险、中民保险、新一站保险网

资料来源：笔者根据公开资料整理。

另一方面，传统保险业监管内容未能涵盖数字技术运用产生的数字技术外包风险。在保险业数字化背景下，保险机构纷纷运用数字技术提升自身的行业竞争优势。但由于自身资源有限和人才储备不足，许多保险机构尤其是中小型机构选择将数字技术相关服务委托给科技公司。例如，2020 年 10 月 23 日的公告显示，北京人寿保险股份有限公司将监管数据标准化报送系统外包给天津易商数科科技股份有限公司等三家科技公司。① 又如，许多保险机构采购科技公司的诸如 SaaS 等第三方云服务。这种做法虽然可以降低保险机构进行技术创新的成本，但也使这些机构更容易面临数据损失或破坏的问题。虽然数据丢失是小概率事件，但是一旦发生可能造成不可估量的严重后果。例如，腾讯云曾因磁盘故障导致相关机构数据丢失，双方损失惨重，给社会造成了不良影响。② 对此，保险业监管机构应进一步细化风险分类和加强监管。

（三）传统保险业监管技术面临困境

一方面，数字技术在保险业务中的运用加大了监管难度，传统保险业监管技术与保险业务中运用的数字技术发展不平衡。在"算法、算力与数据"三大要素大幅升级的背景下，保险机构纷纷将数字技术运用到各保险业务中，在产品设计、营销与理赔等方面重塑了保险价值链。而传统保险业监管以"人工监察 + 机构监管"模式为主，保险业监管机构的监管技术与保险业务中运用的数字技术发展不平衡，无法有效监管现有的数字技术创新的保险产品。比如，区块链技术具有去中心化与匿名特征的分布式记账功能，它在保险核保理赔业务中发挥了重要的作用，同时也加大了监管机构的监管难度。其匿名特征加大了搜查、追踪与监管处罚的难度，使监管的责任主体不明确；其不可篡改的分布式记账特征使监管信息难以被破解追踪，从而引发了相关法律风险（夏维华，2020）。保险业监管技术的发展无法满足市场监管技术需求，一旦发生实质性风险，最终会倒逼保险行业的整顿和清理，反而加重了监管负担。例如，不少机构利用互联网平台和虚拟交易违规进行关联交

---

① 天眼查，https://www.tianyancha.com/bid/07f691fe150311eb85737cd30aeb144c。
② 搜狐网，https://www.sohu.com/a/246816568_100166052。

易，而保险业监管机构数字化关联交易监管系统建设不完善，难以满足监管需求。为遏制乱象进一步发展，监管机构于 2020 年开展"回头看"专项整治活动，调查了共 4600 余家银行保险机构，监管处罚了其中 360 余家，监管负担重大。①

另一方面，保险业监管机构缺乏复合型监管人才，从业监管人员操作技术落后。前文提到传统保险业监管依赖人工监察，随着数字技术在保险业监管中的运用，缺乏高素质的复合监管人才已成为制约保险业监管水平发展的因素之一。银保监会财会部主任赵宇龙曾表示，我国保险业监管缺乏精算人才，目前监管团队中精算人才不足 1%。② 面对保险业务和保险业监管不断加快的数字化进程，兼具保险监管专业知识素养和数字技术知识的复合型人才更是匮乏。同时，不少监管人员空有理论知识，而脱离实际应用，理论知识与基础系统操作技术不匹配，无法满足保险业日新月异的监管需求。

（四）传统保险业监管数据收集应用能力面临困境

一方面，保险业监管数据库的建设落后，监管机构数据挖掘能力不足且数据应用效果不佳。目前，保险业监管系统主要收集保险机构的财务数据和业务流程数据，保单和客户信息的明细数据、创新险种和服务的相关数据收集相对较少（程诚，2019）。这种数据缺口造成了监管机构与保险机构之间严重的信息不对称，监管者无法准确识别风险，进而难以对风险做出评估并制订相应的防范方案。同时，保险业监管机构仍存在数据标准化管理与挖掘应用能力不足的现象。保险业监管机构利用数据进行预警分析的能力和在数据挖掘中识别风险线索的能力不足，从而导致监管工作方向产生偏差（赛铮，2020）。保险业监管机构尚未形成多维度和系统化的数据应用体系，数据应用深度和广度不足。在财险公司监管数据标准化规范的意见征求过程中，不少业内人员表示监管数据较为分散、关联性较弱，难以系统性地进行利用，从而导致监管工作

---

① 中国政府网，http：//www. gov. cn/xinwen/2021 – 04/28/content_5603603. htm。

② 新浪财经，http：//finance. sina. com. cn/money/insurance/bxdt/2018 – 10 – 22/doc – ih-muuiyv7024884. shtml。

针对性不强①，监管方向容易产生偏差。

另一方面，保险业监管机构的监管数据安全保护能力不足。云计算和区块链等数字技术的运用均与数据紧密联系，由数据安全性引发的风险问题与日俱增。2020 年 4 月，浦发、兴业等 6 家银行保险机构接连发生严重的数据泄露事件。② 监管数据和其他隐私相关信息的安全性，以及数据传输过程的稳定性是确保监管过程顺利进行的基础。在数据加密技术出现和广泛使用之前，传统保险业监管机构通常使用专有的监管数据通道来传输监管数据。但专有线路传输仍然属于传统的算法数据传输过程，从本质上讲，加密技术尚未得到改进，在数据密集传输期间，多条数据线的传输节点存在巨大的数据安全风险。如何利用区块链等数字技术对监管数据形成体系化治理，实现客户隐私保护与数据应用平衡也是目前保险业监管面临的重大问题。

综上所述，保险业监管困境主要包括静态监管模式使监管法律法规滞后，且保险业监管机构难以及时识别新型风险；传统保险业监管内容相对缺失；传统保险业监管技术发展较为落后；传统保险业监管数据收集、应用及安全保护能力不足。

二 数字技术在保险业监管中运用的主要效果

面对上述监管困境，数字技术在保险业监管中的运用能在一定程度上提高保险业监管机构的监管效率，提升保险业监管机构的监管能力（见表 3）。下文将主要分析数字技术在保险业监管中的运用效果。

第一，保险业监管机构可以运用数字技术挖掘、分析、整理和报送监管数据，快速对违规行为给出处理方案，从而提高监管效率，降低监管成本。一方面，保险业监管机构运用人工智能等数字技术可以提高数据挖掘和解析能力。保险业务在开展过程中会产生大量非结构化数据，包括图片、文本和音频等。如果监管机构不能有效获取并解读这些非结

---

① 中国证券网，https://news.cnstock.com/news，bwkx – 202010 – 4605803. htm。

② 搜狐网，https://www.sohu.com/a/392309632_120344089。

表3 数字技术在保险业监管领域的运用

数字技术	运用
人工智能	1. 集成、分析高度复杂、非线性和低质量的数据。 2. 实时监控保险业务全过程的内部系统和产品，识别违规行为
区块链	1. 解决监管政策滞后、监管定位不明确、监管时效性差等问题，提高监管数据记录、储存和共享的水平。 2. 通过时间戳对整个保险业务活动和交易行为进行持续、动态的监控和跟踪
云计算	1. 高效处理数据并进行实时分析。 2. 确保数据流通、共享的安全性和完整性，提升信息披露的有效性。 3. 平衡数据存储的安全性、机密性与数据流通的透明性、完整性之间的关系
大数据	1. 数据可视化技术，保险业监管机构可以有效地分析数据。 2. 实现相关法规的实时搜索与风险的动态跟踪

资料来源：笔者根据公开资料整理。

构化数据，监管效率便会大幅度下降。保险业监管机构运用人工智能领域的自然语言处理技术（NLP），可以降低获得非结构化数据的成本（赵大伟、杜谦，2019）。除此之外，保险业务开展过程中还会产生诸如表格表单和海外财务发票等半结构化数据。半结构化数据形式多变，难以与结构化系统进行匹配。[①] 而大数据等数字技术能将上述数据处理成结构化数据，并根据统一的报送要求形成标准化报告，从而提高监管机构跨界协同监管的能力。例如，监管数据交换平台 Silverfinch 可以汇总和交换平台内银行保险等金融机构的监管数据，并将监管信息处理成标准的 TPT、C/EPT 和 EMT 格式。[②] 另一方面，保险业监管机构运用人工智能技术能实现监管法规和监管案例的及时更新。世界各国监管条例和监管案例是动态变化的，人工学习效率十分低下。保险业监管机构运用人工智能技术可以收集全球范围内的监管案例，并对比分析其共通点和不同点以供监管人员参考。除此之外，人工智能技术还能深度学习和及时更新已有的监管法律法规。例如，IBM Watson 系统是最早开发并

---

① 搜狐网，https：//www.sohu.com/a/426253100_500659。

② 亿欧智库，https：//www.iyiou.com/preview/pdf？path = https% 3A% 2F% 2Fstatic. iy-iou. com% 2F。

且发展较为成熟的人工智能认知计算系统，IBM 已训练该系统掌握多达数万条的监管条文①，该系统在保险业监管中的应用提高了监管的效率，减少了人工成本。

第二，保险业监管机构可以运用大数据、人工智能等数字技术实现智能预警和数字化风险控制，提高风险防范能力。一方面，保险业监管机构可以运用数字技术搭建智能监控系统，实现监管过程的事前提醒、事中预警和事后审核，提高全过程风险防范能力。例如，我国在全国范围内展开的医保智能监控系统的试点工作，是提升我国保险业监管水平和风险防范能力的重要举措。以山东潍坊的"五横五纵"一体化医保智能监控系统为例②，保险业监管人员可以利用该系统医院端录入的模块数据与大数据平台系统数据进行比对，及时发现数据串换和虚记等违规现象，从而防范风险。同时，保险业监管人员也能利用大数据风控模块推送的疑点信息进行更全面、精细的核查，减少风险产生的可能。另一方面，保险业监管机构可以运用大数据和区块链等数字技术提高信息交流率，动态把握相关信息，实现数字化风险控制。保险业监管机构可以在工作场景中引入协同办公软件、机器人流程自动化（RPA）等数字化办公工具，提高信息交流效率，减少人工失误。③ 同时，针对保险资产管理行业中的问题，如信息伪造、风险信息难以共享以及数据有效性低等，大数据等数字技术的合理运用有助于保险业监管机构动态把握关联方的身份和资产信息。例如，2020 年 7 月 10 日进入试运行阶段的银行保险业关联交易监管系统，可以实现关联方档案信息的实时审计，并给出相应的风险预警。④ 如果保险资产管理公司能主动上报真实的资产业务全流程信息，保险业监管机构便能实时监控交易相关信息，以增强其保险资产管理风险控制能力。

第三，保险业监管机构可以运用大数据、云计算等数字技术深度挖

---

① 亿欧智库，https：//www. iyiou. com/preview/pdf? path = https% 3A% 2F% 2Fstatic. iy-iou. com% 2F。

② 中国山东网，https：//baijiahao. baidu. com/s?id = 1685487832598584524&wfr = spider&for = pc。

③ 搜狐新闻，https：//www. sohu. com/a/379300587_120070887。

④ 中国银行保险报，https：//baijiahao. baidu. com/s?id = 167189624382667 9991&wfr = spider&for = pc。

掘交易主体之间的关系，减少保险欺诈，从交易行为监管和消费者权益保护的角度提高行为监管能力。随着金融混业经营发展，原有的纵向机构监管体制逐渐无法防范和控制金融风险的交叉感染。我国于 2017 年首次提出应在金融业监管中引入"行为监管"，并将其作为加强监管和弥补不足的要点。我国学者普遍认为，行为监管主要包括金融交易参与主体之间的交易行为监督和金融消费者权益保护（孙天琦，2015）。一方面，保险业监管机构可以运用大数据与云计算技术提高监管数据的可得性，并深度挖掘交易主体之间的关系，从交易行为监管的层面增强行为监管能力。保险业监管中的信息不对称具体表现为监管主体不能充分掌握客体的相关信息，各交易主体间往往有很多监管机构难以挖掘到的信息。严重的信息不对称很大程度上降低了监管效率，使许多不合规行为游离于监管机构管辖范围之外。通过使用云计算等数字技术，保险业监管机构可以更高效、准确地收集和整理监管数据，减少信息不对称。其中，构建基于云计算的数据存储、处理和分析平台可以为外部监督和风险监控提供新的工作空间。同时，保险业监管机构运用知识图谱技术可以清楚地识别交易主体之间的关系，并获得传统监管方法难以获得的详细信息，如保险集团成员公司之间的资源、劳务或义务转移的市场相关信息。保险业监管机构利用知识图谱技术提供的可视化市场交易关联图，可以分析内部市场是否存在利用相互交易以虚增营业收入或实现其他非法目的的行为（许闲、刘炳磊，2019）。另一方面，保险业监管机构可以运用大数据与人工智能等数字技术加强保险业务流程管理，减少保险人欺诈现象的发生，从消费者权益保护的层面增强行为监管能力。保险人欺诈主要表现为保险业务人员或保险代理人为非法谋求私利欺骗保险消费者。这种行为不仅会侵犯保险消费者合法权益，影响保险业声誉，甚至还会对社会造成不良影响。例如，阳光人寿保险公司的某销售经理曾为了个人奖金利益，虚报预期收益率，并隐瞒相关风险，引导消费者签订保险合同。[1] 保险业监管机构利用大数据等数字技术加强保险业务全流程的信息披露，并建立保险中介信息监管系统加强对保险代理人的数字化监管，减少了保险人欺诈现象的发生。

---

[1] 深圳保险律师网，http://www.mslaw0755.com/artcile/530.html。

综上所述，数字技术在保险业监管中的运用提高了保险业监管机构监管的效率，降低了监管成本，通过实现数字化风控提高了防范风险的能力，通过减少信息不对称和保险人欺诈提高了行为监管能力，解决了传统保险业监管实践上的许多难题。

三 数字技术驱动的保险业监管的主要创新

上一节梳理了数字技术在监管过程的运用效果。基于此，这一节将从保险业监管理念、监管规则内容、监管工具与监管体系出发，进一步介绍数字技术驱动保险业监管的主要创新。

（一）数字技术驱动保险业监管理念创新

数字技术在保险业监管中的运用不仅给监管带来了技术性的革新，对监管理念的转变升级也有深刻的影响。数字技术推动了传统理念从"事后监管"到"动态监管"的转变，以及监管机构之间协同监管理念的进一步发展。

一方面，数字技术促使保险业监管理念从"静态监管"转变为"动态监管"。在数字技术高速发展的过程中，云计算、人工智能和区块链等技术与保险各业务场景深度融合，保险产品日新月异。数字技术的运用使保险交易逐渐呈现虚拟、便捷和隐蔽等特点。例如，某些保险机构将较高收益率的互联网保险打造成纯粹的理财产品，其业务的隐蔽性与资金流动的难追踪性为犯罪分子提供了机会。为切实防范互联网保险交易过程中的风险，保险业监管机构更加重视"动态监管"，并运用数字技术及时识别与处理风险。"动态监管"理念的出现使保险业监管更加科学，在一定程度上增强了保险业监管机构综合风险监管能力。

另一方面，数字技术的运用推动了保险业监管机构的协同监管理念发展。金融业协调监管主要指在监管信息充分交流的基础上，建立统一的监管标准和执法标准，实现金融监管机构之间的行为一致性。[①] 中国

---

① 中国市场监管报，http：//www.cicn.com.cn/2016－06/15/cms87000 article.shtml。

保险业由于互联网金融的冲击与数字技术的影响，已经呈现明显的混业化、去中介化和跨界化特点（万鹏、贾立文，2018）。以我国保险业反洗钱监管为例，产品创新为犯罪分子制造了"监管空白"，某些保险机构依托互联网销售渠道，将万能险拆解为短期产品来连通 P2P 网贷产品，实现非法洗钱。例如，招财宝的"变现"功能，实际上是被保险人通过 P2P 网贷平台以保险单为抵押的贷款。在到期日，被保险人清算保单，收取已偿还的保费，然后通过 P2P 网贷平台将钱退还给 P2P 投资者。[①] 该方式打着金融创新的名号，实为欺骗消费者，并进行非法洗钱。同时，第三方支付形式的多样化也加大了资金交易监测的难度。[②] 互联网保险的反洗钱难题推动中国人民银行（以下简称央行）与银保监会协同治理，从互联网支付和互联网保险等角度共同加强互联网洗钱风险监管，进而推动了监管机构之间协同监管理念的进一步发展。

（二）数字技术驱动保险业监管内容创新

数字技术的运用使保险业务场景复杂化，拓展了保险业监管内容。随着数字技术发展，保险业务场景逐渐碎片化，保险业风险也有所改变。保险业监管机构也相应地拓展了保险业监管的内容。2021 年 1 月，银保监会修订了新版本的数字技术非现场监管报表（以下简称新版监管报表）。该报表的调整显示了数字技术的运用驱动保险业监管内容的创新，主要包括保险机构风险问责机制的创新、保险业技术外包监管规则的创新和监管审计内容的创新。

第一，新版监管报表精细划分数字技术风险，新增保险机构风险问责机制。首先，新版监管报表结合保险业现状，在风险评估关注领域设立了数字技术治理、数字技术运行维护、业务连续性管理、数字技术外包、信息安全管理与信息系统开发测试等 13 块内容，通过风险控制域精细划定明确了数字技术管理内容。其次，新版监管报表要求各机构制定详细的数字技术风险管理策略以及数字技术风险计量和监测机制。最

---

① 和讯保险，http：//insurance. hexun. com/2016 - 04 - 26/183527965. html。
② 中国金融新闻网，https：//www. financialnews. com. cn/x/bxsd/201712/t2017 1206 _129102. html。

后，新版监管报表增设风险问责机制，形成风险管理闭环，强化了各机构风险责任担当意识。

第二，新版监管报表提出了数字技术外包治理的概念，新增保险业技术外包监管规则。前文提到随着数字技术的运用，为了降低研发成本，保险机构数字技术外包现象逐渐增多，保险业监管机构需进一步完善针对技术外包风险的监管法规。新监管报表将技术外包风险监管纳入全面风险监管体系，厘定数字技术外包风险主管部门，构建了整体管理框架，为数字技术外包风险监管打下基础。新版监管报表除了明确外包商自身能力和外包流程带来的固有风险外，还提出了跨境外包风险、集中度风险和非居民风险的概念。同时，新版监管报表还增加了数字技术外包流程监控，加强了从外包员工到服务内容的服务质量管理，提高了整体外包流程控制能力，在监控评估这个关键节点优化了数字技术外包监管内容。

第三，新版监管报表拓展了审计具体内容，加强对保险业监管数据中心和重大数字技术事件的审计。审计作为保险业监管日常检查工作的优先检测手段，发挥着安全把控的作用。新版监管报表在审计的具体内容中新增"数据中心""重要信息系统"及"重大数字技术事件"三个模块，并涵盖了国家安全保护、公司自身问题和行业中的高风险领域。这一变更从定期回溯反馈的角度加强了保险业监管机构对于数据和数字技术运用的监管。

（三）数字技术驱动的保险业监管工具的创新

随着数字技术的运用，保险业监管机构还进行了监管工具的创新。监管沙盒是一种实验性监管工具，在沙盒空间内金融技术创新产品和模式可以在设定的监管规则下进行重复试验，消费者也能在个人权益受保障的前提下使用创新产品和模式。随着我国金融科技创新产品和模式的增加，我国监管当局根据国际监管沙盒经验并结合国内监管特点，设立了中国版监管沙盒。不同于英国，我国更侧重于持牌金融机构，非持牌机构要与持牌机构合作才能申请测试，并通过央行及其各分支机构对申请项目所在试点区域进行具体管理。

保险机构也逐渐进入我国金融监管沙盒的试点应用范畴。2020 年 6

月2日，中国人寿财产保险成为首次入盒的保险机构[1]，这对保险业监管是非常有意义的突破。监管沙盒在保险业监管中的应用可以让数字技术创新的保险产品在测试期间加以调整和完善。同时，监管沙盒的应用也加强了保险业监管机构与创新企业的沟通交流，建立监管者与被监管者之间良好沟通的桥梁，将传统的"先发展后监管"转变为"边发展边监管"，提高了保险业监管效率。

（四）数字技术驱动的保险业监管体系的创新

数字技术的运用驱动偿付能力监管体系（以下简称偿二代）不断更新升级。偿付能力监管一直是我国目前适用的现代保险监管框架的重要组成部分。偿二代是我国目前正在使用的以风险为导向的偿付能力监管体系（其主要内容见表4）。但是，随着我国金融形势不断变化，数字技术快速发展促使保险业务场景碎片化、营销模式精细化及风险特征不断变化，偿二代遭遇实践问题，需要结合现实进行完善升级。为满足保险业风险防范和监管改革发展的需求，偿二代二期工程建设针对过去监管的缺陷，拟运用数字技术提高监管的科学性和有效性。2021年1月25日，银保监会发布最新版本偿付能力监管规定（以下简称管理规定），加强对保险机构投资资产穿透监管。[2]

表4　　　　　　　　　　　　　偿二代主要内容

三支柱	风险类型	监管工具	评价标准
第一支柱（定量资本要求）	量化风险（保险风险、信用风险、市场风险）	量化资本要求；实际资本评估；资本分级；压力测试；监管分级	综合偿付能力充足率；核心偿付能力充足率
第二支柱（定性监管要求）	难以量化的风险（战略风险、操作风险、声誉风险、流动性风险）	风险综合评级（IRR）；风险管理要求与评估（SARMRA）；流动性风险；检查与分析；监管措施	风险综合评级；控制风险得分

---

① 证券日报，https：//baijiahao. baidu. com/s?id=1668595341860308164&wfr=spider&for=pc。

② 腾讯网，https：//new. qq. com/omn/20210125/20210125A0BUNU00. html。

三支柱	风险类型	监管工具	评价标准
第三支柱 （市场约束机制）	难以监管的风险	公司信息披露；监管信息披露；信用评级	市场评级等

资料来源：笔者根据公开资料整理。

偿二代二期工程建设相对一期主要在风险覆盖面、风险计量算法、偿付能力和风险变化的动态分析上有所创新。首先，偿二代二期工程扩大风险覆盖范围。比如，从资产端增加集中度风险，用超额累进计算法计算风险敞口阈值，超过单一法人风险敞口阈值的资产的全部风险暴露计提集中度风险。其次，偿二代二期工程提高风险计量科学性。例如，偿二代二期工程改进了利率风险计量方法，以指导保险公司优化资产负债对账管理。作为人寿保险机构中份额最大的单一风险，利率风险的资本消耗约占人寿保险公司最低资本的六成到七成。管理规定全面完善了利率风险计量方法。[①] 最后，偿二代二期工程的风险预测和监管响应更及时和精准。如前文所述，保险业监管机构运用大数据、云计算和区块链等数字技术打造监管数据集成系统和自动化监管报告系统，这些系统可以实现实时监控，及时发现风险移动并快速做出监管响应。

综上所述，数字技术驱动了监管理念由静态式向动态式转变，推动了各行业的协同监管理念的进一步发展，拓展了监管法律法规数字技术的相关内容，驱动了监管沙盒在保险业监管中的应用，促进了偿付能力监管体系升级。

四　促进数字技术驱动保险业监管创新的对策建议

基于前文的分析，保险业监管面临诸多监管困境，保险业监管数字化仍处于探索发展阶段，促进保险业监管数字化创新发展意义重大。这一节将从保险业监管机制的完善、监管数据的治理和数字技术运用水平的提升这三个方面提出一些对策建议。

---

① 银保监会，http：//www.cbirc.gov.cn/cn/view/pages/index/index.html。

（一）政府相关部门和保险业监管机构应完善监管机制

监管机制是监管过程中相关监管制度和监管工具的结构关系和运行方式，在监管过程中有着较为重要的作用。面对金融业混业经营的发展趋势，政府应加速构建数据共享机制，进一步加强各行业间的监管信息共享；保险业监管机构也应进一步深化监管沙盒在保险业监管中的应用，努力跟上国际先进监管水平。

一方面，政府应主导构建监管数据的共享机制，提高监管信息的共享效率。相较于传统监管，数字化监管的主要优势是能够处理海量数据并实现实时信息共享。因此，加速搭建保险及其他金融业跨行业数据的共享信息平台，有助于提高政府部门协同监管能力。例如，银保监会联通车险平台与税务机关平台，使保险机构在承保时能同步代收缴车船税，即联网征收模式。该模式的应用提高了税务部门对于车船税缴税情况的整体把握，也为今后车船税政策的改革提供了实践数据。在精简投保人向保险机构提供缴税相关手续流程的基础上，联网征收模式提高了保险业监管机构的监管效率。因此，保险业监管机构也应继续大力促进各行业与保险业间的数据共享，构建并完善数据平台共享机制。

另一方面，保险业监管机构应该进一步推广监管沙盒在保险业监管中的应用，并利用数字技术完善监测机制。我国金融监管沙盒的试点应用自 2019 年 7 月提出后正在逐步进行中，但相比于商业银行和大型科技公司，保险机构创新产品入盒较少。[①] 从参与试点的机构主体看，银行类金融机构居主导地位，其次是科技公司，仅有少量的保险机构参与。这与我国金融机构创新产品入盒规定有一定的关系。我国早期金融科技创新监管试点只有持牌金融机构可以申请，而持牌机构由于受相关规定和体制限制，创新发展大幅度落后于非持牌机构。大部分保险机构选择与科技公司合作进行数字创新，因此申请流程复杂。同时，我国监管沙盒试点覆盖面有限，仍有许多无法入盒的创新产品投入市场，因此许多机构并不一定会主动寻求监管。对此，保险业监管机构应进一步优

---

① 华夏时报，https：//baijiahao. baidu. com/s?id = 1639224851539141863&wfr = spider&for = pc。

化申请流程，扩大试点面积，规范盒内外创新产品。此外，保险业监管机构也应运用区块链等数字技术进一步推进保险业监管沙盒的建设，继续优化监测机制，保证入盒的创新产品能够顺利出盒，实现保险创新产品的普惠意义。

（二）保险业监管机构应加强监管数据治理

数字技术的运用依托海量的数据和各种算法而存在，故可能会带来安全隐患。加之以往监管观念中对于消费者隐私的忽视，监管效率与消费者隐私和数字安全的平衡性值得更多的关注。

第一，保险业监管机构要在事前、事中和事后全过程提高监管数据的质量。在数字技术高速发展的背景下，各行业都意识到了数据的重要性，纷纷建立大数据平台与数据中台。数据质量是数据治理的核心，低质量的监管数据会降低监管效能，其中监管数据的真实性和完整性是优质数据的核心竞争力。[1] 据统计，2020 年第一季度，银保监会共处以监管罚款 470 笔，涉事保险机构 140 余家，罚款总额 7251.46 万元。[2] 处罚事项中，大部分机构涉及编制并提供虚假报告、文件资料以及虚假列支费用等问题。因此，保险业监管机构不仅要重视用于事后改善的历史数据，更应该加强对用于事前预防和事中监控的监管数据的重视。参照银行业监管数据质量治理方案（见表5），保险业监管机构也应在事前、事中与事后全方面地提升监管数据质量，尤其是要加强对保险机构手续费列支不真实、虚列费用套取资金、编制和上报虚假报告等行为的全过程监管。

第二，保险业监管机构应健全数据安全问题防护措施，加强监管数据安全管理，明确监管数据的访问权和使用权等权限，减少数据安全隐患。以区块链技术为例，它是一种新的去中心化基础结构和计算法则。但在实践中一些供应链企业出于对商业秘密泄露的担忧，不愿将交易数据上链。这严重阻碍了监管机构对于企业交易行为的监管，因此健全监

---

[1] 搜狐新闻，https：//www.sohu.com/a/397679492115124？trans_ = 000014_ bdss_ dkm-wzacjP3p：CP = 。

[2] 北青金融，https：//baijiahao.baidu.com/s?id = 1666573742472075732&wfr = spider&for = pc。

表5　　　　　　　　　　　事前、事中与事后的数据质量提升方案

数据产生时间	事前（预防）	事中（监控）	事后（改善）
数据类型	未来数据	当前数据	历史数据
治理目标	数据质量主动保障	数据质量持续监控	数据质量清理提升
开展工作	通过数据模型、数据标准等手段提升数据质量管理事前预防工作；通过业务流程化、源系统改造等方式保证未来数据质量	根据数据质量检查规则，对数据质量进行持续的、周期性的监测	按业务系统或者主题分批对数据进行剖析、清洗，提高既有数据质量

资料来源：《银行业强监管、强合规下的金融机构数据治理应对方略：箭在弦上，步步为营》，https://www.ibm.com/downloads/cas/ZWZ1WO5Q。

管数据保护机制十分重要。保险业监管机构应建立健全数据安全问题防护措施，确保监管过程中各环节的数据安全和数据的资产价值。监管机构应进一步明晰哪些数据必须上链，严格把控数据访问权限，防止监管数据泄露、损坏或滥用。

第三，保险业监管机构应明确保险机构和自身对消费者隐私信息的知晓程度，加强消费者的隐私保护。随着更多数字技术的使用，许多保险机构开始使用智能可穿戴设备、车辆互联网和其他设备提供的数据流，打造保险业务链数据库。例如，人寿保险公司利用可穿戴设备收集的数据来了解消费者的健康状况和死亡风险等，从而定制保险服务的价格。因此，过往病史、身体体征数据和死亡风险等顾客个人隐私的保护更应该受到关注。保险业监管机构应制定相关法律法规明确企业对隐私信息的访问权，同时也应约束自身在过往案例回溯过程中对于消费者隐私的知情程度。

（三）保险业监管机构应继续提升技术运用水平

从当前运用情况来看，大数据、人工智能和区块链等数字技术在保险业监管领域的运用仍属于起步阶段，其优化监管过程和提高监管水平的潜力仍未被完全开发。在国家提出的金融科技监管工作重点的基础上，保险业监管机构应进一步探索数字技术在资金链分析、风险监测和

监管绩效评估上的作用，提高自身监管技术水平。

第一，保险业监管机构应提高大数据和人工智能等数字技术在保险机构资金链动态分析中的运用水平。保险资产管理公司的资产配置范围覆盖固定收益证券、权益类产品和金融衍生品等多个领域，业务风险各异，导致监管难度较大。保险机构投资行为监管不善会导致系统性风险，一旦重要保险机构受到超出控制能力外的风险攻击，对金融体系的稳定性和社会福利体系都会有较大的负面影响（Benoit et al.，2017）。保险业监管机构应该运用大数据和人工智能等数字技术对保险机构间的资金链进行动态分析，并构建金融系统的关联体系，以此明确出现流动性风险和偿付危机的保险机构可能波及的范围（刘春航，2020）。这有助于提高保险业监管机构宏观审慎层面识别风险的能力，并有效阻断风险在整个体系内的传递。

第二，保险业监管机构应提升人工智能在风险监测和舆情分析方面的运用水平。国际上，已有不少监管当局正在挖掘人工智能机器学习在审慎监测和舆情分析中的运用潜力。例如，意大利央行已经逐渐将机器学习技术运用到贷款违约概率预测中。美国监管当局也在运用 NLP 等技术搭建市场舆情分析工具，从舆情监测角度完善了保险业监管体系。因此，我国保险业监管机构应借鉴国际先进经验，将机器学习、NLP 等人工智能技术与风险预测模型相结合，构建数字化风险评估系统及市场舆情分析工具。

第三，保险业监管机构应提升大数据和云计算等数字技术在监管绩效评估中的运用水平。为了维护保险市场的稳定性，保护保险消费者的合法权益以及防范风险，保险业必须实施严监管。但过于严格的监管会缩减保险业创新发展的空间，反而抑制了保险市场活力。因此，保险业监管机构也应更加注重监管绩效的评估。保险业监管机构应该利用大数据平台实时记录监管投入和监管活动等相关数据，并对其产出进行回溯审计。保险业监管机构可以通过运用大数据和云计算等技术体系化评估监管绩效，把控监管尺度。

综上所述，我国立法机关应该加速建立健全与数字技术相适应的监管法律法规，保险业监管机构也应加速建立保险业监管信息共享机制和适用于保险数字技术创新产品的实验性监管机制，注重监管数据质量的治理、数据安全和消费者权益保护问题，提升大数据和人工智能等数字技术在保险业监管中的运用水平。

五　数字技术驱动保险监管创新对我国金融业监管的启示

加速中国金融业监管的数字化转型，有助于增强金融体系稳定性以及我国金融业的全球竞争力。保险业是金融业的重要组成部分，其监管的数字化创新与发展对整个金融业监管的创新与发展具有启示作用。下文将具体分析我国保险业监管创新对于我国金融业监管的启示。

启示1：金融监管机构要注重数字技术带来的业务和商业模式的转变以及金融创新与实体经济的结合。在数字技术革命的冲击下，金融业正在迅速重建，金融业已充分理解了数字化转型的必要性和紧迫性。数字化转型更重要的是金融服务和商业模式的转变，而不仅是单纯的技术性转型和升级。在充分理解金融业数字化转型深层内涵的基础上，金融监管机构才能不断完善相关监管规则，有针对性地增强其监管能力。如前文所述，数字技术的运用使保险业务场景日益复杂，新的销售模式、保险产品与其他金融产品的创新结合若不能得到有效监管，不仅会侵犯消费者的合法权益，还会对社会稳定性造成负面影响。金融监管者应明确数字化的目的是更好地服务金融消费者。无论是保险业、银行业、消费金融业还是贷款援助业或其他金融业，都需要以防范金融风险为基础，确保数字技术创新不会成为违法违规行为的保护伞。同时，监管方应督促金融机构结合行业特点进行相应的服务模式升级和产品创新升级，并积极识别市场主体需求，让金融创新产品更好地服务实体经济。

启示2：金融监管机构应加强顶层设计，提高监管科技整体的规范化水平。首先，政府部门要从顶层设计上保持监管的定力。尽管国内外的金融环境在不断变化，但中国的金融监管应始终从我国分业监管现状出发，加强顶层设计。针对目前金融跨行业发展、金融科技背景下越来越复杂的金融市场环境，国家应坚定推进金融监管整体体制适应性的改革，进一步整合并强化银行保险监管职责。面对金融业数字技术的运用，政府部门及监管机构应加速相关法律法规的建立健全，使监管规范与技术发展相匹配。其次，金融监管机构要在整体上进一步提高监管科技的运用水平。目前，有关监管科技的讨论很大程度上局限于概念化或框架阶段，并没有太多实际的产品成果。因此，政府应加强数字技术和产品的顶层设计和市场开发的整合，促进监测技术3.0（监测技术的未来应用框架）的蓬勃发展，并确保在数据互操作性的背景下积极披露监管信息。这样一来，便能促进金融监管从微观组织风险管理到宏观组织全面结合，预防系统性金融风险。

启示3：金融机构和金融监管机构应关注数据要素运用的安全问题。数据运用是行业数字化转型与监管数字化转型的基石，因此，数字化进程中的首要工作便是做好数据要素运用效率升级与数据安全保障。数字技术在金融产品创新中的运用增加了数据泄露的风险。相关业务人员在数据分析和挖掘过程中的操作不当也会导致用户隐私泄露。对监管方而言，我国金融监管机构可以参考《欧洲数据治理条例（数据治理法）》（下），从而进一步完善数据运用安全相关规则。对金融机构而言，须主动建立以数据为中心的动态安全防范和控制系统，并通过数据治理、安全保护措施、风险识别和审计监督来增强自身数据安全保护能力。

总之，传统保险业监管面临法律法规滞后、监管技术发展落后等困境，在数字技术赋能保险业的背景下，保险业监管不断创新并逐步数字化。保险业监管数字化可以更好地引导保险业的发展方向，促进保险业体系的稳定发展，使保险业更好地满足社会需求。而推动保险业监管数字化并最终实现保险业乃至金融业整体的良性发展，实现金融的普惠价值，需要政府、监管机构、保险机构以及科技公司共同努力。

参考文献

程诚：《关于建设保险监管大数据平台的思考》，《中国保险》2019年第4期。

刘春航：《大数据、监管科技与银行监管》，《金融监管研究》2020年第9期。

赛铮：《保险科技发展背景下的保险监管现代化转型》，《金融理论与实践》2020年第10期。

孙天绮：《金融业行为风险、行为监管与金融消费者保护》，《金融监管研究》2015 年第 3 期。

万鹏、贾立文：《中国保险业的监管科技应用研究》，《保险理论与实践》2018 年第 7 期。

许闲、刘炳磊：《监管与合规技术的应用场景探析》，《上海保险》2019 年第 7 期。

夏维华：《区块链技术赋能下保险创新发展模式探索——以相互保险为例》，《财会月刊》2020 年第 21 期。

赵大伟、杜谦：《人工智能背景下的保险行业研究》，《金融理论与实践》2020 年第 12 期。

Benoit, S. et al. , "Where the Risks Lie: A Survey on Systemic Risk", *Review of Finance*, 2017, 21（1）：109－152.

我国助贷业务监管存在的
主要问题与对策建议

曾　燕　王佳琳

摘要 本文阐述了我国助贷业务的发展情况，分析了我国助贷业务监管的现状与问题，并对助贷业务监管提出了对策建议。第一，概述了我国助贷业务的发展历程、存在意义以及主要乱象，揭示了加强助贷业务监管的重要性与紧迫性。第二，梳理了我国助贷业务监管的发展历程及现状。第三，总结了我国助贷业务监管存在的主要问题，包括助贷业务监管严重滞后、助贷业务的法律地位与监管政策不明晰、助贷业务监管体系建设不足。第四，分析了我国助贷业务监管的影响因素，包括助贷业务的自身发展情况、助贷业务的监管环境与助贷业务监管的基础建设三方面因素。第五，从监管政策、监管体系、监管手段和监管科技四个方面对我国助贷业务的监管提出了对策建议。

助贷业务是资金方和助贷机构合作为目标客户提供贷款服务的一种模式。近年来，随着金融科技的成熟与人们借贷需求的不断增长，我国助贷业务蓬勃发展。助贷业务不仅可以拓展商业银行与各金融机构的业务范围，而且有助于解决"长尾人群"① 借贷难的问题。然而，在助贷业务的发展过程中，砍头息、个人信息泄露、造假资质骗贷与贷后暴力催收等乱象频发。例如，2020 年 10 月，在南宁从事洗涤生意的赖先生

---

① "长尾人群"指小微企业、个体工商户、农民、城镇低收入人群等传统金融服务未覆盖的群体。参见雪球，https://xueqiu.com/9417893586/110307888。

受疫情影响而遇到资金周转困难问题。经人介绍，他与一家贷款中介服务公司签订了一份"金融顾问服务合同"贷款45万元，但贷款到账后赖先生发现资金被划走了高达19.2%的服务费，且赖先生表示他事先对该项费用并不知情。[①]

助贷业务发展中出现的诸多问题逐渐引起了监管部门的重视。2020年7月，中国银行保险监督管理委员会（以下简称银保监会）发布《商业银行互联网贷款管理暂行办法》，首次正式认可了助贷业务并明确了互联网助贷业务的总体监管政策。然而，助贷业务仍尚未得到有效规范。2020年11月，银保监会针对"部分银行保险机构、助贷机构违规抬升小微企业综合融资成本"的情况发布通报，称平安普惠等多家机构在助贷业务中强制捆绑销售保险，收取高额服务费。[②]

基于上文分析可知，我国监管部门亟须加强对助贷业务的规范，从而更有效地助力数字普惠金融发展。因此，本文将对我国助贷业务监管的发展情况与相关问题进行研究。本文结构安排如下：第一节概述我国助贷业务的发展历程、意义与主要乱象，揭示加强助贷业务监管的重要性与紧迫性；第二节梳理我国助贷业务监管的发展历程与现状；第三节总结我国助贷业务监管存在的主要问题；第四节分析我国助贷业务监管的影响因素；第五节提出一些完善与改进我国助贷业务监管的对策建议。

一　我国助贷业务概述

综合北京互联网金融行业协会对助贷业务的定义[③]和朱太辉[④]等学

---

① 南宁晚报，http：//nnwb. nnnews. net/p/21820. html。

② 中国银行保险监督管理委员会，http：//www. cbirc. gov. cn/cn/view/pages/ItemDetail. html？docId＝944008&itemId＝915&generaltype＝0。

③ 2019年，北京互联网金融行业协会在《关于助贷机构加强业务规范和风险防控的提示》中指出，"助贷机构通过自有系统或渠道筛选目标客群，在完成自有风控流程后，将较为优质的客户输送给持牌金融机构、类金融机构进行风控终审并发放贷款的业务"，即助贷业务。参见搜狐网，https：//www. sohu. com/a/305766500_99955888。

④ 朱太辉等（2019）认为，助贷指第三方机构发挥自身场景、数据和科技等优势，帮助银行等资金方改善客户筛选、信用评估、风险管控、贷后催收等业务流程。

者的观点，本书认为，在助贷业务中，助贷机构，一方面为个人或企业匹配符合其借贷需求和风险特征的资金方，另一方面通过自有渠道获客并凭借自有技术对客户信息进行初筛，然后将优质客户信息输送给资金方，由资金方决策并放款。在部分助贷业务中，助贷机构还提供一定的风控技术支持与贷后催收服务。

助贷业务的参与主体为资金方、借款方和助贷机构。资金方包括银行、消费金融公司等银行业金融机构，信托公司等非银行业金融机构与小额贷款公司等类金融机构。借款方包括个人与企业，且主要为传统金融未覆盖的"长尾人群"与小微企业。助贷机构主要包括大型商超平台、互金平台和房地产中介等具有特定获客场景的机构，保险公司和融资担保公司等具有增信资质的助贷机构，以及具有较强技术实力的金融科技公司。

助贷有别于联合贷款①与纯技术输出业务。在联合贷款业务中，资金方与合作机构都应具备对外发放贷款的资质并共同出资。而在助贷业务中，助贷机构仅提供放贷流程中的部分服务以及一定的技术支持，不参与出资与放款。在纯技术输出业务中，金融科技公司仅向金融机构提供信息系统或风控模型等，不参与资金方的贷款业务流程。

自古以来，人们的日常生活就离不开各种中介，包括撮合借贷款的中间方。2007 年，我国首个助贷业务模式诞生，在 13 年时间内助贷业务不断成熟发展。下文将梳理我国助贷业务的发展历程，阐述助贷业务在我国存在的意义并总结我国助贷业务发展中出现的主要乱象。

（一）我国助贷业务的发展历程

如图 1 所示，我国助贷业务的发展主要经历了四个阶段：起步期（2007—2012 年）、爆发期（2013—2016 年）、整改期（2017—2018 年）和发展期（2019 年至今）。

---

① 银保监会下发的《关于就联合贷款模式征求意见的通知》文件中指出，联合贷款是合作双方基于共同的贷款条件和统一的借款合同，按照约定比例共同出资，发放贷款的一种业务。

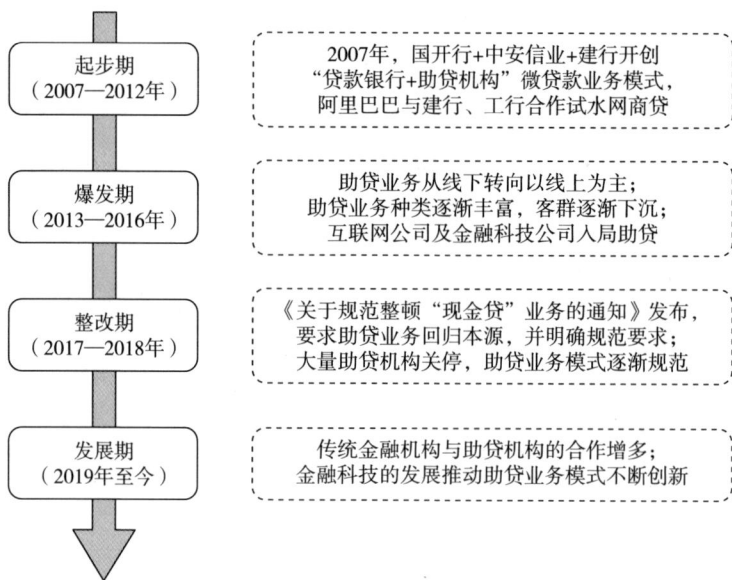

图 1 我国助贷业务的发展历程

资料来源：笔者根据公开资料整理。

第一，起步期（2007—2012 年），助贷业务初具雏形。2007 年，国家开发银行深圳分行与深圳市中安信业创业投资有限公司、中国建设银行深圳分行一同首创了"贷款银行 + 代理机构"的助贷业务模式。[①]该创新业务模式有效地结合了银行的资金优势与微贷机构的客户资源优势，使银行、微贷机构与下沉客群实现了三方共赢，获得了深圳市和国家颁发的"金融创新奖"。同期，阿里巴巴也开始与银行合作试水网商贷，由阿里巴巴提供电商平台上的商家信息，建行、工行为商家提供贷款资金。[②] 此时期，中国互联网行业仅初具规模，助贷机构主要通过扫街、扫楼的方式在线下获客和收集信息。由于传统金融机构对助贷业务持审慎态度，且助贷机构的线下业务具有局限性，最初的助贷模式虽在一定程度上获得成功，但并没有得到大规模推行。

第二，爆发期（2013—2016 年），互联网金融时代的到来为助贷业

---

① 中安信业，https：//www.zac.cn/about。

② 中国政府网，http：//www.gov.cn/zhuanti/2015－09/17/content_2933399.htm。

务的发展创造了新机遇，助贷业务的种类与范围不断拓展。一方面，互联网金融的快速发展使我国助贷业务逐渐从线下转移到线上开展。助贷业务从面向小微企业或企业主的小微金融逐步下沉到面向消费者的消费金融业务，授信额度从几十万元下降至几万元，助贷服务效率也得到进一步提升。另一方面，随着越来越多的传统金融机构认可并开展助贷业务，点融网等互联网公司以及信而富等金融科技公司先后入局助贷，拓展了助贷业务的范围，从而推动助贷业务进入快速发展与大规模推广阶段。该时期内的助贷业务主要以保证金模式①展开。然而，保证金的作用使资金方疏于对合作机构的管理和对风控的重视，很多助贷机构又不具备兜底的能力，该模式的潜在风险和问题逐渐暴露。

第三，整改期（2017—2018 年），我国助贷乱象丛生，监管部门开始出台相关监管政策以整治并规范助贷，助贷业务逐渐由保证金模式转为第三方担保模式。② 2017 年 12 月 1 日，《关于规范整顿"现金贷"业务的通知》发布，呼吁助贷业务"回归本源"并首次对助贷业务做出了规范要求，明确禁止资金方接受助贷机构的变相兜底和无资质机构提供的担保。此后，商业银行等持牌机构开始更加慎重地选择合作伙伴，大量以普惠金融为名但实则放高利贷的助贷机构关停。在监管政策的引导下，助贷业务开始由保证金模式转向第三方担保模式，助贷业务的风险得到了进一步分散。至此，助贷业务实现了初步整改与规范。

第四，发展期（2019 年至今），普惠金融相关工作促成了更多传统金融机构与助贷机构之间的合作，金融科技的成熟推动了助贷业务创新，我国助贷业务步入蓬勃发展时期。金融科技公司凭借自身积累的大量客户群体以及在获客、风控和运营等方面形成的技术能力，不断创新助贷业务。如 2019 年年底中腾信将平台化数字技术融入助贷业务，推

---

① 保证金模式指助贷机构向资金方提供贷款金额的一定比例作为保证金，供资金方弥补贷款坏账损失。参见消金漫谈，https：//new.qq.com/omn/20200331/20200331A0 C4LB00.html。

② 第三方担保模式包括融资担保模式和保证保险模式，指助贷机构引入第三方担保机构或保险机构，在贷款逾期时向资金方代偿债务。参见笔者根据公开资料梳理。

出了"助贷路由器"平台①，通过精准地匹配来源不同的资金与需求、资质不同的借款人，将过去资金方与借款方"一对一"的合作对接升级为"多对多"的平台化助贷，提高了资金资产的对接效率，实现了低成本的高效撮合。该平台还能够使资金方的贷款不再受单一场景、渠道或客户群体的限制，从而帮助金融机构进一步拓展贷款业务范围。2020年，我国多家头部助贷机构由原来重资产的担保模式开始转向轻资产的分润模式，推动了我国助贷业务模式进一步发展。在分润模式中，助贷机构为资金方提供获客导流、辅助风控等服务，资金方结合助贷机构提供的信息并根据自有模型进行放贷审核与风控，二者按约定比例分配利润。分润模式有利于规避助贷机构的道德风险与行为风险，但对资金方的风控技术能力提出了更高要求。

（二）我国助贷业务的意义

我国助贷业务相较于传统的信贷业务具有一定优势，且助贷业务的存在具有重要的现实意义。

第一，助贷机构与传统金融机构的合作深化了金融行业的专业化分工，有助于拓展传统信贷业务的范围，提高金融服务效率。传统金融机构持有大量资金，但其经营地域范围受限、小额贷款风控技术不足，导致其触达的客户群体有限，且独立开发小额信贷产品的成本高。而助贷机构虽无放贷资质，但在获客能力、客户数据积累与金融科技实力方面上具备优势，能够减少资金方与借款方的信息不对称，降低资金方的放贷成本。因此，助贷业务使助贷机构与传统金融机构通过发挥各自的比较优势实现合作共赢，不仅拓展了资金方信贷业务的范围，而且提高了金融服务效率。例如，截至2020年年底，大数金融已累计帮助合作银行发放近600亿元的信用贷款，乐信在2020年通过助贷业务促成了1770亿元贷款。②

---

① 中腾信负责人："'路由器'平台让更多的资金、资产方加入进来，左手对接资金，右手匹配资产，高度适配资金、资产两端，形成一个平台体系。"参见华夏时报网，https://www.chinatimes.net.cn/article/92147.html。

② 华夏时报，https://ishare.ifeng.com/c/s/v002tKsoludfI0f5ZeWluKSvtDqZWzRdoteBWtHHAC6VDmA__。

第二，助贷机构补充了信贷业务链条中的风险控制环节，有助于稀释信贷风险。助贷业务中，资金方可以基于助贷机构对借款方的信用审核结果，对其进行二次审核再做出放款决定。同时，助贷机构掌握着大量中小微企业数据和个人数据，又在大数据风控等技术方面具有相对的优势，可以弥补资金方在贷款业务的风险管控等环节技术不足与资源有限的问题。由此可见，助贷机构可以对信贷业务链条中的风险控制环节起到补充作用，从而降低资金方发放次级贷款的风险。

第三，助贷业务有助于解决"长尾人群"借贷难与小微企业融资难的问题，对于推动普惠金融发展有重要作用。长期以来，"长尾人群"与传统金融机构之间存在严重的信息不对称，且不少资金方在判别长尾群体信用风险上存在技术难题。同时，"长尾人群"和小微企业由于缺乏信用信息证明，往往难以获得传统金融机构的贷款服务。而助贷机构能够凭借其获客方面的优势触达下沉客群，并利用风控技术优势实现更精准的风险判别，增加"长尾人群"与小微企业的信贷服务可获得性，助力普惠金融。例如，疫情期间，360 数科联合金融机构通过定向帮扶等方式，帮助超过 3000 家小微企业渡过了资金难关。截至 2020 年年底，360 数科已累计帮助 113.6 万家小微企业，其中包括 25629 家"三农"企业。[①]

综上所述，助贷业务可以补充传统信贷业务的供给并且提高金融服务效率，降低金融系统风险，以及助力普惠金融的发展。助贷业务若能在恰当的监管下规范发展，将为我国的金融服务系统与人民日常生活带来颇多效益。

（三）我国助贷业务的主要乱象

由上文分析可知，助贷业务具有良好的发展前景和重要作用。然而，在监管相对滞后的大背景下，蓬勃发展的助贷行业中充斥着乱象。

第一，助贷机构以服务费、中介费或保险费为名向借款方收取高额

---

① 360 数科官网，https：//www.360shuke.com。

砍头息①，且信息披露不充分。在金融壹账通与黄河农商行的合作贷款案例中，借款人的借款合同利率为7%—8%，但借款人必须向指定的保险公司支付其贷款金额的20%—30%用以购买信用保证保险，并向线下中介额外支付一笔中介费。② 如此一来，其实际贷款年化费率几乎紧贴民间借贷的法律红线。在21CN聚投诉等投诉平台上，不少借款人反映助贷机构在合同中并没有完全披露费用明细。例如，2020年4月，借款用户贾凡通过贷款中介合墨数据向苏宁消费金融贷款15.2万元，但其在不知情的情况下被中介收取了两万多元的前期费用。③ 助贷机构在未充分披露息费明细的情况下向借款方收取高额前期费用，不仅有损消费者权益，而且抬高了客户的借贷成本。

第二，助贷机构和资金方不规范收集和使用客户信息。助贷机构和资金方在利用大数据获客和信用审核时，需要收集并处理大量客户数据信息。然而，部分机构并不重视客户数据和隐私保护，超范围收集个人或企业信息，泄露客户信息或贩卖数据等，对消费者权益造成了损害。2020年9月，工信部在通报中表示对23款违规收集和使用用户信息的APP进行了强制下架处理，其中包括经营助贷业务的"爱又米"平台。④

第三，助贷机构伪造客户资质骗贷，或诱导匮乏金融知识的人群盲目借贷。财联社的记者在暗访中发现，不少助贷机构暗地里通过为借贷客户提供贷款资质造假的加价服务获取高额利润。某助贷机构的经理称，只要客户缴纳一定服务费用，便可帮其伪造资金用途、流水等信息以获得贷款。⑤ 2020年5月，四川大学生小吉爆料，成都美哒科技招聘学生兼职为医美整形医院做宣传推广，并以"全额补贴首次整形手术的费用"的名义，诱导学生在助贷平台"即分期"上申请贷款。⑥

---

① "砍头息"指借款人收到的贷款本金中被直接扣除的一部分钱。参见北京商报，http://tech. sina. com. cn/i/2018 – 03 – 07/doc – ifxipenn9336231. shtml。

② 消金界公众号，https：//mp. weixin. qq. com/s/CWzhCRo5s7ERwpm9KsU6XA。

③ 网贷之家，https：//www. wdzj. com/zhuanlan/guancha/17 – 14404 – 1. html。

④ 搜狐新闻，https：//www. sohu. com/a/418610608_348231。

⑤ 搜狐新闻，https：//www. sohu. com/a/418610608_348231。

⑥ 网贷之家，https：//www. wdzj. com/zhuanlan/guancha/17 – 14362 – 1. html。

第四，资金方将核心风控环节外包给助贷机构，异化为纯资金提供角色。理论上，在助贷业务中资金方负责风控的核心环节，助贷机构对其提供一定的技术辅助或环节补充。但实践中，部分金融机构缺乏对风险控制的重视，将风控职能让渡给助贷机构以节省风控成本，甚至利用助贷机构的兜底承诺或担保机制，直接根据其授信审查结果做出最终放款决策。然而，一旦贷款发生大规模逾期，助贷机构又卷款跑路逃避责任，将对资金方造成巨大损失，甚至可能会引发系统性金融风险。

第五，助贷机构在贷后环节中的催收行为不当。虽然我国监管层高度重视对暴力催收问题的清理整顿，但目前仍有线下助贷中介以电话、上门骚扰或短信恐吓的方式催收逾期贷款。例如，刘女士在聚投诉上对人保助贷发起投诉：因信用卡逾期，她收到助贷机构的频繁催收骚扰以及恐吓电话，对方以小孩威胁其还款，并声称将上门清收。① 部分助贷机构甚至以故意伤害、非法拘禁等暴力手段向借款人催收贷款，严重影响了社会的稳定。

综合上文对我国助贷业务主要乱象的分析，可见我国助贷业务监管亟须加强。监管部门需要关注的问题应包括助贷业务中费用收取的合理限度与信息披露规范，客户信息的收集与隐私保护，助贷机构获客行为的规范，核心风控环节的责任归属以及助贷机构贷后催收的行为规范。

二 我国助贷业务监管的发展历程与现状

上文概述了我国助贷业务的发展情况，揭示了加强我国助贷业务监管的重要性与紧迫性，并总结了我国助贷业务监管需要重点关注的几个方面。下文将对我国助贷业务监管的发展历程进行梳理，并从监管主体、监管对象和监管内容三个方面分析我国助贷业务监管的现状。

（一）我国助贷业务监管的发展历程

我国对助贷业务的监管起步较晚，且初期对助贷业务和各参与主体的规范并不明确。但随着近年来助贷行业的问题频发，助贷业务的监管

---

① 聚投诉，http://ts.21cn.com/tousu/show/id/552959。

问题开始受到重视，且监管部门陆续出台了助贷业务的相关监管政策，如图 2 所示。下文将结合相关政策演变梳理我国助贷业务监管的发展历程。

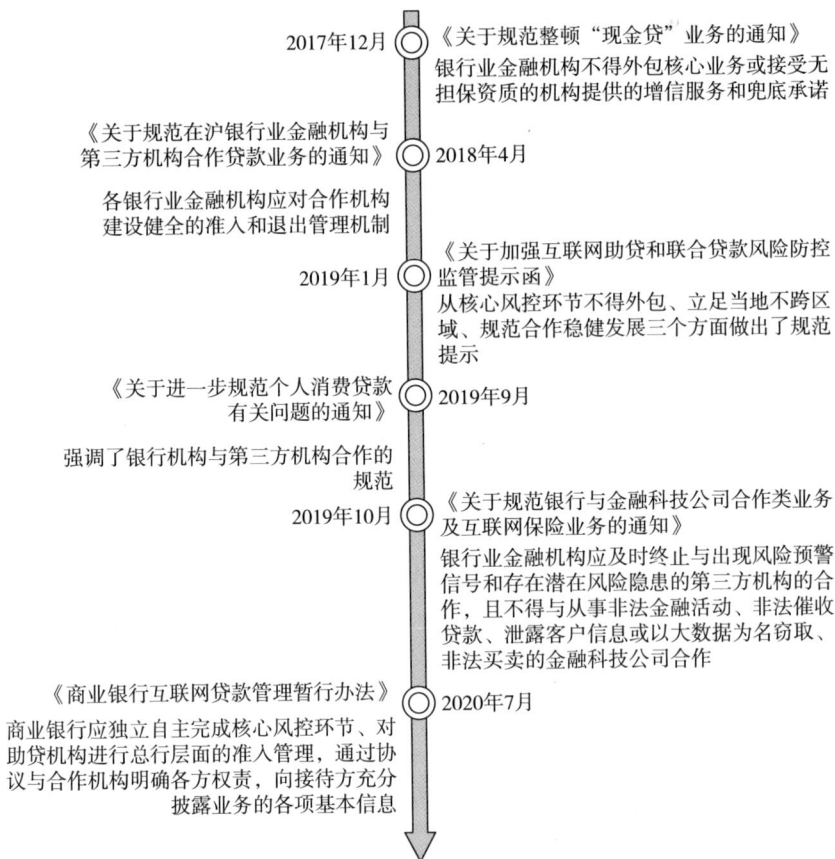

图 2　我国助贷业务监管政策的演变历程

资料来源：笔者根据公开资料整理。

　　2017—2018 年，监管部门首次在文件中提及助贷业务，开启了对助贷业务监管的探索期。2017 年 12 月，互联网金融风险专项整治工作领导小组办公室与 P2P 网贷风险专项整治工作领导小组办公室共同发布文件，首次提及助贷业务的相关要求，并呼吁"助贷业务回归本源"。2018 年 4 月，为规范银行等金融机构与第三方机构合作贷款业务的开展，上海银保监局向其辖内银行业金融机构下发了通知。然而，该时期内助贷业务的政策文件缺乏监管力度且内容不够明确，难以有效整治频发的行业乱象。

2019 年，为整治助贷业务发展中出现的乱象、促进助贷业务的规范开展，各地监管部门相继发布了有关助贷业务的监管要求。2019 年 1 月，浙江银保监局对该地区银行参与的互联网助贷业务做出了规范提示。2019 年 4 月，北京互联网金融协会指出部分互联网金融平台与助贷机构共同推出的现金贷①加剧了金融风险与社会隐患，并针对助贷业务中的问题现象做出了风险提示。2019 年 9 月，浙江银保监局再次强调了银行与第三方机构合作的规范。2019 年 10 月，北京银保监局向其辖内银行下发了与金融科技公司合作开展助贷业务的规范要求通知。2019 年 12 月，宁波银保监局细化了有关银行对合作助贷机构进行管理的要求。可见，该时期内地方银保监局与行业协会逐渐重视助贷业务监管，但中央监管部门仍未明确监管政策。

自 2020 年起，助贷业务得到了积极认可，并步入正式监管时期，国家层面的相关监管政策逐渐明确。2020 年 5 月，银保监会携同中国人民银行（以下简称央行）和市场监管总局等多部门发布通知，要求银行加强对合作机构收费情况的管理并在助贷业务中明确自身收费事项。2020 年 7 月，银保监会发布了首份国家层面关于助贷业务的监管政策——《商业银行互联网贷款管理暂行办法》，针对商业银行与各类机构合作发放互联网贷款的业务制定了一系列规则。2020 年 10 月 22 日，为整治银行与保险机构乱收费的现象，银保监会下发了行动方案。2020 年 11 月，银保监会同央行发布了《网络小额贷款业务管理暂行办法（征求意见稿）》，表明对网络小贷行业中助贷业务的监管要求也将逐步完善。

---

① 现金贷是指无场景依托、无指定用途、无客户群体限定、无抵押、无发放资质的贷款类业务。参见央广网，http://finance.cnr.cn/gundong/20171201/t20171201_524046944.shtml。

（二）我国助贷业务的监管现状

由上文可以看出，近年我国逐渐重视助贷业务监管，助贷业务的监管政策不断完善。下文将从监管主体、监管对象和监管内容三个方面分析我国助贷业务监管的现状。

从监管主体来看，目前我国助贷业务的监管主体主要包括中央监管部门、地方监管部门与行业组织，如图3所示。

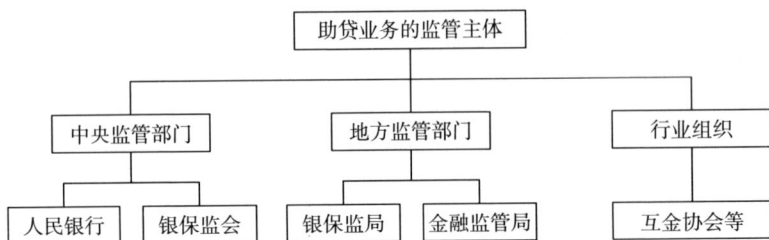

图3　我国助贷业务的主要监管部门

资料来源：笔者根据公开资料整理。

从监管对象来看，现阶段我国助贷业务的相关监管部门主要关注资金方的规范。首先，银保监会和银保监局是现阶段我国助贷业务的主要监管部门。银保监会主要针对全国银行业金融机构出台助贷业务相关的经营规则和监管政策。地方银保监局主要负责规范辖内的银行业金融机构与助贷机构开展的合作业务。二者主要通过要求资金方对合作机构进行审查与管理，对助贷机构的资质与业务规范形成一定的约束。其次，地方金融监督管理局（以下简称地方金融监管局）主要负责监督管理辖内的"7+4"类金融机构①，并对类金融机构开展的助贷业务做出规范提示。大多数地方金融监管局在助贷业务中的监管职能不明确，且尚未针对助贷机构形成完整且明确的监管要求。最后，互金协会等行业组

---

① "7+4"类金融机构：小额贷款公司、融资担保公司、区域性股权市场、典当行、融资租赁公司、商业保理公司、地方资产管理公司，投资公司、农民专业合作社、社会众筹机构、地方各类交易所。参见北京商报网，https://www.bbtnews.com.cn/2020/0605/356053.shtml。

织主要对其行业内的助贷业务进行要求与规范，但其在我国助贷业务监管体系中的监管地位与权责更为模糊，对于助贷机构的要求也尚不明确，因此对助贷机构的约束力度有限。

从监管内容来看，现有监管政策主要对资金方明确了三个要求，涉及助贷业务的多个环节。第一，多份监管政策均明确了助贷业务的资金方不得外包核心风控环节。第二，银保监会和银保监局多次提出银行业金融机构要加强对合作助贷机构的管理，如对其实施名单制管理、建立准入和退出机制等。第三，部分地方银保监局还提出了地方性商业银行不应借助助贷业务跨区域放贷的要求。此外，针对助贷业务中的客户信息保护，《个人金融信息（数据）保护实行办法》明确禁止金融机构为获得个人金融信息而违法擅自从事个人征信活动。针对助贷业务中的信息披露，《商业银行互联网贷款管理暂行办法》要求银行将助贷业务的各项具体信息以醒目的方式向借款人披露。针对助贷业务中的贷后催收环节，银保监会明令禁止以故意伤害、侮辱、恐吓或威胁等不法手段催收贷款的行为。

综上所述，我国助贷业务监管起步较晚，自 2017 年开始逐步推进，在多部门的推动下形成了初步的监管体制。具体而言，我国助贷业务的相关监管部门包括央行、中国银保监会、地方银保监局、地方金融监管局与互金协会等行业组织。目前，我国助贷业务监管以资金方监管为主，现有监管政策主要对资金方明确了业务规范要求，并涉及了助贷业务的多个环节。然而，我国助贷业务的监管依然存在一些问题，下文将进行具体分析。

三　我国助贷业务监管存在的主要问题

近年来，助贷业务逐渐发展为我国重要的金融活动业态之一。尽管助贷业务的异化发展引起了监管部门的重视，但 2020 年我国助贷业务乱象不减，可见我国助贷业务监管仍未有效落实。基于上文对我国助贷业务监管现状的总结，下文将阐述我国助贷业务监管存在的主要问题。

第一，助贷业务的监管滞后较为严重。由上文分析可知，我国助贷业务自 2007 年至今已发展十余年，而我国监管部门于 2017 年才首次提及助贷，直到2020年才正式认可助贷业务模式。同时，目前我国助贷业务的法律地位与监管细则仍未明确，助贷业务的监管体系尚未形成。监管滞后势必会导致行业乱象频发，并大幅增加后期监管的难度与成本。以P2P网络借贷为例，自2013年起P2P平台"暴雷"和"跑路"事件便开始频繁出现，但直到2015年P2P问题平台数的激增引起较大关注，监管层才开始积极出台政策进行整治，导致大量投资人在大规模的"暴雷"事件中损失惨重。此外，我国助贷业务监管目前仍以事后监管为主，即在问题出现后监管部门才出手整治，导致助贷业务中的乱象与问题一直未能得到有效解决。例如，对于乱收费问题，相关监管部门未事先为助贷收费画好具体红线，直到乱象爆发后才对违规收费的机构进行罚款惩治。

第二，助贷业务的法律地位与监管政策不明晰。一方面，我国助贷业务目前的相关法律法规尚处于空白状态，助贷业务的法律地位仍不明晰。截至2020年年底，我国没有任何一部法律、法规提及助贷业务，因此助贷业务的法律地位仍然模糊。《中华人民共和国商业银行法》等针对金融机构的法律只适用于资金方开展的业务规范，对助贷业务不具有监管效力。助贷业务不属于民间借贷，也有别于金融机构的传统信贷业务，故《关于规范民间借贷行为维护经济金融秩序有关事项的通知》《关于审理民间借贷案件适用法律若干问题的规定》等法规的适用范围不包括助贷业务。2016年中国银监会同公安部等多部门发布的《网络借贷信息中介机构业务活动管理暂行办法》仅适用于个体和个体之间通过互联网平台实现的直接借贷，因此也无法用于约束助贷业务。我国助贷业务相关法律法规的长期缺失导致助贷业务一直游走在法律的灰色地带，这不仅不利于保护助贷业务中各参与主体的权益，还会导致助贷监管工作难以开展。

另一方面，我国助贷业务的监管政策尚不明确。我国目前并没有系统性的助贷业务监管政策，相关监管条文多出自针对现金贷的整顿文件、有关互联网贷款的规范文件以及针对商业银行开展合作业务的总括性监管文件。这导致助贷业务的开展得不到统一标准规范。同时，助贷业务现有的相关监管政策内容较为模糊，未能明确助贷业务的开展规范。例如，141号文提及助贷机构不得向借款人收取息费，银保监会在降低企业融资综合成本的行动通知中也强调了助贷业务的收费应合理，但监管政策尚未明确规定助贷业务的收费规范，导致高额砍头息等乱象频发，埋下了贷后暴力催收的种子。再如，现有政策中有提到开展金融业务的各类机构应规范征集和使用客户信息，但对于助贷业务中的前期信用信息征集规范并没有做出具体说明。监管政策内容的不明确导致助贷业务的监管难以落实，助贷业务的发展也难以得到具体规范。

第三，助贷业务的监管体系建设不足。目前，我国尚未形成专门的助贷业务监管体系，各监管部门在助贷业务监管中的职能与分工不明确，导致了我国助贷业务监管不足。具体而言，我国助贷业务监管体系建设的问题主要体现在两个方面。

一方面，我国助贷业务监管目前以资金方监管为主，忽略了对助贷机构的监管，导致了监管漏洞。根据前文所述，目前我国银保监会、地方银保监局和地方金融监管局按照其监管职能分别负责对全国银行业金融机构、地方银行业金融机构和类金融机构开展的助贷业务进行监督。由于助贷机构并不属于金融机构或类金融机构，上述金融监管部门暂未将其纳入监管对象范围。同时，互金协会等行业协会仅对助贷机构做出规范提示，监管力度有限。此外，现有监管政策多从资金方的角度出发来约束助贷业务，并通过要求资金方加强对合作机构的管理来间接约束助贷机构，而非对助贷机构做出直接要求。例如，上海银保监局要求各银行业金融机构通过建立准入和退出机制对合作机构进行管理。宁波银保监局要求银行对合作的助贷机构实施清单制管理，并按属地监管要求进行风险测评。2020年，银保监会提出银行应对合作的第三方机构实施名单制管理，由一级分行及以上层级审核第三方机构资质，并了解合作的第三方机构向借贷企业的收费情况。① 然而当前助贷业务的诸多乱象多因助贷机构的不合规行为而起，因此对助贷机构的直接监管不可或缺。

另一方面，我国助贷业务的监管部门之间缺乏协调机制，导致助贷业务监管存在"监管漏洞"与"多头监管"问题。具体而言，银保监

---

① 银保监会：《商业银行互联网贷款管理暂行办法》，http：//www. law - lib. com/law/law_ view. asp?id =693004。

局和地方金融监管局均对助贷业务中的资金方进行监管，但银保监局为银保监会下设机关，地方金融监管局属于地方政府下设的直属部门，二者的监管范畴和职能相对独立。在助贷业务缺乏统一监管政策的背景下，这些监管部门的立足点和监管角度有所不同，导致其监管标准也有所不同。再加上银保监局与地方金融监管局之间缺乏监管协调机制和合作沟通，影响了监管整体效能的发挥。例如，中国普惠金融研究院课题组（2020）指出，银保监局与地方金融监管局对助贷业务风险的评估指标和评级方法有较大差异，容易导致风险评级的结果不一致。又比如，助贷业务中的暴力催收和砍头息问题有着内在关联，但各地公安机关与地方金融监管局因在监管过程中缺乏内在协调机制，未能对此实现联动管制。

综上所述，我国助贷业务监管存在的主要问题表现为监管严重滞后、助贷业务的法律地位与监管政策尚不明晰以及助贷业务的监管体系建设不足。其中，助贷业务监管体系的问题包括忽略了助贷方监管以及监管部门之间缺乏协调机制。

四 我国助贷业务监管的影响因素

上文从监管滞后、法律法规与监管政策、监管体系建设三个角度阐述了我国助贷业务监管主要存在的三大问题。本文认为，我国助贷业务的监管主要受助贷业务自身发展情况、助贷业务的监管环境和助贷业务监管的基础建设三个方面的因素影响，下文将对此进行具体分析。

（一）助贷业务自身发展情况

助贷业务自身发展情况包括助贷业务的参与主体、业务模式与风险，其对助贷业务监管标准与内容的制定，以及监管部门的建设有着较大的影响。

第一，助贷业务的参与主体参差不齐，导致助贷业务的监管标准难以统一。一方面，参与助贷业务的资金方种类多样，而各机构的风控能力有显著差异，统一的监管要求在资金方难以落实。具体而言，中小银行的风控能力较弱，其业务范围本身就受到限制，若监管要求过于严苛, 会减少其与助贷机构的合作, 导致其放贷业务规模进一步缩小。小额贷款公司作为资金方时在风控技术、资金成本等多方面与银行业金融机构有着差距, 因此二者的监管政策并不相互适用。另一方面, 目前市场上的助贷机构数量繁多, 规模不一且鱼龙混杂。诸如 360 金融、信也科技、乐信等头部助贷机构信息较为公开透明, 便于监管。但不少线下助贷机构常年在无监管的状态下开展金融营销工作, 间接导致部分助贷机构伪造资质骗取与资金方的合作。因此, 监管部门在制定助贷方的监管政策时需充分考虑助贷机构的资质层级。

第二, 助贷业务的模式与风险影响监管内容的制定, 且对监管部门的技术能力提出了要求。一方面, 助贷业务模式的不断创新与变化要求监管内容的重心及时做出相应调整。根据前文所述, 我国助贷业务模式经历了由保证金模式到第三方担保模式, 再到分润模式的发展历程。相应地, 助贷业务监管部门应当重点关注的问题由核心风控环节的责任归属转变为第三方担保机构的资质以及收费限度, 再到资金方的风控技术能力与助贷机构的金融营销行为。另一方面, 随着金融科技发展, 助贷业务模式的创新导致助贷业务的风险不断演变, 并对有关部门的监管技术能力不断提出新的要求。助贷业务的风险主要包括助贷机构的行为风险与道德风险, 以及资金方的技术风险。此外, 由于近年来数字技术在助贷业务的信用审查与风控环节广泛运用, 加剧了助贷业务中的数据安全风险和技术安全风险。这要求监管部门提高自身技术能力, 加强监管科技在助贷业务监管中的运用, 以应对助贷业务带来的各种新风险。

(二) 助贷业务的监管环境

良好的监管环境是监管部门对助贷业务实现有效监管的重要前提, 这包括国家对助贷业务的监管态度、政策引导以及合适的监管力度。

第一, 国家的监管态度与政策引导影响助贷业务监管的工作方向。2019 年 11 月, 北京国际金融安全论坛上, 有关监管部门负责人表示数字金融发展任重道远, 未来将加强对助贷业务的监管。[①] 2020 年 10 月, 国务院金融稳定发展委员召开专题会议指出, 当前金融科技与金融创新

---

① 凤凰新闻, https://ishare.ifeng.com/c/s/7rnzfp9Mm4i。

发展迅速，国家既鼓励创新也要加强对金融活动的监管，有效防范风险。[①] 2020 年 11 月，银保监会副主席梁涛在会议上明确要依法将金融活动全面纳入监管，包括同类业务与同类主体。[②] 这表明助贷业务将被正式纳入我国金融活动的监管体系，助贷业务监管将逐步完善与推进。

第二，过于严苛的监管要求会阻碍助贷业务的发展，监管力度也是助贷业务监管需要考虑的因素之一。中国普惠金融研究院（2019）提出，过于严苛的规定容易抑制助贷机构与银行业金融机构合作的积极性，阻断银行资金流向实体经济中的小微企业，因此不利于缓解小微企业的融资难题。例如，对助贷业务的综合费率上限规定太低会大幅压缩助贷机构的利润空间，减小助贷业务的规模，不利于解决小微企业融资难的问题。此外，部分地方银保监局提出"地方性商业银行不得跨区放贷"，但当前社会人口流动大，企业跨区域经营现象多，且银行金融服务日趋数字化、平台化，导致该监管要求较难落实。可见，监管部门应合理把握助贷业务的监管力度以加强监管效果。

（三）助贷业务监管的基础建设

完善的监管基础建设是实现有效助贷业务监管的必要前提。助贷业务监管的基础建设包括助贷业务的监管政策、监管体系建设与监管资源。

第一，助贷业务的监管政策是有效开展助贷业务监管工作的基本指南。完善的监管政策不仅能为助贷业务的合规发展提供规范要求，也能为有关监管部门的工作开展提供行动指南。具体而言，中央监管政策对地方监管细则具有指导性作用，地方监管细则又为有关部门的具体监管工作明确了规范。由上文分析得知，目前我国助贷业务的监管政策欠缺导致了助贷业务的乱象频发，可见监管政策对有效监管具有较大的影响作用。

第二，监管体系的布局与建设对助贷业务监管工作的开展效率起决

---

① 中国政府网，http：//www. gov. cn/guowuyuan/2020 – 10/31/content_5556394. htm。

② 中国经济网，https：//baijiahao. baidu. com/s?id = 1682612976785601561&wfr = spider& for = pc。

定性作用。具体而言，明确且恰当的监管部门职能分工有利于减少监管漏洞，监管部门之间的协作机制建设有利于避免多头监管问题，从而提高助贷业务监管的工作效率，增强助贷业务监管效果。如上文所述，目前我国助贷业务监管暂未将助贷机构纳入监管体系，地方金融监管局等部门在助贷业务监管中的职能分工不明确，导致地方助贷业务监管的开展范围有限，整体监管工作效率较低。此外，地方银保监局与地方金融监管局等监管部门在助贷业务中缺乏协调与合作监管机制，也降低了助贷业务的监管效率。

第三，丰富的监管资源是有效开展助贷业务监管工作的重要保障，对监管效率也有较大影响。王刚等（2015）指出，金融监管属于极为复杂的专业性工作且需要大量劳动力，故监管资源的丰富程度是监管质量的一大直接决定因素。助贷的业务环节与参与主体较多，监管部门不仅需要制订周密的监管规则，还需要投入大量的监管资源对助贷业务进行非现场监管与现场监管。助贷业务的相关监管资源包括监管部门的人才与监管技术，因此监管部门应当重视监管人才的吸收与培养，并关注监管科技在助贷业务监管中的运用。

综上所述，我国助贷业务监管的影响因素主要可以分为助贷业务自身发展情况、助贷业务的监管环境与助贷业务监管的基础建设。其中，助贷业务的参与主体、业务模式与风险影响助贷业务监管标准与内容的制定，监管工作的有效开展离不开良好的监管环境，同时助贷业务监管的基础建设决定了助贷业务监管的开展效率。助贷业务的相关监管部门在开展监管工作的过程中应充分考虑上述因素。

五　我国助贷业务监管的对策建议

由上文分析可知，助贷业务对我国经济发展有重要意义，但我国助贷业务发展过程中出现的各种乱象与监管问题不利于助贷行业的发展与金融系统的稳定。因此，我国助贷业务监管亟须改进与加强。我国助贷机构与 P2P 平台的运营模式有一定相似之处，且此前我国对 P2P 网贷的监管在短时间内取得了较为显著的成效。故下文将基于上文对我国助贷业务监管的问题及影响因素的分析，并结合 P2P 监管的经验和国外信贷监管经验，为我国助贷业务监管的完善与改进提出对策建议。

（一）有关部门应尽快完善助贷业务的相关法规与监管政策

第一，司法部门应尽快明确助贷业务的法律地位，并完善助贷业务的相关法规。具体而言，司法部门应尽快出台助贷业务的相关法律法规，界定其属性、参与主体的身份与职能范围以及监管主体，为助贷业务的发展与监管提供合法依据。例如，《网络借贷信息中介机构业务活动管理暂行办法》对网络借贷的内涵界定给出了具体解释，并明确将网络借贷信息中介机构定义为专门从事网络借贷信息中介业务活动的金融信息中介企业。同时，司法部门应与监管部门合作对相关监管法规进行完善，为助贷业务的合规开展提供标准与依据。例如，英国现行法规要求各类贷款的最终费率（包含利率与费用）每天不得超过0.8%，月利率不得高于24%。美国颁布的《诚实借贷法》要求各类贷款机构以年化利率的形式向借款人明确披露借款利率，并真实披露其收取的所有费用，包括广告宣传和磋商阶段中各种手续费。

第二，各级监管部门应尽快针对助贷业务出台明确的监管政策文件。一方面，中央监管部门应尽快完成助贷业务监管政策的顶层设计，对助贷业务各主体的权责以及助贷业务的收费规范、助贷业务中信息披露的标准要求、助贷机构开展获客活动与贷后服务等环节的规范进行系统性说明。另一方面，地方监管部门应在中央监管政策的基础上，结合属地助贷业务的发展情况，采取渐进式原则完善属地的监管细则。如银保监局与地方金融监管局应分别针对银行业金融机构与类金融机构的助贷业务出台完善的监管政策，明确业务的规范开展标准。

（二）政府应进一步完善我国助贷业务的监管体系布局

第一，中央政府应横向完善我国助贷业务的现有监管体系，在资金方监管的基础上加强由地方金融监管局主导的助贷方监管。一方面，中央政府应明确央行、银保监会、地方银保监局、地方金融监管局、市场部等各监管部门在助贷业务中的监管职能与分工，减少监管漏洞。另一方面，当前助贷业务的诸多乱象滋生于助贷方，因此政府应在现有资金方监管的基础上加强针对助贷机构的监管，从源头上解决助贷机构编造虚假资料骗取银行贷款、收取高额前期费用等问题。由于银保监会和银保监局的监管对象为银行业金融机构等资金方机构，政府可强化地方金融监管局的监管角色，由金融监管局主导并开展针对辖内助贷机构的监督管理工作。

第二，政府应引导助贷机构组建行业协会，加强助贷行业自律监管，并鼓励监管部门与行业协会之间积极交流，缓解监管信息不对称的问题。助贷业务发展至今已具有一定规模，组织助贷机构建立类似网络小贷行业协会的行业组织不仅有助于行业自律发展，而且有利于监管部门深入了解助贷机构的需求与发展情况，从而及时优化监管政策。至于具体办法，政府可以通过先组织头部助贷平台、后带动各助贷中介的方式建立助贷行业协会。此外，政府应鼓励监管部门与助贷行业协会建立定期沟通机制与信息共享机制，要求助贷行业协会按监管要求进行自查并定期向监管部门报送业务发展情况数据。政府也应设立专门的监管部门定期对助贷业务进行深入调研，或与助贷行业协会定期举办座谈会，加强助贷业务的监管部门与助贷业务主体之间的信息互通。

第三，各地政府应牵头建立银保监局与地方金融监管局之间的沟通协调机制。监管部门之间缺乏协调容易导致监管漏洞和多头监管问题，因此政府有必要牵头建立助贷业务相关的各监管部门之间的沟通协调机制。银保监局和地方金融监管局都对助贷业务中的资金方进行监管，但具体监管对象不同，提出的监管细则也有一定出入，政府应引导二者就助贷业务监管进行积极交流与合作，并对监管范围的重合部分进行统一说明。例如，政府可以要求银保监局与地方金融监管局的助贷业务监管团队定期开展例会，相互汇报监管成果并沟通监管问题。银保监局与地方金融监管局也可以就助贷业务中的部分环节组成联合监管小组，共同整治乱象。

第四，政府应纵向优化助贷业务的监管体系，确保各级监管部门贯彻一致的业务规范监管，避免监管指标不一致的问题。政府应合理分配各层级监管部门的监管工作，并纵向建立监管部门之间的协调与监督机制。例如，政府可以建立中央与地方监管部门之间的监管审核制度，由中央监管部门完成助贷业务监管规则的顶层设计，地方监管部门结合属地的实际情况对具体监管进行战略布局，并将规划上报至中央监管部门进行审核，审核通过后再下发实施。

（三）各级监管部门应丰富监管手段，加强行为监管

第一，银保监会和银保监局可根据资金方的风控技术能力对其助贷业务实施分级监管。据上文所述，资金方的放贷成本与其风控技术能力呈正相关关系，过于严苛的监管政策可能会抑制其向"长尾人群"发放贷款的意愿。因此，资金方技术能力的层次不齐会导致统一的监管标准难以落实，银保监会和银保监局可根据其技术能力对其实行分级监管。具体而言，对国有银行等风控技术能力较强的金融机构，监管部门可适当放松对其助贷业务范围的限制；对农商行等风控技术能力较为欠缺的中小银行，监管部门应加强对于助贷业务的范围限制及风险监控，并适当对其经营区域进行属地限制。

第二，地方监管部门可逐步清退问题助贷机构，并对剩余助贷机构进行名单制管理。鉴于目前助贷市场资源有限，而助贷机构鱼龙混杂又加大了监管难度，地方金融监管局可以借鉴 P2P 平台的监管经验，通过清退问题助贷机构减少被监管对象，能在一定程度上降低监管难度。同时地方监管部门可以引导资源向实力更强的头部助贷机构集中，并对剩余助贷机构实施名单制管理，对助贷机构进行实时动态监控，从而推动助贷业务更为长久地健康发展。

第三，政府应完善助贷业务的投诉机制。目前助贷业务的客户投诉分散在各投诉平台上，且多数投诉平台未设置助贷专栏，导致许多客户投诉未得到有效反馈与解决。对此，政府应考虑完善助贷业务的官方投诉机制，如由市场监督管理总局与银保监会合作设立助贷业务的投诉通道或专栏。如此一来，不仅借贷方能更加便捷地对助贷机构或资金方进行投诉，而且监管部门能够更为直接地取得助贷业务开展情况的一手资料。

（四）监管部门应大力发展监管科技以增强事前监管的能力

随着金融科技的日益发展成熟，我国助贷业务的模式不断创新，因此助贷业务的监管部门应坚持大力发展监管科技，增强事中监管的能力

以及时监控助贷业务风险，从而应对助贷业务发展中出现的各种新问题。

第一，监管部门应加强数据监管技术运用能力，完善数据监管机制。助贷机构竞争的核心内容和资金方核心风控环节的重要组成部分均为客户数据。在当今大数据时代下，数据安全风险愈演愈烈，因此监管部门应重点关注对助贷业务中数据安全的监管。一方面，监管部门应完善助贷业务的数据报送监管机制。具体而言，银保监局应督促银行业金融机构上报其助贷业务的数据信息，地方金融监管局应严格要求小额贷款公司等类金融机构报送其助贷业务开展的数据，并运用大数据、5G、云计算等新兴数字技术建设助贷机构的数据报送渠道。监管部门还可以通过合理迁移运用征信业务监管中的数字技术来加强助贷业务中的数据监管能力。另一方面，监管部门应提升数据监管能力，并加强监管体系内部的数据共享。中央监管部门可牵头建立助贷业务相关监管部门之间的数据共享机制和传输渠道，从而实现及时的监管协调，更好地对范围跨度大的助贷业务进行追踪与监控。

第二，监管部门应根据助贷业务的性质建立对应的风险预警模型。监管部门针对助贷业务独立设计风险预警模型，有助于实时监控资金方所放贷款的资金去向，检测助贷业务的开展情况，从而控制助贷业务的坏账率和风险。自 2019 年年底起，部分地方金融监管部门已投入风险监管技术研究，例如，北京市金融工作局已利用区块链技术构建起了网贷风险监控系统，广东省金融管理部门运用大数据技术针对省内的网络借贷信息中介开发了非现场实时监管系统（2.0 版）。因此，从技术层面上看，该方案具有可行性，监管部门未来可以针对助贷业务加强对风险预警模型的设计。

总而言之，助贷业务对于我国金融系统的发展有着积极的现实意义。然而目前我国助贷业务乱象仍存，总体监管滞后严重，诸多监管问题尚待解决，建立与完善助贷业务的监管体制依然任重道远。

参考文献

巴曙松等：《美国发薪日贷款演变、监管及启示》，《金融监管研究》2018 年第 3 期。

顾雷：《我国助贷业务监管需关注的问题》，《金融博览》2020 年第 3 期。

靳丽曼：《普惠金融背景下美国发薪日贷款的监管路径及启示》，《海南金融》2017 年第 9 期。

刘志伟：《中国式地方金融：本质、兴起、乱象与治理创新》，《当代财经》2020 年第 2 期。

谢彩凤、薄云峰：《新形势下助贷行业的法律风险及对策》，《法制与社会》2020 年第 6 期。

胥传玲：《助贷业务监管的国际经验及启示》，《现代商业银行》2018 年第 23 期。

银丹妮、张浩：《数据合规应坚守创新与安全的平衡——以金融助贷业务为例》，《互联网经济》2020 年第 7 期。

郑德磊：《助贷业务的发展历程及现阶段监管建议》，《黑龙江金融》2020 年第 1 期。

中国普惠金融研究院：《助贷业务创新与监管研究报告》，2019 年9 月。

朱太辉、龚谨：《助贷业务监管演进的逻辑与建议》，《中国银行业》2020 年第 Z1 期。

朱太辉等：《助贷业务的运作模式、潜在风险和监管演变研究》，《金融监管研究》2019 年第 11 期。

朱太辉等：《助贷业务的主要争论和解决方案研究》，《金融与经济》2020 年第 2 期。

数字金融监管与创新错配及其对策建议

曾　燕　温君南　杨佳慧

摘要 本文研究了数字金融监管与创新错配及其后果与成因，探讨了数字金融监管与创新错配的应对策略，并总结了错配现象对数字金融发展与国家治理的启示。第一，给出了数字金融监管与创新错配的定义，进而梳理与总结了数字金融监管与创新错配的具体表现。第二，阐述了数字金融监管与创新错配给金融消费者、金融体系与我国经济发展带来的不良后果。第三，从金融体系、监管体制与监管手段层面剖析了数字金融监管与创新错配的成因。第四，基于数字金融监管与创新错配现象及其成因提出了相应的对策建议。第五，总结了数字金融监管与创新错配对我国数字金融发展与国家治理的启示。

2020—2021 年，我国数字金融发展日新月异，创新成效显著。以"ABCDI"①为代表的数字技术在金融领域得到进一步推广与应用；智能投顾、大数据征信、数字借贷、网络互助与数字货币等领域中新产品不断涌现；移动支付、网络小额贷款、数字保险与数字理财等行业也有了崭新的面貌。数字金融创新改善了传统金融机构对金融弱势群体服务不足的局面，对金融普惠性的实现和经济的包容性增长具有重要意义（谢平等，2014；黄益平、黄卓，2018；张勋等，2019）。

然而，随着数字金融的不断发展，各种新型的业务模式及其衍生的

---

① "ABCDI"分别指人工智能（Artificial Intelligence）、区块链（Blockchain）、云计算（Cloud Computing）、大数据（Big Data）和物联网（Internet of Things）。

诸多风险给金融监管带来了不少新的挑战。P2P 网贷平台作为数字金融创新的典型代表，近年来问题频发，市场乱象丛生。一部分 P2P 网贷平台风控能力不足，资金链断裂，进而引发市场恐慌，投资人纷纷撤资，导致各平台接连破产、倒闭。另一部分则在监管的灰色地带从事非法集资与非法借贷等行为，事发后遭到监管部门的取缔。在整治下，监管部门于 2020 年 11 月全面清退 P2P 平台。① 与此同时，网络小额贷款公司的"联合贷款"模式中的潜在风险也受到了监管部门的关注。2020 年 11 月，中国人民银行（以下简称央行）等四部门约谈蚂蚁集团实际控制人，随后蚂蚁集团暂缓上市。② 此前，该集团曾通过借呗和花呗向公众发放大规模信贷资金，小额信贷业务规模达到 1.7 万亿元左右，但其中有约 98% 的资金来自合作的金融机构。③ 蚂蚁集团信贷业务的资金规模大且涉及面广，一旦风险管理出现纰漏，很可能诱发系统性风险。④ 除此之外，2020—2021 年，我国还存在不少数字金融监管与创新错配的现象，如互联网众筹等商业模式的监管法规不完善、数字金融底层技术（如区块链技术）的风险无法被有效识别等。

2021 年政府工作报告提出，监管部门应强化对金融控股公司和金融科技的监管，确保金融创新在审慎监管的前提下进行。⑤ 在此背景下，本文将梳理与讨论数字金融监管与创新错配的表现、后果与成因，并对立法者和监管者提出相应的对策建议。本文结构安排如下：第一节梳理数字金融监管与创新错配的具体表现；第二节阐述数字金融监管与创新错配分别给金融消费者、金融体系与我国经济发展带来的不良后果；第三节分析数字金融监管与创新错配的成因；第四节提出数字金融监管与创新错配的应对策略；第五节阐述数字金融监管与创新错配对我国数字金融发展与国家治理的启示。

---

① 搜狐网，https：//www.sohu.com/a/448308269_772319。

② 雪球网，https：//xueqiu.com/9446019633/162401141。

③ 新浪财经，https：//finance.sina.com.cn/money/bank/bank_hydt/2020-03-06/doc-iimxyqvz8361185.shtml。

④ 腾讯网，https：//new.qq.com/rain/a/20201103A0BD8Z00。

⑤ 新华网，http：//finance.china.com.cn/money/fintech/20210305/5511698.shtml。

一　数字金融监管与创新错配的具体表现

如表1所示，黄益平、黄卓（2018）曾沿用央行等十部委对"互联网金融"一词的定义[①]，对"数字金融"的概念加以阐释。与"数字金融"相近的概念有"金融科技"，两者指代的事物基本一致，但在侧重点上有所不同。"金融科技"一词更强调创新业务模式、服务流程和商业产品的技术特性，而"数字金融"一词则更加强调这些新模式、业务和产品内在的金融属性。近年来，数字金融从业主体类型有了新的变化，从业机构已不限于传统金融机构与互联网企业。众多其他类型的企业也开展了数字金融业务，例如海尔消费金融公司、TCL 小贷公司与万达小贷公司等。因此，笔者认为，数字金融泛指传统金融机构、互联网企业以及其他商业组织利用数字技术打造的新型金融产品、业务流程与商业模式。

表1　　　　　　　　互联网金融、金融科技与数字金融的概念界定

概念	机构/学者	年份	定义
互联网金融	央行等十部委	2015	传统金融机构与互联网企业利用互联网技术和信息通信技术实现资金通、支付、投资和信息中介服务的新型金融业务模式
数字金融	黄益平和黄卓	2018	传统金融机构与互联网公司利用数字技术实现融资、支付、投资和其他新型金融业务模式
金融科技	FSB	2016	通过技术手段推动金融创新，从而形成对金融市场、机构及金融服务产生重大影响的商业模式、技术应用、业务流程和创新产品

资料来源：笔者根据公开资料整理。

数字金融创新使金融市场上的产品、商业模式与技术等发生深刻变化，也衍生出了很多风险，给监管部门提出了新的监管难题。数字金融

[①]　中国政府网，http://www.cac.gov.cn/2015-07/18/c_1115966431.htm。

监管与创新错配即指监管部门未能合理配置法律法规、监管体制与监管手段，导致数字金融创新监管存在不足的一种非最佳配置状态。具体而言，数字金融监管与创新错配可以分为三种主要类型，分别为法律法规、监管体制和监管手段与数字金融创新的错配，下文将具体阐述。

（一）法律法规与数字金融创新的错配

数字金融监管与创新错配首先表现在法律法规与数字金融创新的错配。具体而言，该种错配包括监管法规与产品创新的错配，以及信息保护层面法律法规与数据使用方式的错配两种情形。

第一，监管法规与数字金融创新形成错配，数字金融创新速度快、频率高，而相应的监管法规出台周期较长，导致监管迟滞，形成监管空白。相对于层出叠现的数字金融新产品与新模式，监管部门出台相应监管法规的速度较慢，监管部门往往没有及时监管创新产生的风险。例如，互联网存款产品是近年来商业银行联合互联网金融平台推出的存款产品，其本质是银行非自营网络存款，却长期缺少相应的监管法规，产生了众多市场乱象与潜在风险。2018 年以来，互联网存款产品逐渐成为部分城商银行、农商银行和村镇银行吸纳储蓄的新渠道。2018 年，京东金融和富民银行合作推出"富民宝"存款产品，存款利率在 4.5%以上，并承诺可以随存随取。[①] 除了富民银行之外，京东金融还曾与包商银行等多家银行合作，联合推出多款年化利率在 5%以上的一年期互联网存款产品。[②] 这些互联网存款产品具有高利率、非自营、不稳定、客户面广、流动性强和跨区域经营等特性，容易给银行流动性管理造成负担，同时也可能导致部分监管指标失真、监管难度增大。然而，2018—2020 年，互联网存款监管经历了漫长的观望周期。直到 2020 年 12 月，监管部门才将市场上各类互联网存款产品紧急叫停。[③] 除此之外，互联网众筹、智能投顾等多种数字金融新产品也未有明确的监管规

---

① 当代金融家，http：//www.modernbankers.com/html/2021/financiercon_0311/1324.html。

② 新浪财经，https：//finance.sina.com.cn/roll/2020 – 12 – 22/doc – iiznctke7893768.shtml。

③ 南方都市报，https：//www.sohu.com/a/440267831_161795。

定，相关领域的创新缺少监管法规的引导与规范。例如，按照我国1997 年《证券、期货投资咨询管理暂行办法》①，投资顾问应当取得执业资格。但如智能投顾这种新兴的人工智能形式的投资顾问，是否要受到该办法的准入约束，或者应该受到何种形式的准入约束，目前尚无定论。

第二，信息保护层面的法律法规与数据使用方式形成错配，数字金融从业机构（以下简称数字金融机构）可能过度采集消费者信息。各数字金融机构在数字技术赋能下，能够以低成本和高效率的方式为客户提供服务，从而降低金融服务门槛、扩大服务覆盖面和提高服务效率。但大数据的广泛应用也逐渐让公众对信息采集的边界产生疑虑：消费者何种信息应该被采集？数字金融机构在采集前是否应征询消费者同意？数字金融机构是否有严格的信息保护措施？由于我国法律缺乏对个人信息采集的规定，隐私保护相关法律也未能及时跟进，部分数字金融机构在提供服务的过程中可能过度采集个人信息，产生隐私泄露风险。例如，人脸识别在金融 App 中的广泛运用使个人面部特征被各服务提供商获取；大数据识别与数字爬虫技术的滥用使消费者面临严重的个人信息泄露风险。2020 年 7 月，工信部发出通报称，天弘基金、现金宝和华夏基金管家等多款数字金融 App②均存在侵犯用户隐私权益问题，需要在当月进行整改。

（二）监管体制与数字金融创新的错配

数字金融监管与创新错配还表现为监管体制与数字金融创新的错配。曾宪冬（2003）指出，金融监管体制是指金融监管的职责、权力分配方式和组织制度。我国金融监管体制与数字金融创新的错配有三种具体表现。其一表现为分业监管体制③与数字金融创新的错配；其二表现为地方监管体制与数字金融创新的错配；其三表现为金融消费者权益

① 中国政府网，http://www.csrc.gov.cn/pub/guangdong/ztzl/gongshi/guiding/201203/t20120321_207509.htm.

② 人民网，http://it.people.com.cn/n1/2020/0727/c1009-31798568.html。

③ 分业监管体制即多头或多元监管体制，是指根据从事金融业务的不同机构主体及其不同的业务范围，由不同的监管机构分别实施监管的体制。

保护缺乏体制层面、机构设置等方面的顶层设计。

第一，分业监管体制与数字金融创新形成错配。分业监管体制下，我国各监管机构（见表2）对数字金融的监管存在单中心思维、规制标准差别化和数据孤岛等问题，无法有效监管数字金融创新衍生的风险。由于金融监管部门间规制理念、监管目标与信息解读等方面存在差异，各监管主体间短期内难以协调监管步调，无法及时出台监管政策，进而导致监管空白的产生（王怀勇，2021）。例如，网络互助作为数字金融的一种创新商业模式，近年来迅速壮大，各网络互助平台吸收大量公众资金。然而，在分业监管体制下，各监管机构信息解读不一，同时在监管责任上缺乏沟通与协调，最终导致网络互助行业的监管空白。一方面，虽然央行负有宏观审慎监管的职责，但对于网络互助平台迅速壮大、吸收大量公众资金的业态缺乏警惕。央行没有及时下达文件，提示银保监会与地方金融监管机构网络互助平台风险；同时，其自身也并未担负起具体监管责任。另一方面，由于缺乏中央政策、法规的引导，网络互助平台的性质缺乏清晰界定，地方金融监管局无法判断其是否具有监管义务。央行、银保监会与地方金融监管局在监管责任协调上的失误造成了监管缺位。在此情况下，网络互助平台吸取了大量资金，却无相应的资金管理规范与数据报送要求，资金透明度低，很可能引发风险。另外，由于自身的普惠性质，缺少政策引导的网络互助行业持续盈利能力不足，大小平台持续亏损继而纷纷退出。2021年年初，网络互助行业平台迎来退出潮，美团互助、轻松互助和水滴互助等头部平台陆续关停，但剩余网络互助平台依旧处于监管空白，形成巨额沉淀资金。

表2　　　　　　　　　中国金融监管机构及其监管职责

金融监管机构	金融监管职责
金融稳定发展委员会与中国人民银行（宏观审慎监管机构）	审议金融业改革发展重大计划、统筹协调金融监管重大事项、系统性风险防范和维护金融稳定重大政策、指导地方金融改革发展和监管等
中国银行保险监督管理委员会	银行理财业、信托业务、消费金融业务、保险业务、融资租赁业务、商业保理业务与典当业务的监管

金融监管机构	金融监管职责
中国证券监督管理委员会	券商集合理财资管计划、公募资金业务与私募资金业务的监管
地方金融监督管理局	"7＋4"类金融机构的监管①

资料来源：笔者根据公开资料整理。

第二，地方金融监管体制与数字金融创新形成错配。在数字金融监管上，地方监管部门存在定位不清晰、职责不明确与数据共享不足等问题。首先，我国地方金融监督管理局负有地方金融发展与监管的双重职责，定位的二重性很可能导致监管缺位。姜宇（2021）指出，虽然金融的监管与创新在长期内是统一过程，但是在短期内监管部门在利益驱动下很可能纵容创新产生的风险，从而导致区域金融风险积聚。其次，地方金融监管部门职责划分不明确，数字金融创新产品的监管往往存在缺位。从区域间的监管职责划分来看，数字金融的出现打破了金融机构属地经营的常规模式，地方监管难以完全覆盖本地金融活动。从各类产品的监管职责划分来看，在新产品上央地监管部门的监管职责模糊，可能导致监管空白。最后，我国各监管部门间缺乏完善的数据共享体制。例如，在征信数据共享层面，我国政府未能有效打通部门间的数据壁垒，中央与地方监管部门间、监管部门与其他政府部门间、政府与企业间形成了数据孤岛（杨帆，2019）。数据孤岛使各监管主体的视野受限，导致监管部门对数字金融创新的整体风险前瞻性不足。

第三，我国金融消费者权益保护的顶层设计不足，机构设置与体制安排等方面有待完善。对金融消费者合法权益的保护是金融业行为监管的重要组成部分（孙天琦，2015）。但目前我国在这方面缺乏完善的机构设置与体制安排，导致金融消费者合法权益未能得到有效保护。从中央机构设置的角度来看，如图1所示，我国尚未设置独立的金融消费者权益保护机构，"一行两会"在其各自的监管范围内下设金融消费者

---

① "7＋4"类金融机构指：小额贷款公司、融资担保公司、区域性股权市场、典当行、融资租赁公司、商业保理公司、地方资产管理公司、投资公司、农民专业合作社、社会众筹机构和地方各类交易所11类金融机构，属于地方金融监督管理局的监管范围。

（投资者）权益保护局。多个消费者权益保护机构并立导致了资源的分散，监管部门因此难以有效保护数字金融消费者权益。从地方监管实践来看，我国地方金融监督管理局兼具地方金融发展与监管双重职能，可能有意降低行为监管强度以激励金融机构发展。在金融机构与消费者利益产生冲突时，地方金融监管局可能会偏重金融机构，忽视消费者的利益诉求。因此，我国立法机关应当进一步完善金融消费者权益保护的顶层设计。

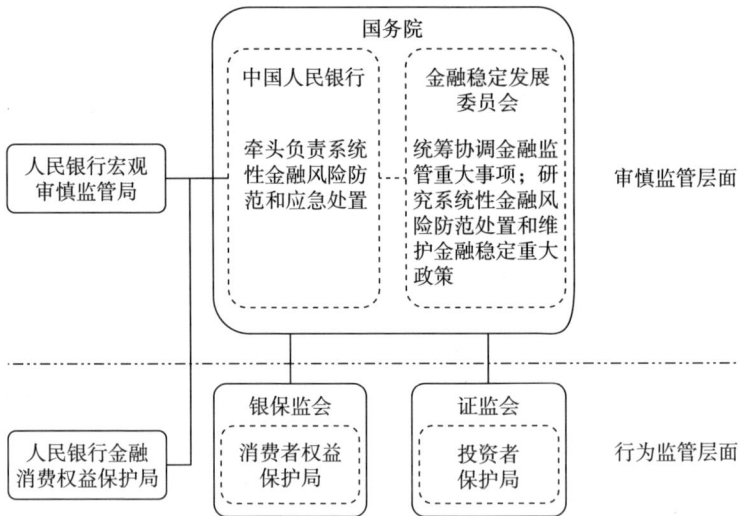

图 1　中国的审慎监管与行为监管框架

资料来源：笔者根据公开资料整理。

（三）监管手段与数字金融创新的错配

数字金融监管与创新错配还表现为监管手段与数字金融创新的错配。传统监管手段难以监测数字金融创新风险，而监管科技[①]的开发与应用需要一定时间。在此期间，监管部门缺乏有效手段以识别数字金融创新的技术风险和算法风险。

第一，监管手段革新落后于数字金融创新，监管部门难以识别创新

---

① 监管科技定义为监管主体运用技术手段驱动监管创新，提高监管效率和能力（陶峰、万轩宁，2019）。

带来的技术风险。从监管的角度来看，传统监管手段如现场检查与定期收集关键财务数据等，采集与分析数据的能力有限，无法有效预测与监管金融科技的技术风险。人工智能、区块链等数字技术应用加大了金融基础设施的监管难度，给金融体系带来新的技术风险。以区块链技术为例，在金融产品搭载区块链技术后，传统监管手段无法有效监测其中隐含的技术风险，例如系统漏洞、数据安全保障措施不足等。黑客可以利用区块链中的安全漏洞进行数据盗窃或破坏性的系统攻击（李晓楠，2020）。从数字金融创新的角度来看，部分数字金融机构为了节省成本，未对产品进行严密的测试和风险评估便匆匆上架金融产品，很容易忽略背后的技术风险。中国互联网金融协会会长李东荣称，数字金融机构如果仅仅是追求新技术应用的短期效益，就很可能导致选型错位、资源浪费等问题，甚至还可能造成更大规模的社会风险。[①] 数字金融创新的背后具有源源不断的利益驱动，产品更新速率极高；而监管手段更新则更多处于被动应对的状态，两者形成错配，导致监管空白。

第二，现有监管手段与业务形式创新形成错配，监管者无法遏制数字金融的算法风险。算法风险包括算法歧视、算法绑架和算法趋同等，是随着数字金融发展而产生的新型金融风险（王怀勇，2021）。金融监管机构缺少有效手段对算法风险进行监管，使消费者在接受数字金融服务过程中合法权益容易遭受损失。非营利组织 The Markup 调查发现美国的保险公司 Allstate 的汽车保险新算法存在"杀熟"行为，在原来的保险服务到期后，投保价格高的被保险人保费上涨幅度更高。[②] 除此之外，数字金融机构还可能主动利用算法对消费者实施隐形价格歧视，实施"大数据杀熟"等行为，侵犯消费者合法权益。监管部门需要通过监管科技等手段对技术的使用进行实时过程监管，遏制数字金融创新的算法风险。

综上所述，本节梳理了数字金融中监管与创新错配的三种具体表现，包括监管法律法规与创新的错配、监管体制与创新的错配和监管手段与创新的错配。具体而言，数字金融监管法规与信息保护法律的不完

---

① 财联社，https://www.iyiou.com/briefing/202011271023983。
② 猎云网，https://www.lieyunwang.com/archives/464660。

善造成数字金融创新监管不足，诱发多种市场乱象；而监管体制的缺陷和不足则造成了数字金融创新的监管空白，使数字金融机构具有侵犯消费者权益的机会；监管手段的缺陷则导致监管部门无法有效监管数字金融的技术风险与算法风险。

二 数字金融监管与创新错配可能产生的后果

数字金融监管与创新错配会产生各种风险，给数字金融消费者和我国社会发展带来不良后果。上节梳理了三种数字金融监管与创新错配的具体表现，本节将分析错配可能给数字金融消费者、金融体系和我国经济发展带来的不良后果。

（一）数字金融监管与创新错配损害消费者合法权益

数字金融监管与创新错配使消费者合法权益遭受侵害。其中，消费者隐私权、知情权、自主选择权和财产安全权等权益遭到侵害的现象最为显著。

第一，监管的法律法规与创新错配使消费者的隐私权与财产安全权受到损害。截至 2021 年 2 月，我国尚未出台专门的个人信息保护法律，数字金融产品的数据采集缺少相关标准，消费者信息保护不足。在此情况下，天弘基金、现金宝等数字金融 App 的过量采集消费者信息行为不仅侵犯了消费者的隐私权，还可能在收集与使用的过程中泄露消费者信息，使消费者面临金融诈骗风险。此外，一些数字金融机构借新技术名义，利用爬虫过度采集与违规使用消费者信息，甚至盗卖信息，造成了隐私泄露。例如，2019 年魔蝎科技、聚信立、公信宝等数字征信公司曾通过爬虫技术过量爬取客户信息，并将收集的信息数据盗卖给金融诈骗公司以获取巨额利润。①

第二，数字金融机构通过创新宣传方式，诱导客户过度借贷，导致金融弱势群体深陷债务陷阱。部分数字金融机构通过创新宣传手段诱导低收入与无收入群体进行贷款。此类客群由于缺乏稳定、充足的收入来

---

① 猎云网，https：//www.sohu.com/a/340516306_118792。

源，一旦短期内资金紧张导致还款困难，就很可能"以贷养贷"，进而深陷债务危机。[①] 例如，20 岁的大学生小刘（化名）受到某借贷平台广告诱导，借得 5000 元购买一款电子游戏道具，并选择分期还款。自此之后，但凡小刘渴望得到心仪的商品，他都习惯性地在各个网络平台上进行借贷。直到在所有借贷平台上花光信用额度，他才发现自己欠下的债务已经超过 20 万元。[②] 由此可见，在受到数字金融机构诱导的情况下，学生等缺少持续收入来源的金融消费者极易陷入"贷款陷阱"，逐渐背负沉重的债务。

除此之外，数字金融监管与创新错配还可能在其他方面侵害消费者合法权益。例如，监管机构对数字金融机构算法监管不够完善，导致数字金融机构得以对客户实施隐性的价格歧视，进行"大数据杀熟"。通过收集用户的信用状况、消费记录、地区、浏览次数等数据，部分互联网金融平台在客户不知情的情况下对不同的用户实施区别定价，侵犯客户知情权与自主选择权。

（二）数字金融监管与创新错配对金融体系稳定造成负面影响

数字金融监管与创新错配使信用风险与流动性风险等更加突出，还可能激化存款竞争，并加剧金融风险的传染性与顺周期性，从而破坏金融体系稳定性。

第一，数字金融监管与创新错配使各种金融风险更加突出。国内外学者认为，数字金融具有"金融"与"科技"的双重属性，在监管与创新错配时，会产生多种金融风险。邱晗等（2018）通过实证检验发现，金融科技发展使商业银行资产端风险承担偏好上升，增加了金融业系统性风险。金融稳定理事会（FSB）在 G20 汉堡会议上提交的报告中指出，金融科技创新在未得到有效监管时可能给经济带来各种风险。[③] 在微观层面，金融科技创新带来新的信用风险、流动性风险和期限错配风险。在宏观层面，金融科技的使用则可能加剧金融风险传染性和顺周

[①] 搜狐网，https：//www.sohu.com/a/438768738_505755。

[②] 搜狐网，https：//www.sohu.com/a/454987358_100180809。

[③] 参见 https：//www.fsb.org/wp-content/uploads/R270617.pdf。

期性，并且增加经济的波动性。杨东（2018）认为，在金融科技发展速度大幅快于监管发展速度时，金融体系的技术性风险、操作性风险与系统性风险等将尤其突出。

第二，数字金融监管与创新错配致使银行体系中的存款竞争更加激烈。以互联网存款产品为例，监管部门对互联网存款产品的监管失位导致其利率大幅高出银行基准利率，激化了银行间的存款竞争。而银行高息揽储的竞争性行为会导致付息成本高企与高风险投资行为，进而使商业银行（尤其是中小地方法人银行）承担的风险提高，增加银行的流动性隐患（郭品、沈悦，2019）。与大型的国有商业银行和股份制银行相比，中小地方法人银行的风险承担能力较弱。在存款竞争激化的情况下，中小银行一旦因为经营管理不善引发信用危机，资不抵债，就会对地方金融稳定造成消极影响。

除此之外，数字金融监管与创新错配还可能给金融体系的稳定性带来其他消极影响。例如，消费金融公司通过 ABS 吸收资金的规模过大、杠杆率超过风险可控范围内，会增加风险的水平及传染性；数字金融创新产生的数据孤岛现象使风险的隐蔽性提高，不利于数据治理与金融监管等。

（三）数字金融监管与创新错配加剧经济"脱实向虚"

数字金融监管与创新错配导致经济"脱实向虚"程度加深，不利于我国经济高质量发展。经济"脱实向虚"是指虚拟经济凭借高利润率吸引投资，持续将产业资本抽离实体经济的过程（刘晓欣、张艺鹏，2019）。数字金融监管与创新错配为金融机构的监管套利创造了空间，助长了数字金融的投机风气。过去几年，虽然我国的金融监管强度不断提升，但市场环境依然处于较为宽松的状态。在此背景下，大量资本在数字金融的监管空白中寻求巨额利润，从而对实体经济行业的资金获取造成不良影响（詹花秀，2020）。另外，由于数字金融创新的负外部性没有得到充分遏制，实体经济也容易受到各种金融风险波及。李华明等（2021）利用 2011—2018 年沪深两市 A 股上市企业与金融监管数据集，检验了金融监管与实体经济创新的联系，发现金融监管强度与实体经济技术创新水平呈正相关。由此可见，数字金融监管与创新错配造成的监管不足会减少实体经济的资金来源，不利于实体经济创新，阻碍我国经济高质量发展。

综上所述，数字金融监管与创新错配对消费者与社会均可能带来不良后果。对消费者而言，金融创新活动的监管不足可能使消费者的隐私权、知情权、自主选择权和财产安全权受到侵犯；对社会而言，数字金融监管与创新错配不仅使金融体系的稳定性受到冲击，而且还会推动经济"脱实向虚"，不利于我国经济高质量发展。

三　数字金融监管与创新错配的成因

上节探讨了数字金融监管与创新错配给消费者和社会发展造成的消极影响，本节将剖析数字金融监管与创新错配的成因。具体而言，数字金融监管与创新错配的成因包括从业者与监管者的信息不对称、监管资源不足、监管协调能力与监管模式存在不足等。

（一）从业机构与监管部门的信息不对称

从业机构与监管部门的信息不对称是金融体系的固有特征，也是数字金融监管与创新错配的客观原因。监管理念、原则与法律的制定必须建立在掌握充分的市场信息的基础上。数字技术与互联网行业变化迅速，数字金融市场日新月异，监管部门作为市场监督者而非参与者，往往处于信息劣势地位（杨东，2018）。监管部门缺少充分、有效的监管数据与可供借鉴的监管范式，因此金融监管到位总存在时滞性，落后于数字金融创新。

第一，监管者在数字金融监管过程中缺少足够和有效的监管数据。数字金融监管首先需要监管者筛选市场上的信息数据，这些数据对监管部门确定监管对象、监管时机和监管方式具有重要影响。然而，由于金融数据面临确权困境，监管者难以对数字金融机构积累的数据提出明确的报送要求，许多数字金融机构对监管者不负有数据共享的义务（杨帆，2019）。另外，由于数据标准尚未统一，数据共享机制存在不足，数字金融机构即使主动上报数据，数据的质量也参差不齐，需要监管部门人工处理和分析（傅强，2019）。在此情况下，监管部门可能难以获得足够的有效数据对数字金融机构实施监管。因此，在数字金融创新过程中，监管者常处于信息劣势地位，难以及时更新监管法规，导致在新业态上容易产生灰色地带。

第二，数字金融的存在形式与传统金融不同，监管者缺少可供借鉴的监管范式，难以把握监管尺度。数字金融发展迅速，传统监管范式不再适用，监管者很难确定监管对象、监管时机和监管方式，陷入盲目监管或消极监管的困境（Xu and Xu，2020）。例如，在数字金融兴起之初，P2P网贷等业务刚刚出现，监管部门对这些业务的了解微乎其微，很难在短时间内出台监管政策，只能放任其发展，导致了监管与创新错配。由于信息不对称，监管者难以精准把握监管尺度，"一管就死，一放就乱"的现象普遍存在。监管尺度过松会导致金融科技无序发展，刺激监管套利行为，破坏金融市场秩序。监管尺度过严又会限制数字金融从业者正常开展业务，打击信心，遏制数字金融创新。金融监管部门始终难以把握监管尺度，无法同时实现控制风险与鼓励发展两种目标。

（二）金融监管机构的监管资源不足

监管部门的监管资源不足是我国数字金融监管与创新错配的重要原因，监管资源不足主要体现在地方监管机构的监管科技手段不足和地方监管人才缺乏两个方面。一方面，我国监管部门对监管科技的研发、运用与推广缺乏整体的规划与布局，部分地区监管科技发展滞后；另一方面，金融科技人才缺口较大，监管部门缺少"既懂科技又懂金融"的监管人才。

第一，监管科技的推广与运用不足，监管机构的监管手段落后，导致数字金融监管存在视野窄、力度不足与行动时机迟等问题。相比传统金融机构，数字金融机构通过互联网与金融科技开展业务，采集的数据可能更加庞杂，创新业务所搭载的技术可能更加复杂。因此，传统的金融监管方式（现场检查与准入监管）对数字金融创新业务无法形成有效监管。刘春航（2020）指出，对金融机构进行检查与定期收集关键财务数据的传统监管方法难以满足数字金融发展下海量监管数据的处理要求。而我国监管科技仍处于初步发展阶段，网络舆情监控技术、监管数据采集与清洗技术、风险特征提取技术等各种监管科技还有待进一步完善与推广。监管部门需要进一步创新监管手段，发展监管科技，提高事前监管的能力。

第二，具有"金融"与"科技"复合背景的监管人才储备不足。如前所述，由于数字金融具有科技属性，相应的监管手段也有一定变化。在监管科技赋能下，监管手段更加智能化、更具灵敏度，但也对使用者提出了更高要求。数字金融监管对金融科技人才有大量需求，但我国人才市场在短期内难以形成充足供给。裴光等（2021）指出，目前金融科技的快速发展与专业人才供给不足的矛盾已经初步显现，而在未来这一矛盾还将逐步加强。监管部门需要通过吸引人才、自主培养等多种方式打造金融科技监管人才队伍。

（三）监管协调能力与监管模式存在不足

我国监管协调能力与监管模式仍存在不足。在监管协调能力层面上，我国部门间数据共享机制尚未建立，金融监管缺少多部门合力支持；而在涉及数字金融机构跨区域经营时，监管部门的权责划分也不明晰。在监管模式层面上，我国金融科技创新监管试点正在部分城市设立，[①] 但尚未全面进行推广，监管流程与标准也有待改进。

第一，我国监管协调机制建设不足，各部门无法实现有效的监管协调。数字金融机构跨区域经营现象普遍，对金融监管的协调能力提出了更高要求。跨层级（从中央到地方）与跨部门（央行、公安与网信办等）的监管机构必须建立有效的协调监管机制，才能实现对数字金融的有效监管。然而，我国信息共享机制不足和监管机构的权责归属不明晰，导致了我国金融监管的协调能力较弱。一方面，我国数据共享机制尚未建立，工商、执法、网信、金融监管等政府各部门形成数据孤岛，监管部门间数据无法有效同步。另一方面，我国监管部门之间权责归属不明晰，在数字金融从业者跨区域经营、跨行业经营时，监管容易出现交叉与空白，从而导致数字金融监管套利愈演愈烈。

---

① 金融科技创新监管试点由中国人民银行发起与负责。截至 2021 年 1 月 24 日，北京、上海、重庆、深圳、广州、雄安新区、杭州、苏州、成都 9 个城市（地区）的金融科技创新监管试点共有 12 批 80 个金融科技创新应用。参见和讯网，https://www.ithome.com/0/529/433.htm。

第二，我国的监管沙盒等创新监管模式有待进一步完善。监管部门通过监管沙盒能够将隐含风险的数字金融产品、服务与底层技术置入动态的监管环境，为金融创新与金融监管降本增效。2019 年 12 月 5 日，央行启动金融科技创新监管试点工作，随后试点陆续在全国多个城市铺开，成为"中国版"监管沙盒。① 截至 2021 年 3 月 4 日，已有 9 地 86 个项目入盒测试。② 但我国金融科技监管试点在以下多方面还存在不足：首先，我国各试点的开放程度不足。我国的金融科技创新监管试点依然以监管部门为主导，对外信息公开不足，企业和公众参与程度不高，这很可能导致监管沙盒实际效果不佳，难以满足消费者的实际需求。其次，参试主体在类别上存在不平衡的状况。在参与试点的 86 个项目中，有 74 个项目测试主体中含有银行，而其他类别的数字金融机构，如保险公司、征信公司等相对参与较少。最后，试点项目的出盒流程与时间、风险补偿机制等都尚未完全明确，机制亟待完善。例如，某项目在其风险补偿机制声明上提道，"相关业务出现违约风险，将通过法律诉讼等途径合理、有效解决"，该描述笼统宽泛，不具有可行性。③

综上所述，数字金融监管与创新错配的形成有金融体系层面原因和监管层面原因。信息不对称是金融体系的固有属性，其导致充足和有效的监管数据难以获取，监管尺度难以把握，从而导致数字金融监管与创新错配。除此之外，监管资源、监管协调能力与监管模式的不足也导致了数字金融监管与创新的错配。

四　数字金融监管与创新错配的应对策略

上节主要分析了数字金融监管与创新错配的成因，本节则基于数字金融监管与创新错配的现象与成因，从机制建设、手段建设、资源构建和制度建设四个角度，向立法机关和监管部门提出应对数字金融监管与创新错配的具体策略。

---

① 证券日报，https://www.3news.cn/redian/2020/0807/427442.html。
② 中国电子银行网，https://new.qq.com/omn/20210317/20210317A09XIY00.html。
③ 中国电子银行网，https://new.qq.com/omn/20210317/20210317A09XIY00.html。

对策 1：监管部门应当开拓信息渠道，及时跟进市场动向，从而缩短监管法规出台周期，加速数字金融各业务法规的出台。以数字人民币为例，截至 2021 年 3 月底，数字人民币已经在深圳、苏州、北京、成都四个城市进行了多轮试点，① 而背后存在何种风险，消费者和金融机构试行体验如何，都需要监管部门进一步跟进。倘若数字人民币存在技术缺陷而监管又没有及时到位，所引发的风险将不可估量。为了让数字金融监管走出信息不对称困境，本文从机制建设层面向监管部门提出以下建议：第一，监管部门应当扩大信息渠道，向企业、消费者与其他行政机关、立法机关广泛征求意见。监管部门应当设立专门渠道，向消费者与数字金融机构吸收意见，及时了解市场前沿动向。监管部门可以定期举办数字金融座谈会，听取消费者与数字金融机构反馈，兼顾消费者、数字金融机构以及监管部门自身三方利益。第二，地方金融监督管理机构应当培养或招聘数字金融相关领域的专业研究人员，自下而上反馈行业最新动态，帮助上层监管部门拓宽监管视野。通过这种方式，监管部门有望缩短数字金融监管法规出台周期，减少监管与创新错配现象的产生。第三，监管部门应当尽快统一数据采集与报送标准，出台数据合规管理办法，开拓数字金融机构数据上报渠道。

对策 2：监管部门应当做好监管科技推广与应用的整体规划，完善"金融科技创新试点"等新的监管模式，加强对数字金融创新风险的预测与监管。从中央层面来看，央行、国务院金融稳定发展委员会等中央监管部门要做好监管科技的宏观布局，为监管科技在全国监管机构的推广提供政策支持。"一行两会"等中央监管机构要持续推进金融科技监管创新试点在全国范围内铺开，并且完善创新试点的监管机制与配套监管科技，提高试点的开放程度与监管效能。从地方层面来看，地方监管部门应推动政企合作、政学合作，加大监管科技的研发、推广与应用力度。地方监管部门应运用"ABCDI"等数字技术，建立地方金融运行动态监测系统，完善不同类型、不同机构地方金融风险事件危机管理与应急处置机制。除此之外，监管部门应引导数字金融机构加快应用合规

---

① 手机中国网，https：//www.163.com/dy/article/G692NI95051191D6.html？f = post2020_dy_recommends。

科技①，通过数字技术识别与化解机构内部风险，降低业务合规成本。以人工智能为例，其在监管合规中的应用可以解决数据分析、标准化处理与数据呈现方面的难题，帮助金融机构对接监管标准，从而有效降低合规成本。

对策3：监管部门应重视发展地方金融监管资源，建设监管信息体系、培养专业人才与改进监管手段。在监管信息共享系统建设上，中央监管部门应完善各部门之间数据信息共享机制，使地方各行政部门间形成完整的信息收集、交流与共享机制。与此同时，监管部门应当明确界定共享信息的性质、内容、方式与保障手段。在人才队伍建设上，地方政府应当与高等院校、"一行两会"等组织机构合作，培养兼具金融、计算机、法务等知识的复合型监管人才。在监管手段数字化建设上，地方监管部门可以通过自主研发或与科技企业开展合作，建立金融风险监测防控系统。例如，广东省政府依托广州金融科技股份有限公司建设了广东省地方金融风险监测防控中心。该中心通过自主建设的金融风险防控"金鹰系统"对地方金融风险实时进行监测与评估，能够有效防范金融风险。②

对策4：立法机关应完善消费者权益保护的顶层设计，通过出台法律、改革监管机构等手段建立保护金融消费者权益的屏障。如前文所述，数字金融监管与创新错配造成了消费者合法权益的损失。但是，截至2021年3月，我国立法机关尚未出台专门法律保护金融消费者权益。金融消费者在维权时只能从各部不同法律法规中的条款与实施细则中寻找法律依据。为了减少数字金融创新给消费者带来的负外部性，立法机关应当成立有关工作组，专门研究数字金融消费者合法权益保护问题，并且加快起草有关法律法规。韩国国会于2020年3月通过《关于金融消费者保护的法律》，强调金融监管机构具有对金融消费者合法权益进行保护的职责，明确了对监管部门的具体要求（董新义，2020）。我国立法机关应当借鉴他国金融监管改革经验，结合我国实际，在现行金融

---

① 合规科技定义为金融机构采用技术手段满足合规要求，降低合规成本（陶峰、万轩宁，2019）。

② 搜狐网，https：//www.sohu.com/a/247445569_222493。

消费者保护条款基础上进一步研究，出台一部专门的金融消费者保护法律，从事前和事后两个方面建立完整的消费者保护机制。

综上所述，立法机关与监管部门应当通过机制建设、手段建设、资源构建和制度建设，推动数字金融监管适配创新。具体而言，监管部门应当开拓信息渠道，及时跟进市场动向出台监管法规；做好监管科技推广与应用的整体规划，完善"金融科技创新试点"等新的监管模式；重视地方金融监管基础设施建设，丰富地方监管资源。立法机关应完善消费者权益保护的顶层设计，通过出台法律、改革监管机构等手段建立保护金融消费者权益的屏障。

五　数字金融监管与创新错配对数字金融发展和国家治理的启示

前文梳理了数字金融监管与创新错配的具体表现，分析了其后果与成因，并提出了应对数字金融监管与创新错配的对策建议。后文将阐释数字金融监管与创新错配为我国数字金融发展和国家治理带来的启示。

（一）数字金融监管与创新错配对数字金融发展的启示

启示1：数字金融机构应在合规经营的前提下进行创新活动。监管套利行为可能在短期内能够为金融机构带来利润，但长期内会加剧自身风险。例如，互联网存款产品在短期内能够为中小地方法人银行提供更多的资金来源。但从长期来看，产品的高利率很大程度上增加了这些银行的付息成本，扩大了流动性风险。此外，部分监管套利活动还可能演变为非法集资、洗钱等犯罪活动，一旦监管法规完善，监管套利者将面临法律制裁。例如，在我国P2P网贷行业兴起早期，部分P2P平台的"创新"使平台从信息中介转变成信用中介，实际上已构成"非法吸收公众存款"罪，在"暴雷"后造成了极其恶劣的社会影响，受到了法律的制裁。① 因此，数字金融机构进行创新活动的前提应该是业务的合法合规，否则将给企业自身与社会带来巨大风险，并且最终将受到监管

---

① 搜狐网，https://www.sohu.com/a/448291632_118622。

部门的制裁。

启示 2：数字金融机构在创新时应主动寻求监管。数字金融机构在进行创新活动时应当主动寻求监管部门的规范，从而及时让创新的数字金融产品及时适应监管要求，使新产品能够合规发展。例如，和我国 P2P 行业的寻求监管套利、逐渐脱离信用中介属性的发展乱象不同，Zopa 等英美国家 P2P 网贷平台不仅推动行业自律，而且采取多种措施与金融监管部门沟通，致力于配合金融监管，达到合规要求。[①] 在从业者与监管者的共同努力下，英美 P2P 网贷行业最终能够维持较长时间的稳定。目前，我国金融科技创新试点正在多个城市铺开，各区域内的金融监管机构也在进一步探索数字金融监管机制，数字金融机构应当主动寻求监管，向监管部门提出有益建议，坚持守法合规发展。

启示 3：监管部门应出台有关政策与指标引导各类数字金融机构的创新活动，使数字金融服务于有效需求。数字金融的创新是一把"双刃剑"。数字金融创新产生了众多商业模式和新型产品，节省了金融机构的服务成本，提高了其服务效率；同时也引发了各种风险，造成了各种社会问题。例如，替代数据的创新和互联网借贷的发展能够为低收入群体、无收入群体与小微企业等金融脆弱群体开辟新的借款渠道，帮助他们渡过难关。但是信贷机构过度使用或依赖替代数据，会使信用评估失去其真实性，产生虚假需求。监管部门应当主动引导数字金融从业者的创新活动，发挥数字金融的普惠性。例如，监管部门引导数字金融机构合理运用大数据技术精准识别"长尾人群"需求。监管部门还可以通过政策、指标等方式引导数字金融机构服务"长尾人群"，从而让数字金融创新回归普惠本质。

（二）数字金融监管与创新错配对国家治理的启示

启示 1：数字经济时代下，立法机关与政府要重视数据治理与个人信息保护。数字金融平台的数据泄露与数据滥用是监管与创新错配的具体表现之一。事实上，无论是数字金融机构还是互联网平台，如何加强个人信息保护都是监管部门的重要关注点。一方面，数字经济时代下，

---

① 上海交通大学凯源法学院官网，https://law.sjtu.edu.cn/Detail18058.aspx。

互联网公司与其客户掌握的数据量具有巨大的差异。在此情形下，消费者与大型互联网公司在信息与数据上的不平等使消费者在交易时陷入劣势地位，有违市场公平性。政府应当通过规范企业的数据采集与使用，改善消费者面临的市场不平等处境。另一方面，客户在接受许多不同的互联网企业服务的同时，也会填写各类个人信息。在诸多不同互联网企业掌握大量个人信息时，极易发生隐私泄露事件。政府与立法机关应当出台政策与法律，约束企业的数据使用方式，规定信息采集的范围，从制度层面保护消费者合法权益。

启示2：政府要遏制大型互联网公司"赢者通吃"局面，防范其垄断风险。大型互联网公司利用其创新技术，推动其垄断地位延伸到数字金融领域，形成"双轮垄断"（李勇坚、夏杰长，2020）。在金融产品的获客与营销方面，大型互联网公司金融牌照种类多样，业务覆盖多种金融服务，凭借低获客成本形成竞争优势；在科技实力方面，大型互联网公司与传统金融机构相比具有先发优势，并且互联网公司更具有创新活力。因此大型互联网公司凭借雄厚的资本与庞大的客户基础，能够在部分行业迅速建立垄断地位。大型互联网公司进而可以凭借垄断优势，进行限定交易，破坏市场竞争的公平性。政府应该适当采取反垄断措施对此类公司进行限制，遏制"赢者通吃"局面进一步发展。

启示3：政府应当重视数字化政府建设，打通部门间数据流通壁垒，推动政务服务智慧化。数字化监管手段不足使监管部门无法有效防范数字金融创新衍生风险，部门间的"数据孤岛"导致监管协调能力不佳。因此，政府从数字金融的监管与创新错配中可以得到以下启示：首先，政府要持续加大对基础设施数字化的财政投入力度。政府应该加快人工智能、大数据、区块链等数字技术在政务服务、营商环境、社会治理、民生保障、行政效能、公共支撑等方面的推广与应用，持续优化服务效能。其次，政府要加快政务信息的共建共享，打通政府部门之间的数据流通，解决地区之间与部门之间的"数据孤岛"问题。跨区域的政务数据流通不仅能提高金融监管的协调性，对于政府提高治理水平和治理能力、更好地为人民群众服务也具有重要意义。例如，在新冠肺炎疫情防控期间，我国国家政务服务平台牵头建设"防疫健康信息码"，统一了各区域防疫信息平台的数据接口标准，实现了各防疫信息平台的数据共享，使全国各地区"健康码"实现互认互通。在人口流动数据有效打通的前提下，地方政府能够采取具有针对性的策略进行防疫管控，跨区域流动群众也能方便地查询与出示自己的防疫健康信息。最后，政府应加大科技领域人才培养力度，力图转变治理思维，提高分析与运用数据与前沿科技的能力。

总之，随着数字经济不断发展，数字金融监管与创新错配的问题难以避免。我国政府应当加以重视，通过更加有效的政策推动数字金融机构、金融监管部门以及消费者的通力合作，努力促进监管与创新的关系从"错配"到"调整"再到"适配"。在数字金融不断创新、监管措施不断完善的过程中，金融体系将完成"错配—调整—适配"的新陈代谢，推动我国金融制度、机构、市场、工具、管理和技术的发展与成熟，最终使我国现代化金融体系趋于完善。

参考文献

董新义：《一部金融消费者保护强化法案：评韩国〈金融消费者保护法〉》，《河北法学》2020 年第 8 期。

傅强：《监管科技理论与实践发展研究》，《金融监管研究》2018 年第 11 期。

郭品、沈悦：《互联网金融、存款竞争与银行风险承担》，《金融研究》2019 年第 8 期。

黄益平、黄卓：《中国的数字金融发展：现在与未来》，《经济学（季刊）》2018 年第 4 期。

李华明等：《金融监管如何影响企业技术创新》，《财经科学》2021 年第 2 期。

李晓楠：《区块链金融基础设施监管研究》，《金融监管研究》2020 年第 10 期。

李勇坚、夏杰长：《数字经济背景下超级平台双轮垄断的潜在风险与防范策略》，《改革》2020 年第 8 期。

刘春航：《大数据、监管科技与银行监管》，《金融监管研究》2020 年第 9 期。

刘晓欣、张艺鹏：《中国经济"脱实向虚"倾向的理论与实证研究——基于虚拟经济与实体经济产业关联的视角》，《上海经济研究》2019 年第 2 期。

裴光等：《智慧监管探索与实践》，中国金融出版社 2021 年版。

邱晗等：《金融科技对传统银行行为的影响——基于互联网理财的视角》，《金融研究》2018 年第 11 期。

孙天琦：《金融业行为风险、行为监管与金融消费者保护》，《金融监管研究》2015 年第 3 期。

陶峰、万轩宁：《监管科技与合规科技：监管效率和合规成本》，《金融监管研究》2019 年第 7 期。

王怀勇：《金融科技的算法风险及其法律规制》，《政法论丛》2021 年第 1 期。

谢平等：《互联网金融监管的必要性与核心原则》，《国际金融研究》2014 年第 8 期。

杨东：《监管科技：金融科技的监管挑战与维度建构》，《中国社会科学》2018 年第 5 期。

杨帆：《金融监管中的数据共享机制研究》，《金融监管研究》2019 年第 10 期。

詹花秀：《经济"脱实向虚"的缘起、轨迹与实质——兼论新冠肺炎疫情冲击下的实体经济发展对策》，《湖湘论坛》2020 年第 4 期。

张勋等：《数字经济、普惠金融与包容性增长》，《经济研究》2019 年第 8 期。

曾宪冬：《我国金融混业经营新趋势下监管体制调整研究》，硕士学位论文，湖南大学，2003 年。

Xu, D., Xu, D., "Concealed Risks of FinTech and Goal - Oriented Responsive Regulation: China's Background and Global Perspective", *Asian Journal of Law and Society*, 2020 (7): 305 - 324.

金融科技可能引致的新型风险及其应对策略探析

曾　燕　殷　睿　杨佳慧

摘要 本文研究了金融科技可能引致的新型风险及其社会影响，并提出了防范新型风险的应对策略。第一，概括和总结了金融科技的概念、底层基础技术和发展历程。第二，结合具体案例分析并阐述了金融科技可能引致的新型风险，指出金融科技在金融科技用户层面可能引致隐私泄露风险与网络欺诈风险；在金融科技公司层面可能引致网络攻击风险与算法风险；在金融市场层面可能引致市场趋同风险与垄断风险。第三，梳理与总结了金融科技可能引致的新型风险产生的社会影响。第四，从完善隐私保护法律、加强消费者教育、加快信息安全建设、健全算法安全治理和加强反垄断治理五个方面提出了对金融科技可能引致的新型风险的应对策略。

近年来，金融科技的快速发展加速了金融业的数字化转型。但是金融与科技的深度融合给金融业带来了新型风险，引起了人们的广泛关注。中国银保监会主席郭树清在 2020 年新加坡金融科技节上提出，金融科技快速发展给金融业监管带来了新的挑战，其中监管机构需要重点关注五类风险，包括网络安全风险、新型"大而不能倒"风险等。①

---

① 银保监会主席郭树清提到的五类风险包括网络安全问题、促进更公平的市场竞争、新型"大而不能倒"风险、数据权益归属风险和数据跨境流动风险。参见人民网，http：//money. people. com. cn/n1/2020/1208/c42877 - 31959348. html。

蚂蚁集团可能引致的"大而不能倒"风险是 2020 年监管机构最为关注的问题之一。蚂蚁集团的金融业务规模巨大，其信贷业务的杠杆率过高，产生了新型"大而不能倒"风险，即一旦蚂蚁集团倒闭，金融系统的稳定性将受到巨大的负面影响。因此，蚂蚁集团的领导层在 2020 年 11 月 2 日被中国证监会等四部门联合约谈，蚂蚁集团也于 2020 年 11 月 3 日被暂缓上市。① 联合贷款模式是蚂蚁集团主要采用的贷款模式。在与第三方金融机构合作的联合贷款模式下，蚂蚁集团仅提供少量资金，主要利用技术能力为合作的银行等金融机构提供客户触达和信贷风险评估服务，并向其收取一定比例的技术服务费。在蚂蚁集团微贷科技平台的信贷余额中，仅 1.68% 的资金源于其自有资产，超过 98% 的资金源于合作银行或 ABS。② 这种金融科技创新模式的风险在于它突破了原有的监管框架，超出了监管规则对贷款机构杠杆率的限制。换言之，蚂蚁集团通过提供金融科技服务的方式以少量的资金撬动了巨额贷款，放大了整个经济社会的系统性风险。

由上述事件可知，金融科技虽然在推动金融业转型升级和促进普惠金融发展等方面做出了巨大贡献，但也给金融业带来了许多新型风险。本文将探析金融科技可能引致的新型风险及其应对策略。本文结构安排如下：第一节梳理金融科技的概念界定与其发展历程；第二节具体分析金融科技可能引致的新型风险；第三节阐述金融科技可能引致的新型风险的社会影响；第四节提出金融科技可能引致的新型风险的应对策略。

一　金融科技的发展概述

近年来，金融科技在国内以及全球范围内发展迅速，给金融业带来了巨大的变化。本节将简要介绍金融科技的概念界定及其底层基础技术，并梳理金融科技的发展历程。

---

① 中国日报，https：//column. chinadaily. com. cn/a/202011/09/WS5fa90910a3101e7cc972e54a. html。

② 《蚂蚁集团招股说明书》，http：//static. sse. com. cn/stock/information/c/202008/e-731ee980f5247529ea824d20fcdb293. pdf。

（一）金融科技的概念界定

不同机构关于金融科技的定义有不同的看法，但主要集中于金融业中的技术创新及其带来的金融创新，如表 1 所示。本文将金融科技定义为金融业中的技术创新及其产生的金融新业态，包括新的商业模式、业务流程和产品。

表1　　　　　　　　　　　　金融科技的定义

分类	机构/学者	金融科技的定义
国际组织	金融稳定理事会（FSB）	金融科技指在金融服务中以技术为基础进行的创新，它可能会产生新的商业模式、应用、流程或产品，从而对金融市场、金融机构和金融服务产生重大影响
	普惠金融联合会（AFI）	金融科技指科技在金融中的应用，包括从人工智能和机器学习的应用拓展到大数据分析，从生物识别技术到区块链技术的应用
国家机构	美国国家经济委员会（NEC）	金融科技指对各种各样的金融活动造成影响的技术创新，受到影响的金融活动主要包括支付、投资管理、资本筹集、存贷款、保险和监管及金融服务领域中的其他活动
	中国人民银行	金融科技指由技术驱动的金融创新

资料来源：笔者根据公开信息整理。

金融科技快速发展离不开其底层基础技术的创新和进步。如表 2 所示，本文根据《金融科技：模式变革与业务创新》整理了金融科技的底层基础技术，主要包括大数据分析、云计算、人工智能、区块链与物联网技术。

（二）金融科技的发展历程

金融科技自 20 世纪末开始兴起，在近 30 年间快速发展。下文以金融业态的变化为依据将金融科技的发展历程划分为三个阶段：萌芽期（1993—2003 年）、起步期（2004—2015 年）和发展期（2016 年至今）。金融科技发展历程中的重要事件如图 1 所示。

表 2　　　　　　　　　　　　金融科技的底层基础技术

底层基础技术	具体描述
大数据分析	大数据指规模或类型超过常规数据库获取、存储、管理和分析能力的数据集合。大数据分析是运用先进的分析技术对大量不同类型的数据集合进行处理，具体包括数据采集、数据预处理、数据存储、数据分析、数据展示五个流程
云计算	云计算指通过互联网为用户提供计算资源共享池的访问权限，并采用根据使用量向用户收费的模式。云计算具有三个基本特征：计算资源共享、按需自助服务和网络访问
人工智能	人工智能指表现出类似于人的智能或完成人类智力才能完成的任务的计算机或机器人。其主要的研究领域包括语音识别、自然语言处理、计算机视觉和机器学习等技术
区块链	区块链技术指一种用密码学的方式来保证数据的不可篡改性的分布式记账技术，具有透明可信、防篡改和可追溯的特性
物联网	物联网指一种通过各种智能设备的传感器，使物与物、物与人之间进行网络连接和信息交换，以实现数据集成与管理的网络

资料来源：笔者根据《金融科技：模式变革与业务创新》整理。

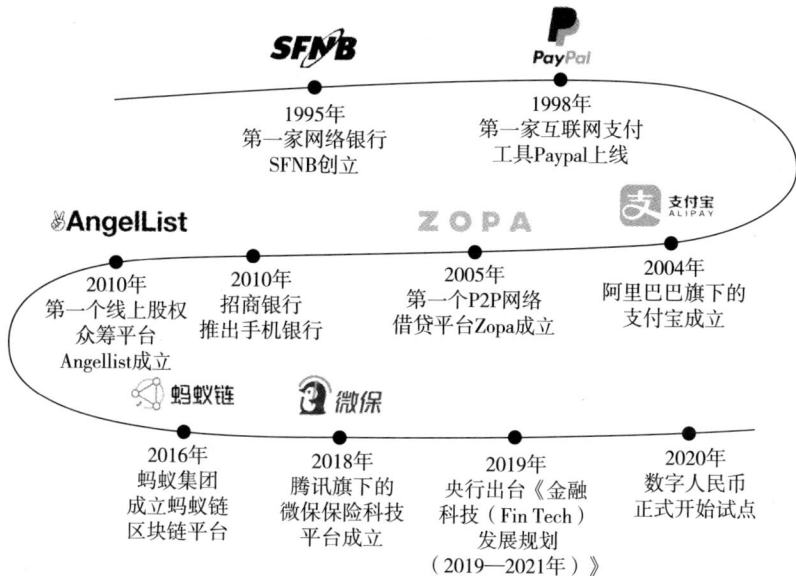

图 1　金融科技发展的重要事件

资料来源：笔者根据公开信息整理。

1993—2003 年，金融业进入金融信息化阶段，金融科技处于萌芽期。在此阶段，金融业务趋向自动化和虚拟化。金融业自动化指金融机构通过计算机来代替手工处理，提高业务的处理效率。金融业务虚拟化主要指金融机构运用互联网在线开展业务，如网上银行和交易网站。1995 年，第一家网络银行美国安全第一网络银行（Security First National Bank，SFNB）创立，它完全没有任何线下分支机构，代表着全球金融业务虚拟化的趋势。① 1998 年，第一个互联网支付工具 Paypal 上线，它通过移动互联网与通信技术实现了支付结算无纸化和资本流动全球化。②

2004—2015 年，金融业进入互联网金融阶段，金融科技处于起步期。在此阶段，金融业实现了与互联网渠道的深层融合，并产生了一些新型商业模式。大型科技公司纷纷开展互联网支付业务，积累了较大的用户群体与资金量，为后续开展其他金融业务奠定了基础。例如，2004 年阿里巴巴旗下的支付宝成立。传统金融机构也开始拓展线上业务，例如 2010 年招商银行发布的手机银行 App。手机银行提高了传统金融机构的运营效率，也削减了其业务成本。此外，金融业还出现了 P2P 网贷、众筹等新型商业模式，如 2005 年成立的第一个 P2P 网络借贷平台 Zopa，2010 年上线的第一个网络众筹平台 Angellist 等。

2016 年至今，金融业进入金融和科技深度融合阶段，金融科技处于发展期。在此阶段，金融业以数据为基本要素，以大数据、云计算、人工智能、区块链、物联网等技术创新为基础，推动了金融业务流程的革新，很大程度上提升了金融业务的效率。例如，2016 年蚂蚁集团成立的蚂蚁链，其自主研发的区块链平台现已落地应用于供应链金融、数字银行风控等领域，提升了信贷评估效率。③ 与此同时，金融科技的监管也开始逐步跟进。2017 年，英国首次推出了监管沙盒。2019 年，中国人民银行出台了《金融科技（FinTech）发展规划（2019—2021年）》，并宣布启动金融科技创新监管试点。④

---

① Security First National Bank（SFNB）官网，https：//www. sfnb. net/about – us. php。
② Paypal 官网，https：//www. paypal. com/c2/webapps/mpp/about。
③ 蚂蚁链官网，https：//antchain. antgroup. com/about。
④ 中国政府网，http：//www. gov. cn/xinwen/2019 – 08/23/content_5423691. htm。

综上所述，金融科技发展经历了金融信息化、互联网金融和金融科技深度融合三个阶段，并以大数据、云计算、人工智能、区块链和物联网等底层基础技术为依托，给金融业带来了许多新业态。

二　金融科技可能引致的新型风险

数字技术在金融领域的深度运用促进了金融业的变革与发展，但是科技与金融的深度融合也可能引致诸多新型风险。本部分将分别从金融科技用户、金融科技公司和金融市场三个层面具体阐述金融科技可能引致的新型风险。

（一）金融科技用户面临的新型风险

在本文中，金融科技用户指金融科技所服务的客户群体。在金融科技用户层面，金融科技可能引致的新型风险主要包括隐私泄露风险和网络欺诈风险。

1. 隐私泄露风险

在当今的大数据时代，金融科技可能给用户带来的首要风险是隐私泄露风险。隐私泄露风险主要有三种表现：物联网过度采集隐私风险、隐私云端泄露风险和大数据分析匿名失效风险。

第一，物联网设备对隐私的过度采集可能扩大个人敏感信息的暴露面，进而增大个人隐私泄露的风险。近年来，物联网的连接设备数和采集数据量的规模快速增长。我国移动物联网连接数从 2017 年的 2.71 亿台快速上升至 2020 年的 12 亿台，四年总增长率达到 443%。[①] IDC 的报告预测，全球物联网采集的数据量将从 2013 年的 0.1ZB 上升至 2025 年的 79.4ZB。[②] 在金融行业中，物联网通常被保险机构用于采集用户的健康数据、行为数据和驾驶数据等隐私信息。这些与个人生物识别、身体状态、个人行踪等相关的隐私信息一旦被泄露，可能会危害用户的人

---

① 中国信息通信研究院：《物联网白皮书（2020）》，http：//www. caict. ac. cn/kxyj/ qwfb/bps/202012/P020201215379753410419. pdf。

② IDC，https：//www. idc. com/getdoc. jsp？ containerId = prUS45213219。

身财产安全。而物联网终端设备具有脆弱性，难以充分保护金融科技用户的敏感隐私。一方面，物联网中充斥着安全性不高的消费者终端设备，大量的消费者物联网设备很容易受到攻击，其主要原因包括缺乏顶层设计、安全成本限制和密码简单。首先，Meneghello等（2019）指出，安全性应该是物联网系统设计中不可或缺的一部分，但是目前物联网行业仍然缺乏统一的顶层设计和安全标准体系。其次，由于需求端对价格较为敏感，物联网设备的安全设计成本受到了较低售价的限制。最后，物联网设备的用户出于方便的原因，设置的密码往往较为简单，容易破解。另一方面，IPv6① 的全面应用将增大物联网设备在公共网络中的暴露面，使其更易受到网络攻击。2021 年 3 月 22 日，国家关键基础设施安全应急响应中心发布消息称，2021 年 2 月 1 日至 28 日共监测到了针对物联网设备的恶意攻击行为 4.3212 亿次。② 总而言之，物联网设备对个人隐私过度采集形成的信息量巨大与其安全性不足的矛盾，导致了隐私风险暴露面的扩大，进而增大了个人隐私泄露的风险。

第二，金融科技用户上传到云上数据库的信息面临云计算环境的安全风险，导致个人隐私泄露的风险增大。2019 年 7 月，美国第七大商业银行 Capital One 存储在亚马逊云平台（AWS）的 S3 存储桶中的数据被曝泄露。③ Capital One 在声明中表示，此次事件是云配置错误产生的 Web 应用程序防火墙漏洞所导致的。云端存储风险的主要产生原因有云配置错误（Cloud Misconfiguration）、访问管理不善、不安全的应用程序接口（Application Program Interface，API）。首先，云配置错误指云服务用户在云环境或云组件的关键设置中出现人为错误。Buyya 等（2009）强调了划分云服务提供商和用户责任边界的服务级别协议（Service Level Agreements）的重要性。由于责任边界不明确，金融科技用户通常误认为云计算安全完全由云服务提供商负责维护。因此，金融

---

① IPv6（Internet Protocol Version 6）是替代现行版本 IP 协议（IPv4）的下一代互联网协议，具有海量的网络地址。参见中国信息通信研究院：《IPv6 网络安全白皮书（2019）》，http://www.caict.ac.cn/kxyj/qwfb/bps/201909/P020190918305022253572.pdf。

② 国家关键基础设施安全应急响应中心，https://www.ics-cert.org.cn/portal/page/121/4293062c33204de0a7ae1b9e35d85e0f.html。

③ Capital One 官网，https://www.capitalone.com/facts2019/。

科技用户往往对云端存储的安全性的关注度不足，导致其在云服务的操作与设置中可能出现错误。[1] 其次，访问管理不善指金融科技用户对身份、凭证或密钥的管理和控制不足。访问管理通常存在对凭证的保护不足、使用密码不够复杂或缺乏系统性管理等问题，容易造成云端数据的泄露。IBM 的数据指出，19% 云数据泄露事件是由于凭证被盗。[2] 最后，云计算提供商会提供一些公开 API 接口，以符合用户的定制设计需求。但是安全性不足的 API 也可能导致云环境面临被黑客攻击与数据被滥用或被窃取的风险。

第三，大数据分析包含的数据集成与数据共享环节可能会导致数据匿名化失效，也可能引发新的隐私泄露风险。金融行业中的大数据分析通常需要跨行业、跨组织的数据共享与集成分析，如 2020 年香港众安银行（ZA Bank）与金融科技公司 Vpon 合作的大数据 App 推广项目。此案例中，Vpon 通过集成众安银行的客户数据、App 市场的用户数据与其自身的多维度数据库进行大数据分析，实现对目标客户的洞察，达到了精准获客的目的。[3] 同时，大数据的集成分析也会带来许多新的挑战与风险。通常来说，出于保护用户隐私的目的，企业会对数据进行匿名化处理，如数据脱敏、去标识化等。但是 Ohm（2010）指出，当数据处理者共享或集成分析非敏感数据时，可能重新识别出经过匿名化处理的敏感数据，也就是使敏感数据去匿名化，从而扩大了隐私泄露的危害。也就是说，在大数据环境下，多来源与多类型的数据的关联分析可能导致数据的匿名化处理失效。Rocher 等（2019）运用模型也证明了即使在数据不完整的情况下，数据处理者也可以较为准确地对隐私信息主体进行重新识别（Reidentification）。如图 2 所示，重新识别的过程就是将左侧的隐私信息与右侧的匿名化信息匹配起来，进而导致用户的敏感隐私信息被再暴露。总而言之，关联分析和数据共享会严重增大隐私

---

① Infosecurity, https：//www.infosecurity － magazine.com/opinions/misconfiguration － cloud/。

② IBM《数据泄露成本报告（2020）》，https：//www.ibm.com/security/digital － assets/cost － data － breach － report/#/zh。

③ Vpon 官网，https：//www.vpon.com/wp － content/uploads/2020 _ Virtual _ Banking _ Showcase.pdf。

泄露的风险和后果。此外，数据共享环节也会引发新的隐私泄露风险。传统的数据访问控制技术难以解决数据跨界的权限管理与流向追踪问题，因而增大了隐私泄露及隐私信息被滥用的风险。

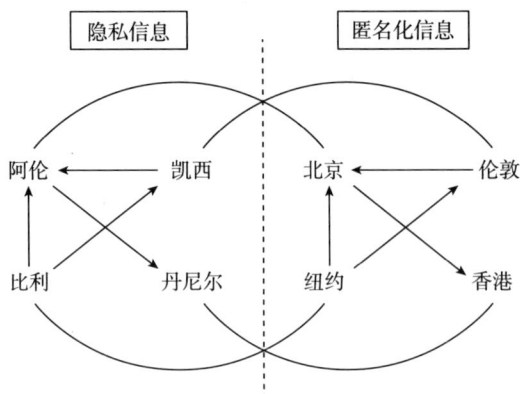

图2 隐私信息重新识别的原理机制

资料来源：刘家霖等（2018）。

2. 网络欺诈风险

对金融科技用户或者普通投资者来说，另一个值得重视的新型风险就是"伪区块链"相关的传销、非法集资和炒作等网络欺诈风险。2019年开始，比特币的价格持续走高，从2019年1月至2021年1月，其价格从3000美元涨至超过40000美元。[①] 此外，流通量占比前100名的加密货币价格几乎全部上涨。普通投资者对以区块链技术为基础的加密货币的投资兴趣也随之迅速上升。此时，一些不法分子和公司则借助区块链的市场热度与消费者对区块链和加密货币概念的混淆，进行诈骗和炒作。近年发生的"伪区块链"网络欺诈事件主要分为两种：传销币和概念炒作。

第一，不法分子打着区块链的名义，自己建立交易平台并以"拉人头"送代币的形式来发行传销币。以PlusToken平台为例，该平台以区块链作为噱头、以比特币等加密货币作为交易媒介，通过承诺高额收

---

① Coindesk，https：//www.coindesk.com/price/bitcoin。

益吸引了众多普通投资者的参与。参与人员首先通过上线推荐，并缴纳价值 500 美元以上的加密货币作为门槛费来获得会员资格。之后他们将按照缴纳的数字货币价值领取平台发行的 Plus 币，并按照加入的顺序形成层级关系。根据发展下线的数量和投入的资金量，平台把成员分为会员、大户、大咖、大神、创世五个等级。不同等级的成员领取不同数量的 Plus 币作为奖励。[①] 可见，传销币虽然表面上是加密货币，但实质上仍然是传销活动。2020 年 3 月，公安机关抓获本案犯罪嫌疑人，其在该平台共发展会员 200 多万人，累计骗取的加密货币价值超过 400 亿元。[②]

第二，许多公司通过区块链概念炒作拉高公司股价，对普通投资者造成误导。2020 年 7 月，高伟达公司表示正在加大对区块链技术的研发投入并在持续关注加密货币方面的商业机会。[③] 随后，其股价在 10 天内上涨逾 45% 并一度冲高至 21.36 元高点。但是，炒作加密货币概念带来的股价上涨，并不代表公司内在价值的提升。当投资者的情绪稳定下来，意识到公司股价已经远高于其实际价值，就会大量出售股票，最终造成股价下跌。从 2020 年 10 月至 2021 年 2 月，高伟达公司的股价连续下跌。在仅三个月的时间内，其股价跌至 7.55 元最低点，缩水超过一半。[④] 高伟达公司的投资者在股吧中表示，当初是因为加密货币概念才买入该股，却在近几个月遭受了巨大的亏损。[⑤] 此外，在 A 股中有超过 500 家上市公司宣称自己和区块链有直接或间接的关系，占 A 股市场的 1/6。但是，其中具体披露了区块链相关业务的公司不到 40 家。[⑥]

如前文所述，区块链技术实际上是一种依托于密码学的分布式记账技术，并不等同于加密货币。但是现实中绝大部分普通消费者仍然对区块链技术和加密货币的概念十分模糊，难以辨识"伪区块链"骗局。

[①] 中国政府网，http://www.gov.cn/xinwen/2020-07/30/content_5531365.htm。

[②] 中国政府网，http://www.gov.cn/xinwen/2020-07/30/content_5531365.htm。

[③] 金融界，http://bc.jrj.com.cn/2020/07/02172730123788.shtml。

[④] 搜狐网，https://www.sohu.com/a/445397771_157944。

[⑤] 股吧，https://www.sohu.com/a/445397771_157944。

[⑥] 经济日报，https://www.creditchina.gov.cn/home/zhuantizhuanlan/fengxiantishi/zhongdianlingyufengxiantishi/202101/t20210113_223859.html。

因此，金融科技用户对区块链等金融科技的了解不足放大了其面临的网络欺诈风险。

（二）金融科技公司面临的新型风险

在本文中，金融科技公司主要指使用金融科技开展相关业务的金融机构或科技公司。对于金融科技公司来说，金融科技可能引致的新型风险主要有网络攻击风险和算法风险。

1. 网络攻击风险

对于金融科技公司来说，最常见也是最值得关注的新型风险之一就是因其底层基础技术存在安全漏洞而引致的黑客攻击。由于金融科技使金融服务更具有普惠性，接触到的用户数量多、资金量大且数据规模大，相关金融机构更加容易成为黑客攻击的目标。IMF 于 2020 年发布的一份报告指出，网络攻击事件的数量在过去十年中增长了 2 倍，其中金融行业是重灾区。①

第一，随着金融科技迅猛发展，其底层基础技术的安全漏洞问题正在逐渐暴露出来。这主要是因为部分金融科技所依托的底层基础技术整体上仍处于发展初期。它们在底层代码、逻辑结构和基础设施等方面的设计和建设仍然相对薄弱，有许多潜在的漏洞。如表 3 所示，云计算、区块链和物联网技术均存有多种不同类型的安全漏洞。这些底层基础技术存在的安全漏洞可能使其更容易受到黑客的攻击，因而增大了金融科技公司面临的网络攻击风险。

表3　　　　　　　　　　云计算、区块链和物联网的常见安全漏洞

技术	安全漏洞	描述	潜在后果
云计算	配置漏洞	云计算用户在云环境和云组件的关键设置中发生人为错误	数据泄露
	访问控制漏洞	用户对身份、凭证或密钥的管理和控制不足	非法访问、数据泄露

---

① IMF, https：//www.imf.org/zh/News/Articles/2020/12/07/blog – cyber – risk – is – the – new – threat – to – financial – stability。

续表

技术	安全漏洞	描述	潜在后果
云计算	共享平台漏洞	云平台中不同用户共享的管理程序或硬件存在技术漏洞	非法访问、数据泄露
	供应链漏洞	云计算软件或硬件在供应链中被故意插入漏洞	数据泄露、系统被操控
区块链	数据结构漏洞	区块链可能被恶意分叉	双重支付
	网络漏洞	部分网络可能被隔离或延迟	双重支付
	智能合约漏洞	在智能合约终止前重新进入函数	财产损失
	公链漏洞	区块链可能面临51%算力攻击	数据篡改、财产损失
物联网	设备漏洞	物联网设备的软件或硬件中存在漏洞	设备被操纵、安全隐患
	加密技术漏洞	物联网设备发送的数据由于缺少加密被中间人截取	隐私泄露
	访问控制漏洞	攻击者可对物联网系统或设备进行未经授权的访问	非法访问、数据泄露
	网络节点漏洞	恶意软件或病毒通过感染某个物联网设备节点攻击物联网	设备被操纵

资料来源：笔者根据江沛佩等（2021）和张玉清等（2017）的研究与其他公开资料整理。

第二，黑客攻击的手段和模式更加多元化，成本更低，功能更强大，给金融科技公司带来了巨大威胁。目前金融行业最主要的黑客攻击方式有分布式拒绝服务（Distributed Denial of Service，DDoS）攻击、系统漏洞攻击和勒索病毒攻击等。DDoS攻击是指黑客向服务器发出大量请求，完全占用其网络资源，导致网站无法响应正常的访问。[①] 例如2020年8月，新西兰证券交易所遭到DDoS攻击，导致交易所系统崩溃，交易被迫暂停，其金融市场秩序被严重扰乱。[②] 同时，有学者在研究中指出，DDoS攻击技术已经变得越来越简单和多样（岳猛等，2020）。系统漏洞攻击是指利用金融机构的数字技术中已有的安全漏洞

---

① AWS，https：//aws. amazon. com/cn/shield/ddos－attack－protection/.

② 安全内参，https：//www. secrss. com/articles/25933。

进行攻击。例如 2020 年 9 月，Visa 信用卡被曝存在安全漏洞，黑客可以利用 Visa 无接触支付协议中的设计漏洞修改交易数据。[①] 勒索病毒攻击是指黑客通过勒索病毒或勒索软件入侵金融机构数据库并将其文件加密，以索要赎金。例如 2020 年 5 月，哥斯达黎加银行（BCR）遭到了 Maze 勒索软件的攻击，黑客以每周发布信用卡数据作为索要赎金的条件。[②]

总而言之，底层基础技术仍然存在的安全漏洞与日益增强的黑客攻击技术使网络攻击风险大大增加。与传统金融机构相比，金融科技公司的业务与数字技术的联系更加紧密。但是实际上，金融科技公司目前仍聚焦于运用云计算、区块链等基础技术来提高金融业务的效率，而在一定程度上忽视了提升这些基础技术的安全性和其应对黑客攻击的能力。

2. 算法风险

基于人工智能算法主要以数据输入为基础、以深度学习算法为核心这一事实，下文将从数据偏差风险和算法漏洞风险两个方面具体阐述金融科技公司面临的算法风险。

第一，输入的数据可能质量较差或存在偏见[③]，导致算法输出结果可能存在偏差或歧视。算法输出结果的精确性不仅与数据规模有关，很大程度上也受到数据质量的影响。宗威、吴锋（2013）指出，数据质量是有效运用数据的前提条件。Clarke（2015）建立了数据质量的评估框架并提出影响数据质量的因素主要包括数据的相关性、时效性、准确性和完整性。换言之，人工智能算法的结果是否准确在一定程度上取决于输入的数据是否与目的有关、是否超过有效期限、是否与真实情况有偏差等。为了应对数据质量问题，程序员可预先筛选数据。他们根据个人的价值判断哪些数据应该采集、哪些数据应该纳入分析指标。然而，这样的数据筛选模式可能导致算法结果因人为偏见产生偏差和歧视。例

---

① 移动支付网，https：//www.mpaypass.com.cn/news/202103/01092626.html。

② The Tico Times，https：//ticotimes.net/2020/05/24/bcr – confirms – financial – information – has – leaked – after – cybercrime – group – claims – to – publish – private – data – updated.

③ 数据偏见（Data Bias）在狭义上是指输入的数据不能够代表总体，在广义上也指数据包含由人产生的内容，因此可能存在对某类人群的偏见。参见 Medium，https：//towardsdatascience.com/survey – d4f168791e57。

如，保险科技公司 Insurify 发布的《美国驾驶员保险报告（2020）》中显示黑人司机和西班牙裔司机的汽车保险费用比白人司机高 20%——30%，形成了种族歧视。[①] 虽然车险公司并没有直接收集种族信息，但是通过其他经济因素（如租房或拥有房屋）区分出了不同人种。可见，对于相同的数据，基于不同维度进行筛选可能导致不同的分析结果。而分析维度和变量的选择则受到人为干预的影响，由此导致数据可能存在偏见。总而言之，算法所依赖的数据存在的质量问题和人为偏见都可能会导致金融科技公司的决策结果存在偏差和歧视。

第二，算法由于自身特性而存在的设计漏洞也可能导致输出结果出现错误或偏差。算法漏洞风险产生的主要原因包括算法黑箱性、结果缺乏可验证性和历史数据依赖性。首先，"算法黑箱"的存在使企业难以完全控制人工智能的运行。由于算法具有高度的复杂性和多维性，输入的数据和输出的结果之间存在一个不透明且难以理解的运行过程，这就被称为"算法黑箱"（Bathaee，2018）。"算法黑箱"可能导致算法的运行偏离原始目的，造成结果偏差。其次，人工智能算法的输出结果缺乏可验证性，导致其设计漏洞难以监测。实际上，由于"算法黑箱"的存在，金融科技公司在运用算法时，既难以证明算法结果的正确性，也难以解释它为什么正确。因此，即使算法的代码或逻辑出现漏洞，由于输出的结果无法被验证是否准确，这些漏洞也无法被及时发现。最后，人工智能算法的本质逻辑是根据历史数据预测未来，因此算法难以应对未发生过的、不可预测的风险事件。例如，在 2020 年突发新冠肺炎疫情的背景下，截至 2020 年 10 月，美国量化基金行业平均亏损达到 8.48%，是所有基金种类中亏损最大的一种。[②] 因为量化基金主要依靠的是历史数据训练出的算法模型，而无法准确预判和应对新冠肺炎疫情这类从未发生过的异常事件。

（三）金融市场面临的新型风险

上述风险都可能会由于溢出效应，给金融市场引致风险。同时，金

---

① Insurify，https：//insurify. com/report/auto – insurance/2020/.

② Aurum 基金数据，https：//www. aurum. com/hedge – fund – data/monthly – hedge – fund – performance – review – october – 2020/。

融科技也可能为金融市场引致其他新型风险。对于金融市场来说，金融科技可能引致的新型风险主要包括市场趋同风险和垄断风险。

1. 市场趋同风险

欧盟的《金融工具市场指令2》（MiFID II）把算法交易定义为通过算法自动决定交易订单，且较少或完全没有人为干预的交易模式。[①]与传统的订单模式相比，算法交易具有交易成本低、订单执行速度快和不受人为错误干预等优点。算法交易在全球市场中的规模快速增长。根据 MordorIntelligence 的预测，2021—2026 年算法交易市场将以 11.23% 的复合年增长率增长，目前算法交易在北美地区全部股票交易中的占比已经达到 60%—73%。[②]

人工智能算法的广泛应用可能会增大市场的顺周期性，进而导致更大的市场波动和市场趋同风险。不同的投资机构使用的投资算法一般存在差异。但是事实上，它们的算法之间往往存在较大的同质性，原因之一是其核心的风险管理思想十分相似。这使不同的算法投资策略常常产生同质化的订单。以 2020 年 3 月美国股市发生的 4 次熔断为例，当股市已经大幅下跌时，计算机将按照算法的指令快速执行大额卖出的订单，股市的跌幅因此继续快速扩大，导致触发了多次熔断。[③]有学者也认为，相同的风险策略会加强金融机构之间风险暴露的趋同性（Wanger，2010）。算法具有同质性的另一个原因是在监管机构的要求下，算法通常需要进行一定程度的披露，而收益率较高的算法则可能会被其他投资机构学习和模仿。因此，不同金融机构的交易算法可能存在较大的同质性，从而具有较为相似的风险结构。而有学者在模型研究中指出，在突发公共事件的冲击下，具有相似风险结构的市场可能会产生风险共振效应（Risk Co - movement），加剧市场的波动（杨子晖等，2020）。同时，算法交易具有规模大、速度快和不受人为干预等特点。因此，相比起人工交易，算法的同质性能够引发更大的市场波动和风险。

---

① 欧盟法规认证平台，http：//eustandards. net/? page_ id = 2976。

② Mordor Intelligence，https：//www. mordorintelligence. com/industry - reports/algorithmic - trading - market.

③ 新华网，http：//www. xinhuanet. com/fortune/2020 - 03/19/c_1125734270. htm。

2. 垄断风险

下文讨论的主要对象是以 Alibaba、Google、Tencent 等公司为代表的在金融领域开展业务的大型科技公司。相比于传统的金融机构，大型科技公司具有"DNA"的特性，即数据分析能力（Data Analytics）、网络外部性（Network Externalities）和场景互通（Interwoven Activities）。[①] 上述特性赋予了大型科技公司在金融科技领域开展业务，并获得垄断竞争优势的能力。一方面，大型科技公司拥有的海量数据将形成数据壁垒；另一方面，大型科技公司还将由于网络效应而形成平台壁垒，由此产生了较大的垄断风险。

第一，大型科技公司形成的数据壁垒会扩大其在金融市场中的竞争优势，进而增大市场垄断风险。数据已然成为数字时代最核心的生产要素之一，也是大数据分析、人工智能、云计算等金融科技应用的基础。因此，大型科技公司的数据收集与分析及应用的技术成为其获得优势的关键因素。数据生命周期的各个环节都可能形成市场垄断的壁垒（杨东，2020）。在数据收集环节，网络效应、锁定效应和排他性等构成了大型科技公司对其他金融机构的壁垒（殷继国，2019）。在数据存储和分析环节，存储硬件与软件和数据分析工具构成了技术壁垒。以数据作为基础，大型科技公司已经形成数据分析、网络外部性和场景互通的DNA 正向循环反馈。例如，腾讯能够以微信与QQ 带来的网络效应为流量优势，把金融服务提供给其庞大的用户群体。之后，用户在使用金融服务的过程中又将产生大量数据，腾讯再通过对这些数据进行分析从而对原有的金融产品进行改进。同时，腾讯通过在多元场景进行精准推送，吸引更多用户，进一步强化其自身的网络外部性。这样基于数据的正向循环赋予了大型科技公司在金融行业强大的竞争优势，推动其形成垄断性的数字生态系统。此外，以数据为基础的算法，也是大型科技公司的垄断性市场力量来源。如前文所述，算法通常存在"算法黑箱"问题，它的透明度很低。大型科技公司可以通过操纵算法结果来控制流量入口，提高进入壁垒。以 Google 为例，它可以利用搜索引擎算法的

---

① BIS Annual Economic Report Ⅲ. Big Tech In Finance：Opportunities and Risks，https：// www. bis. org/ publ/ arpdf/ ar2019e3. pdf.

优势，把自身的金融服务放在搜索结果中更为优先的位置，从而对消费者的选择产生误导。

第二，大型科技公司形成的平台壁垒可能扩大其在金融市场中的竞争优势，进而增大市场垄断的风险。在数字经济时代，金融业务的开展往往依赖于数字化平台。而数字化平台由于网络外部性①的特点极易形成垄断的市场格局（徐恒等，2020）。因此，行业其他竞争者将很难再获得相似的竞争能力。大型科技公司通过构建大规模的数字化平台，积累了大量用户，形成了垄断的流量优势。利用数据优势和流量优势，平台能够将其初始的垄断能力向其他垂直市场进行延伸，从而形成双轮垄断（李勇坚、夏杰长，2020）。例如，截至 2020 年 6 月 30 日，蚂蚁集团利用支付宝平台积累的用户优势，开展了信贷、资管和保险业务，规模分别达到了 17320 亿元、40986 亿元和 518 亿元。② 又如，美团利用其数字平台的垄断优势，禁用了阿里巴巴旗下的支付宝。③ 此外，大型科技公司在获得平台优势后，也会获得资金优势，借此通过并购交易的方式进一步扩大垄断的优势。④ 具体而言，在新的金融领域开展业务时，大型科技公司往往会对行业内的一些具有创新模式的企业进行并购。一方面，此举可以消除潜在的竞争对手。另一方面，大型科技公司也可以通过平台的流量优势快速推广其创新的商业模式，在该领域形成新的垄断。

综上所述，金融科技可能引致诸多新型风险。对于金融科技用户，金融科技可能引致隐私泄露风险和网络欺诈风险。对于金融科技公司，金融科技可能引致网络攻击风险和算法风险。对于金融市场，金融科技可能引致市场趋同风险和垄断风险。下文将梳理与总结金融科技新型风险的社会影响。

---

① 网络外部性指平台提供给用户的价值与用户数量呈正相关，这为新用户加入用户规模最大的网络提供了巨大的动力。

② 蚂蚁集团招股说明书，http://static.sse.com.cn/stock/information/c/202008/e731ee980f5247529ea824d20fcdb293.pdf。

③ 新华网，http://www.xinhuanet.com/fortune/2020-08/11/c_1126351109.htm。

④ 中国信息通信研究院：《中国金融科技生态白皮书（2020）》，http://www.caict.ac.cn/kxyj/qwfb/bps/202009/P020200918520670741842.pdf。

三 金融科技可能引致的新型风险的社会影响

前文分析并总结了金融科技在金融科技用户、金融科技公司和金融科技市场三个层面可能引致的新型风险。本节将从消费者权益、经济发展与社会稳定性三个角度归纳金融科技可能引致的新型风险的社会影响。

第一，金融科技可能引致的新型风险损害了消费者的合法权益。首先，金融科技可能引致的隐私泄露风险会导致消费者的隐私泄露。相比起传统金融服务，消费者在使用价格低廉的金融科技产品的同时，也将支付更多的个人隐私和数据作为服务的对价。而在欠缺行业数据管理标准或隐私保护相关法律的情况下，金融科技的数据处理周期中存在的数据泄露风险可能对消费者的合法权益造成损害。其次，金融科技可能引致的数据泄露风险与网络欺诈风险将共同升级消费者面临的金融欺诈问题。一方面，数据泄露使诈骗分子能够利用消费者的隐私信息进行精准诈骗，导致金融诈骗更加难以防范。零壹智库的《中国数字金融反欺诈全景报告（2019）》指出，隐私信息的获取与倒卖成为数字金融欺诈产业链中重要的环节之一。[①] 另一方面，金融科技所依赖的底层技术的复杂性导致消费者面临新型的"伪区块链"欺诈模式。再次，金融科技可能引致的垄断风险将导致金融服务质量降低。如前文所述，大型科技公司在金融行业极易通过数据壁垒和平台壁垒形成垄断。一旦垄断地位形成，大型科技公司可能会失去提高金融服务质量的动力，或提高原有金融服务的价格。垄断的形成还可能抑制金融行业的创新，导致消费者无法享受到潜在的质量更好的金融服务。最后，金融科技可能引致的算法风险可能会使弱势的消费者受到算法的歧视。如前文所述，算法虽然是一种中立的技术，但是设置算法的程序员和算法学习的数据却存在一定的偏见。因此，当算法在金融行业发挥越来越重要的作用，潜在的算法歧视风险对弱势消费者的合法权益的损害也将越来越大。例如，普

---

① 零壹智库：《中国数字金融反欺诈全景报告（2019）》，http：//www. 01caijing. com/finds/details/256175. htm。

惠金融重点服务的长尾人群可能会因此面临更高的贷款利率或更高的保费费率。这不仅使消费者的合法权益蒙受了损失，还影响了社会公平。

第二，金融科技可能引致的新型风险不利于经济高质量发展。首先，金融科技可能引致的垄断风险将抑制金融行业创新。一方面，大型科技公司已经获得的垄断优势降低了其进行金融业务创新的动力。Davies 等（1991）指出，垄断企业能够通过垄断定价等方式赚取非正常利润，因而缺乏创新动力。另一方面，中小型的金融创新企业将面临大型科技公司的巨大压力。它们中的一部分可能会被大型科技公司收购，并利用大型科技公司的流量优势快速扩大规模。而另一部分则会面临着被收购的企业带来的巨大竞争压力，以及被数字化平台封禁的风险。其次，金融科技可能引致的垄断风险将不利于实体经济发展。大型科技公司在金融业中部分领域的垄断地位赋予了它们一定的定价权力，这可能导致市场利率水平的升高，进而提高了实体中小微企业的融资成本，抑制了实体经济发展。另外，市场利率上升也将给金融行业带来超额的利润。人才、资本等重要资源将因此纷纷流向金融行业，导致经济出现"脱实向虚"现象，进一步阻碍实体经济发展。总而言之，上述风险可能阻碍金融创新和实体经济发展，进而对经济高质量发展产生不利影响。

第三，金融科技可能引致的新型风险对社会稳定造成了负面影响。首先，金融科技可能引致的市场趋同风险和网络攻击风险放大了社会原有的系统性金融风险。产生系统性金融风险的原因主要包括资产配置同质化、顺周期金融杠杆、尾部风险和流动性风险等（陈湘鹏等，2018）。算法的同质性将加剧市场已存在的资产配置同质化与顺周期金融杠杆等问题。此外，网络攻击风险也成为新的系统风险敞口，可能造成巨大的财产损失和金融市场秩序的混乱。其次，金融科技可能引致的垄断风险导致了新型的"大而不能倒"风险[①]。如今，在金融行业具有垄断地位的大型科技公司也面临着相似的情况，这就是新型的"大而不能倒"风险。以第三方支付为例，2020 年第一季度，腾讯和阿里巴

---

① "大而不能倒"风险指由于高杠杆率和规模巨大的特性，金融机构的倒闭会给实体经济造成较大的负外部性（Acharya et al.，2007）。

巴旗下的微信支付和支付宝共占据了市场份额的 80% 以上。① 也就是说，这两种支付工具涉及多种其他金融场景和广大群众的利益，具备系统重要性的特征。如果它们出现问题，交易系统会受到巨大的影响，可能使人们日常的支付无法正常进行或用户账户余额无法取出，进而影响整个金融体系的稳定性。另一个重要的问题是大型金融科技公司的道德风险。因为"大而不能倒"风险的存在，大型科技公司的经营者和合作者都相信他们将受到政府的援助而不会倒闭。因此大型科技公司及其金融机构合作伙伴反而可能会放松审慎经营，过度承担风险，进而可能引发更大的系统性风险。

综上所述，金融科技可能引致的新型风险不仅会损害消费者的合法权益，而且不利于经济的高质量发展，甚至破坏社会的稳定。在消费者的合法权益方面，金融科技可能引致的新型风险会导致隐私泄露、金融欺诈升级、金融服务质量降低和算法歧视的后果。在经济发展方面，金融科技可能引致的新型风险会阻碍金融行业创新和实体经济发展。在社会稳定性方面，金融科技可能引致的新型风险会放大系统性金融风险并导致新型"大而不能倒"风险。

四　金融科技可能引致的新型风险的应对策略

基于上文阐述的金融科技可能引致的新型风险及其社会影响，本节将从完善隐私保护法律、加强消费者教育、加快信息安全建设、健全算法安全治理和加强反垄断治理五个方面提出金融科技可能引致的新型风险的应对策略。

（一）完善隐私保护法律

第一，立法部门应针对不同技术场景增加判定和执法的具体规则。如表 4 所示，近年来我国已逐步推出较多隐私与数据保护相关的法律法规和监管指南。但是，我国现行法律体系缺乏细节，在判定和执行上仍

---

① 前瞻产业研究院，https://www.qianzhan.com/analyst/detail/220/201113 - 77c2ab15. html。

有较大的模糊空间。比如，《信息安全技术个人信息安全规范》虽然提到了个人信息收集最小化，但仅仅提出了相关性、最低频率与最少数量三条简单的原则，缺乏具体场景下的判定指南。① 因此，立法部门应根据不同的技术场景出台具有针对性和实践性的法律法规。例如，立法部门可以依照数据分级指南对物联网设备可以采集的数据级别进行限制，并对云计算数据库所存储的不同级别的数据要求不同的存储期限。

表 4 我国近年发布的个人隐私保护与数据保护的
主要法律法规与监管指南

条例类别	发布日期	发布部门	条例名称
法律	2017 年 6 月	全国人民代表大会	《网络安全法》
	2019 年 10 月	全国人民代表大会	《密码法》
行政法规	2019 年 5 月	国家互联网信息办公室	《数据安全管理办法（征求意见稿）》
	2019 年 10 月	国家互联网信息办公室	《儿童个人信息网络保护规定》
	2019 年 10 月	中国人民银行	《个人金融信息（数据）保护试行办法（初稿）》
	2020 年 4 月	国家互联网信息办公室和国家发展和改革委员会等	《网络安全审查办法》
行业标准	2020 年 2 月	中国人民银行	《个人金融信息保护技术规范》
	2020 年 9 月	中国人民银行	《金融数据安全数据安全分级指南》
	2020 年 10 月	国家标准化管理委员会	《信息安全技术个人信息安全规范》
	2020 年 11 月	中国人民银行	《分布式数据库技术金融应用规范》

资料来源：笔者根据公开资料整理。

　　第二，政府应引导研究者拓展数据共享立法的研究方向。我国隐私保护法律体系存在的另一个问题是数据共享相关的法律仍然缺位，给数据流动和共享带来了困难与风险。因此，政府应引导研究人员重点关注数据流通过程中的数据产权、主体权责和跨境传输等问题。例如，政府可以设立与上述研究问题相关的国家科学基金，鼓励和支持数据共享领

---

　　① 国家标准全文公开系统，http：//openstd. samr. gov. cn/bzgk/gb/newGbInfo? hcno = 4568F276E0F8346EB0FBA097AA0CE05E。

域的学术研究项目；与各大高校合作，举办以数据共享立法为主题的学术交流活动等。

（二）加强消费者教育

政府应强化消费者的金融科技教育和防欺诈教育，提升用户的金融素养与防欺诈意识。如前文所述，"伪区块链"网络欺诈事件发生的主要原因是普通投资者对区块链和数字货币的认识与防欺诈意识不足。因此，为了防范金融科技用户相关的新型风险，政府应加强金融消费者的金融科技教育与防欺诈教育。具体而言，政府应针对不同类型的受众采取多样化的教育方式。对于即将开始管理个人财务的高校学生，政府可以引导高等学校开设金融科技相关的公共选修课程，从知识和技能上提高其防欺诈的意识和能力。对于数字素养较低的中老年人，政府可以联合公安机关在社区开展具有针对性的防欺诈宣传活动，如印发符合中老年人阅读特点的宣传单，举办社区讲座并用典型案例的方式介绍金融欺诈常用手段和预防方法。对于更加广泛的网民群体，政府可以通过公众号或短视频等社交媒体科普区块链和数字货币等金融科技相关知识以及识别"伪区块链"骗局的方法和技巧。

（三）加快信息安全建设

第一，政府应引导金融科技公司加强信息安全建设，重视防范新型风险。首先，政府应联合产业联盟完善数据中心、云计算、人工智能、区块链和物联网等数字基础设施的安全建设，增强其安全防护能力。其次，政府应通过出台政策激励金融科技公司加大对金融科技产品的信息安全投入。一方面，金融科技公司应持续地对技术漏洞进行定期扫描和监测，减少系统自身的安全漏洞。另一方面，金融科技公司应加强应对黑客攻击的安全防护措施，包括定期查杀病毒、完善防火墙系统等。最后，政府应出台数据安全防护指南，引导金融科技公司在数据生命周期中应用最先进的数据保护技术，如差分隐私法、数据加密算法和安全多方算法等。

第二，政府应加快建立与完善"网络安全 + 金融素养"人才培养体系。随着金融业加快数字化转型，金融业对网络安全人才的缺口继续扩大。兼具网络安全技术与基本金融素养的跨专业人才是防范金融行业网络攻击风险的关键。针对高校人才培养体系，政府应积极开展"产学研用"合作计划，牵头高校和金融科技公司联合建立"网络安全＋金融素养"人才培养机制。针对从业人员的职业培训体系，政府应鼓励大型科技公司开设金融网络安全培训与实践课程，提升金融行业从业人员的网络安全技能。

（四）健全算法安全治理

监管部门应设立第三方算法审计机构，建立算法测试机制。中国信通院发布的《人工智能治理白皮书（2020）》指出，现有的人工智能算法治理体系主要以伦理约束和法律规制为主。[①] 但是这种算法治理体系仍然存在一定的问题——伦理约束主要依赖于金融科技公司的自律，缺乏强制性的规范效果；法律规制则通常在算法风险造成了显著的社会问题之后才发挥作用。可见，算法安全治理体系缺失技术层面的测试环节，因而难以有效地防范算法风险。因此，监管机构应设立人工智能算法的第三方审计机构，建立算法测试机制，加强对算法风险的监测。具体而言，算法审计机构应参考监管沙盒和"试点先行"政策，对算法进行测试与局部实践，前瞻性地评估算法的有效性、公正性及风险。同时，算法审计机构应将算法的多样性纳入算法评价体系，在准入阶段降低算法的同质性，从而防范市场趋同风险。

（五）加强反垄断治理

第一，立法部门应从数据要素层面健全反垄断法律体系。2021年2月国务院反垄断委员会出台的《国务院反垄断委员会关于平台经济领域的反垄断指南》结合平台经济的新型竞争业态，完善了数字平台反垄断问题的判定原则与治理思路。[②] 但是我国的反垄断法律体系仍然存在一定的问题——缺乏对数据要素的考虑。杨东、臧俊恒（2021）指

---

① 中国信息通信研究院：《人工智能治理白皮书（2020）》，http：//www. caict. ac. cn/kxyj/qwfb/bps/202009/P020200928368250504705. pdf。

② 中国政府网，http：//www. gov. cn/xinwen/2021－02/07/content_5585758. htm。

出，在数字经济中，数据要素可能成为影响市场力量的重要因素之一。因此，立法部门在进一步完善我国反垄断法律体系时，应着重研究数据要素对市场力量的影响以及数据垄断的评估方式和判定规则。

第二，监管部门应加强反垄断行为监管，搭建数字化监测平台。目前，监管部门主要通过反垄断调查和发起反垄断诉讼的方式对大型科技公司进行监管。但是这种监管模式难以有效应对透明度较低的数据垄断和算法垄断，且存在一定的滞后性。因此，监管部门应深化监管科技的应用，建立数字化监测平台，提高反垄断监管的及时性和主动性，如浙江省在 2021 年 2 月发布数字平台监管系统"浙江公平在线"。[①] 具体而言，监管部门可以构建反垄断行为评估模型，并利用大数据、云计算和人工智能等数字技术，实现对平台垄断行为的动态监测和穿透式监管。

总而言之，在金融科技快速发展的背景下，金融科技可能引致的新型风险值得关注。金融科技给金融科技用户、金融科技公司和金融市场都带来了多种不同于传统金融风险的新型风险。而这些新型风险将给消费者、宏观经济发展和社会稳定带来较大的负面影响。本文从完善隐私保护法律、加强消费者教育、加快信息安全建设、健全算法安全治理和加强反垄断治理五个层面提出了对防范金融科技可能引致的新型风险的对策建议。只有包括立法部门、政府和监管部门在内的多个主体共同努力，才能实现金融行业数字化的健康发展。

参考文献

陈湘鹏等：《系统性金融风险研究进展》，《金融科学》2018 年第 1 期。

邓辛：《金融科技：模式变革与业务创新》，上海财经大学出版社 2020 年版。

江沛佩等：《区块链网络安全保障：攻击与防御》，《通信学报》2021 年第 1 期。

李勇坚、夏杰长：《数字经济背景下超级平台双轮垄断的潜在风险与防范策略》，《改革》2020 年第 8 期。

---

① 浙江新闻，https：//zj. zjol. com. cn/news. html？id = 1624676。

徐恒等：《数字经济、技术溢出与动态竞合政策》，《管理世界》2020 年第 11 期。

杨子晖等：《重大突发公共事件下的宏观经济冲击、金融风险传导与治理应对》，《管理世界》2020 年第 5 期。

杨东、臧俊恒：《数字平台的反垄断规制》，《武汉大学学报》（哲学社会科学版）2021 年第 2 期。

殷继国：《大数据经营者滥用市场支配地位的法律规制》，《法商研究》2020 年第 4 期。

岳猛等：《云计算中 DDoS 攻防技术研究综述》，《计算机学报》2020 年第 12 期。

张玉清等：《物联网安全综述》，《计算机研究与发展》2017 年第 10 期。

宗威、吴锋：《大数据时代下数据质量的挑战》，《西安交通大学学报》（社会科学版）2013 年第 5 期。

Acharya, V. V. et al., "Too Many to Fail—An Analysis of Time‐Inconsistency in Bank Closure Policies", *Journal of Financial Intermediation*, 2007, 16（1）: 1–31.

Buyya, R. et al., "Cloud Computing and Emerging IT Platforms: Vision, Hype, and Reality for Delivering Computing As the 5th Utility", *Future Generation Computer Systems*, 2009（25）: 599–616.

Bathaee, Y., "The Artificial Intelligence Black Box and the Failure of Intent and Causation", *Harvard Journal of Law & Technology*, 2018, 31（2）: 889–938.

Clarke, R., "Big Data, Big Risks", *Information System Journal*, 2015, 26（1）: 77–90.

Davies, S., et al., "Surveys in Economics: Economics of Industrial Organisation", Longman, New York, 1991.

Meneghello, F., et al., "IoT: Internet of Threats? A Survey of Practical Security Vulnerabilities in Real IoT Devices", *IEEE Internet of Things Journal*, 2019, 6（5）: 8182–8201.

Ohm, P., "Broken Promises of Privacy: Responding to the Surprising

Failure of Anonymization", *UCLA Law Review*, 2010 (57): 1701 – 1777.

Rocher, L. et al. , "Estimating the Success of Re – identifications in Incomplete Datasets Using Generative Models", *Nature Communications*, 2019, 10 (1): 1 – 9.

Wanger, W. , "Diversification at Financial Institutions and Systemic Crises", *Journal of Financial Intermediation*, 2010 (19): 373 – 386.

第二部分

数字普惠金融发展困境与对策

数字普惠金融服务老年群体的
困境与对策建议

曾　燕　郑思青　温君南　杨佳慧

摘要 本文主要研究了当前数字普惠金融服务老年群体的具体表现、面临的困境及其成因，针对当前面临的主要困境提出了一些对策建议，并总结了数字普惠金融服务老年群体的困境对我国数字普惠金融机构的启示。第一，介绍了当前数字普惠金融服务老年群体的具体表现。第二，阐述了当前数字普惠金融服务老年群体所面临的主要困境。第三，分析了数字普惠金融服务老年群体所面临的困境的主要成因。第四，提出了一些促进数字普惠金融服务老年群体的对策建议。第五，总结了数字普惠金融服务老年群体的困境对我国数字普惠金融服务长尾人群的启示。

近年来，我国老龄化问题日益严重，老年群体①规模不断扩大，老年人口在我国总人口中所占比例不断上升。伴随数字经济时代的到来，数字普惠金融如何更好地服务老年群体成为当下的热点话题。国家不断完善相关制度建设与政策部署，以我国各大银行为代表的众多金融机构也不断创新针对老年群体的金融服务。我国政府机关与金融市场协调配合，合力推动数字普惠金融为老年群体提供更便捷、更高效与更优质的

---

① 我国《老年人权益保障法》第 2 条规定老年人的年龄起点标准是 60 周岁，即凡年满60 周岁的中华人民共和国公民都属于老年人。本文中所指老年群体与国家对老年人的界定一致。参见中国人大网，http://www.npc.gov.cn/wxzl/gongbao/1996 - 08/29/content_ 1479994. htm。

金融服务。

我国立法机关与政府部门不断加强对服务老年群体的数字普惠金融业务的政策支持，并逐步完善与落实了相关发展规划。2020 年 12 月 25 日，工信部宣布自 2021 年 1 月起将进行为期一年的"互联网应用适老化及无障碍改造专项行动"，同时印发了《互联网应用适老化及无障碍改造专项行动方案》。[①] 2021 年 3 月 5 日，国务院总理李克强在政府工作报告中明确指出，相关行业"推进智能化服务要适应老年人需求"。[②] 此外，数字服务行业与金融行业的"适老化"问题成为"两会"的热门话题。在"两会"上，代表们围绕"适老化"话题展开讨论，就当前数字领域的"适老化"问题向政府提出了众多具有创新性与针对性的建议。[③]

当前我国老年群体对数字产品的使用能力与对金融服务的认知水平较低，数字普惠金融服务老年群体面临种种困境。对部分老年群体而言，数字产品缺乏情感关怀与人文温度，数字普惠金融服务仍存在一定的局限性。在此背景下，本文将梳理与讨论数字普惠金融服务老年群体的具体表现、主要困境及其成因，并对政府与相关金融机构提出相应的对策建议。本文结构安排如下：第一节介绍当前数字普惠金融服务老年群体的具体表现；第二节梳理数字普惠金融在服务老年群体的过程中遇到的主要困境；第三节分析数字普惠金融服务老年群体困境的主要成因；第四节提出一些促进数字普惠金融服务老年群体的对策建议；第五节总结数字普惠金融服务老年群体的困境对我国数字普惠金融服务长尾人群的启示。

---

① 搜狐网，https://www.sohu.com/a/440759022_611014。
② 搜狐网，https://www.sohu.com/a/455141089_120056655。
③ 腾讯网，https://new.qq.com/omn/20210304/20210304A0BBC300.html。

一 数字普惠金融①服务老年群体的具体表现

随着数字产品②在老年群体中的推广，越来越多的老年人能够接触并享受到数字普惠金融服务，数字普惠金融行业也正逐步优化为老年群体提供的产品与服务。下文将从数字普惠金融产品"供给端"的业务环节出发，依次梳理数字普惠金融服务老年群体的具体表现，包括各金融机构在产品设计、产品营销与服务实施三个环节的"适老化"改进。

第一，在产品设计上，金融机构对数字化服务进行"适老化"改造。一方面，各大银行在老年版手机银行 App 中遴选出更适合老年群体的金融产品。银行收集老年版手机银行 App 内部各产品的使用数据，通过大数据对老年客户的金融需求进行分析，进而为老年客户提供更契合其金融需求与理财特征的数字普惠金融服务。例如，中国银行与中国工商银行等众多商业银行旗下的手机银行 App 针对老年人的投资与理财需求，为老年用户特别推出了一系列低门槛和低风险的专享性理财产品。③另一方面，众多金融机构为老年群体提供了更加便捷适用的金融应用软件。各大银行对手机银行 App 进行改造，开发更符合老年人使用需求的应用程序，并且针对部分老年群体的生理障碍提供专项服务。④中国银行、中国建设银行、中国工商银行与中信银行等各大银行的手机银行 App 推出了针对老年群体的专属页面，提供了"大字版"与"语音搜索"的功能选项，色彩辨识度也会相应提高。同时，手机

① 根据中国人民银行与中国银行保险监督管理委员会的定义，数字普惠金融是指在成本可控、模式可持续的前提下，以各类数字化技术为实现条件，为社会各阶级尤其是现有金融体系覆盖不足的老年人口、城镇低收入人群、农村人口、偏远地区人口等特殊群体以及小微企业提供平等、有效、全面、方便的金融产品和服务。数字普惠金融的具体内容包括各类金融产品和服务（如支付、转账、储蓄、信贷、保险、证券、理财、银行对账单服务等），通过数字化或电子化技术进行交易。参见中国信息通信研究院官网，http：//www. caict. ac. cn/kxyj/qwfb/bps/201911/t20191107_269097. htm。

② 数字产品分为有形的数字产品与无形的数字产品两类。有形的数字产品是指以数字技术为技术基础的电子产品，如智能手机、电脑等；无形数字产品是指可经过数字化并通过数字网络传输的产品，数字普惠金融产品是一种无形的数字产品（王斌、蔡宏波，2010）。

③ 搜狐网，https：//www. sohu. com/a/445155691_571524。

④ 中华人民共和国工业和信息化部官网，https：//www. miit. gov. cn/zwgk/zcwj/wjfb/txy/art/2020/art_3e1c2bf3f1d6410fab42728a33ec7c3b. html。

银行运营端对"老年版"页面进行了精简化处理，根据大数据筛选老年客户高频交易板块，突出老年群体常用的功能，以更好地满足老年群体的使用需求。中国工商银行还在其手机银行 App 中设置了"一键帮助"功能，支持子女通过"家庭账户"链接长辈的银行账户，老人在操作过程中可随时截图并咨询子女，使子女能够及时协助父母操作手机银行并进行业务办理。① 光大银行在 2019 年推出了具有更加细致新颖的智能语音服务功能的"简爱版"手机银行，老年用户仅需"摇一摇"便可开启语音服务功能，无须进行烦琐的手动操作。②

第二，在产品营销上，金融机构借助数字技术拓宽了老年群体获取金融服务的渠道。诸多金融机构为传统的优质普惠金融产品开通了数字服务渠道。当前许多普惠性的健康医疗与养老保险等金融产品纷纷开放了网络购买渠道与线上服务平台。同时，相关金融机构不断创新运营模式，线上与线下双管齐下，运用网络平台使更多的老年人能够获取金融服务信息。③ 例如，广州市政府与中国人寿寿险、平安养老等四家商业保险公司联合推出了一款普惠型商业补充健康保险——"穗岁康"，"穗岁康"借助更加便捷的数字平台进行推广，加之其不限年龄、高保额与低门槛的特点，很好地满足了老年群体多层次的医疗需求，受到了老年群体的青睐。

第三，在服务实施上，金融机构围绕老年群体的生活场景提供了更多样化的数字普惠金融服务。其一，数字支付的推广为老年群体的生活提供了诸多便利。据《老年人数字生活报告（2020）》和《老年网络消费发展报告》等网络消费报告显示，网络购物与移动支付等数字化的消费方式正加快融入老年群体的日常生活，不断提升老年群体的生活质量。④⑤ 同时，新冠肺炎疫情发生以来，由于户外活动的限制，老年群体的线上消费金额不断增长。"叮咚买菜"与"美团跑腿"等数字应用

---

① 搜狐网，https://www.sohu.com/a/327725083_114731。
② 中国金融新闻网，https://www.financialnews.com.cn/yh/yw/201904/t20190429_159060.html。
③ 广州日报官网，https://www.gzdaily.cn/amucsite/web/index.html#/detail/1437117。
④ 新华网，http://www.xinhuanet.com/tech/2020-10/23/c_1126649338.htm。
⑤ 中国知网，《杭州（周刊）》期刊，http://jl23i.cn/16vZY。

依托于数字支付快速发展，为老年群体提供了更加高效与便捷的生活服务。线上购物送货上门的服务方式减轻了老年群体的出行负担，使部分老年群体日常购物更加便利。其二，众多第三方支付机构将金融服务与老年群体的日常生活业务进行链接。支付软件增加了"适老化"的便民服务板块，贴合老年群体的生活场景，满足其多样化与便捷化生活服务需求，包括生活缴费、话费充值与医疗保险电子凭证等模块，使老年群体更好地享受到数字普惠金融服务带来的便利。其三，当前许多小额化、低门槛与支储灵活的"零钱型"数字普惠理财产品为老年群体管理日常生活费用提供了更好的理财方式。众多数字金融平台推出的小额化、低门槛、收益稳定且灵活性强的"零钱型"数字普惠理财产品逐渐深入老年群体的日常生活，并受到了广大老年群体的青睐。以支付宝的"余额宝"与微信中的"零钱通"为代表，这些"零钱型"理财产品对于客户的金融素养要求较低。虽然该类理财产品的收益率不高，但能够为老年群体提供较为稳定的资金回报，且其灵活性与便捷性符合老年群体管理生活费用的实时支储要求，故而颇受老年群体喜爱。

综上所述，数字普惠金融在服务老年群体领域已做出了诸多探索与创新。在产品设计方面，金融机构主动对数字应用程序进行了"适老化"革新；在产品营销方面，金融机构依托互联网科技，拓宽了老年群体获得数字普惠金融服务的渠道；从服务实施上看，金融机构将数字普惠金融服务更深度地融入老年群体的生活场景之中，使老年群体获得了更加多样化的日常理财服务。

二　数字普惠金融服务老年群体面临的主要困境

近年来，数字普惠金融服务老年群体的水平不断提升，但其发展过程仍存在众多亟待破除的梗阻与困境，这些困境阻碍了数字普惠金融更深入地服务老年群体。本节将阐述当前数字普惠金融行业在服务老年群体时所面临的较为突出的三个困境，分别是"数字鸿沟"困境、"金融排斥"困境和互联网与金融市场中的"安全困境"。

（一）"数字鸿沟"困境

当前我国的老年群体在获取数字普惠金融服务的过程中，面临着难以逾越的"数字鸿沟"。"数字鸿沟"指老年群体与中青年群体在数字产品①的使用能力与获取渠道上存在较大差距与不平等，进而导致老年群体与中青年群体之间出现显著的数字代沟（赵娜、邝木子，2018）。"数字鸿沟"在一定程度上导致老年群体难以获取甚至抵触数字普惠金融服务（黄晨熹，2020）。对老年群体而言，"数字鸿沟"主要表现在数字产品的"可及性"较低、使用难度大与"有效性"不足三方面。②

第一，对老年群体而言，数字产品的"可及性"较低。数字产品的"可及性"较低，即当前的数字产品仍未能在老年群体中广泛推广。一方面，部分老年群体缺乏能够使用网络的数字化设备。大部分老年群体仍旧使用不能上网的老式手机，尤其在乡村地区，老年群体的智能手机拥有率较低。腾讯研究院对河北省部分老年群体进行调研发现，当下诸多老人独居乡村，老人缺乏网络基础设施，所能够接触到的数字产品也相对较少。其中，河北盐山县庆云镇 68 岁的农民许先生表示至今从未使用过智能手机，"不会用智能手机，也没用过"。③ 而以上情况并非特殊个案，在部分乡村地区是普遍现象。另一方面，当前我国老年群体的"网络接入率"较低。使用网络是获取数字化服务的基础条件。虽然我国的互联网普及率不断上升，但 60 岁及以上的网民人数不足 1.1 亿人，约占全体老年群体的 44%，仅占总网民数额的 11.2%（见图 1）。④ 由此可知，我国当前仍有超半数老年群体未能接入互联网，网络

---

① 本文中提及的数字产品包括智能手机等有形数字产品与以数字普惠金融产品为代表的无形数字产品两类。参见中华人民共和国国家互联网信息办公室官网，http：//www. cac. gov. cn/2021 – 02/03/c_1613923423079314. htm。

② 新浪财经，https：//baijiahao. baidu. com/s?id = 1697006813332145212&wfr = spider&for = pc。

③ 腾讯研究院，https：//baijiahao. baidu. com/s?id = 1674889915818399846&wfr = spider&for = pc。

④ 中华人民共和国国家互联网信息办公室官网，http：//www. cac. gov. cn/2021 – 02/03/c_1613923423079314. htm。

技术仍未在老年群体中广泛普及。老年群体较低的"网络接入率"导致老年群体缺乏获取数字服务的渠道，进而使数字产品难以切实地服务老年群体的日常生活。

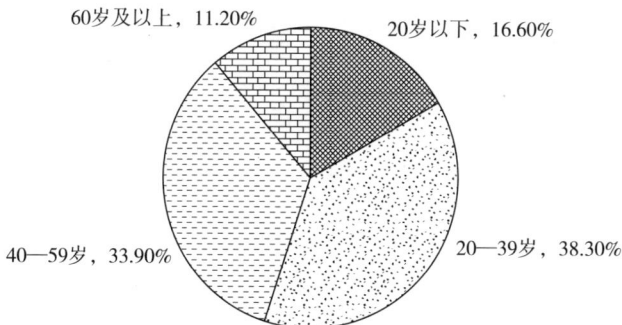

图 1　网民年龄结构

资料来源：中华人民共和国国家互联网信息办公室官网，《第 47 次中国互联网络发展状况统计报告（2021）》，http：//www.cac.gov.cn/2021‐02/03/c_1613923423079314.htm。

第二，对老年群体而言，数字产品的使用难度大。老年人身体机能的衰退深刻影响了老年群体对智能手机等数字产品的使用与学习能力。人民网舆情数据中心与腾讯政务舆情部联合发布了《中老年人上网状况及网络风险调查》，数据显示（见图 2），诸多受访者在使用数字产品时受到"对输入法不熟练""对软件功能不熟悉""身体状况不便于上网""手机功能复杂"等因素的阻碍。[1] 石家庄日报的记者在走访本市社区时了解到，57 岁的张先生虽然拥有智能手机数年，但仍不会使用"微信"和"手机银行"等应用软件。张先生表示，"尝试使用后还是觉得太麻烦，操作方法太复杂"。记者发现大部分老年人对智能手机敬而远之，这主要是因为老年人认为手机功能太复杂，数位受访者提到"不太会操作手机，而且点错一步接下来就不知道怎么办了"。[2] 石家庄"德正社工""恒爱家园社工""乐享社工"等多个社工组织的调研数据显示，这些社工组织所入驻的城市社区中，在 55—65 岁的老年群体

---

① 人民网，http：//yuqing.people.com.cn/n1/2018/0629/c405625‐300968 78.html。
② 搜狐网，https：//www.sohu.com/a/426451319_120667496。

中，能够较为熟练使用智能手机的老年人占比不足两成，大部分老年人不会使用智能手机的其他功能，仅使用简单的接打电话功能。[①] 中央财经大学与 Visa 公司对广东和浙江两省部分 60 岁以上的老年人进行了调研，调研数据显示，60 岁以上老年群体认为手机银行等数字应用程序的使用难度较大，更多的老年人仍然倾向于柜台服务与 ATM 等人工或线下的传统服务方式（见图 3）。[②] 由此可见，当前的老年群体在数字产品的使用上还存在诸多困难，使用数字产品的难度较大。

（%）

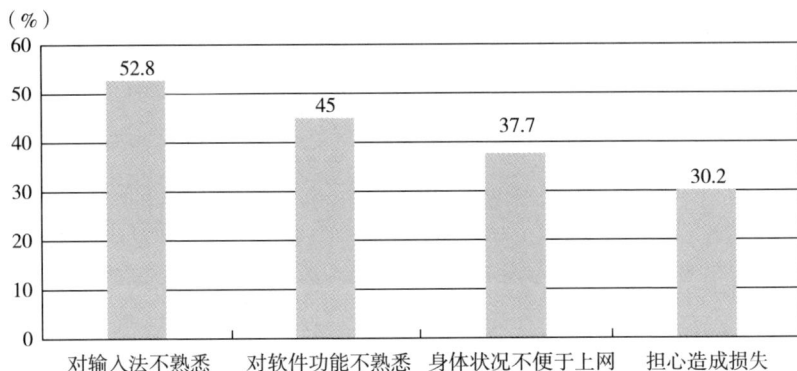

图 2　阻碍老年群体使用数字产品的主要因素（2018）

资料来源：人民网，http：//yuqing. people. com. cn/n1/2018/0629/c405625 – 30096878. html。

第三，对老年群体而言，数字产品的"有效性"不足。以数字普惠金融为例，当前金融机构在服务老年群体时，数字普惠金融产品的"有效性"较低，存在供需不适配与"无效服务"的现象。一方面，市场上的数字普惠金融产品并不契合老年群体的实际需求，存在供需不适配问题。中国人民银行征信中心的统计数据显示，当前老年群体金融信息与交易数据缺失的情况较为严重。[③] 当下各个地区老年群体的信息与

---

① 搜狐网，https：//www. sohu. com/a/426451319_120667496。

② 四九八科技官网，http：//www. 498. net/hyxw/article – 2421. html。

③ 中国人民银行征信中心，http：//www. pbccrc. org. cn/zxzx/zxgk/gywm. shtml。

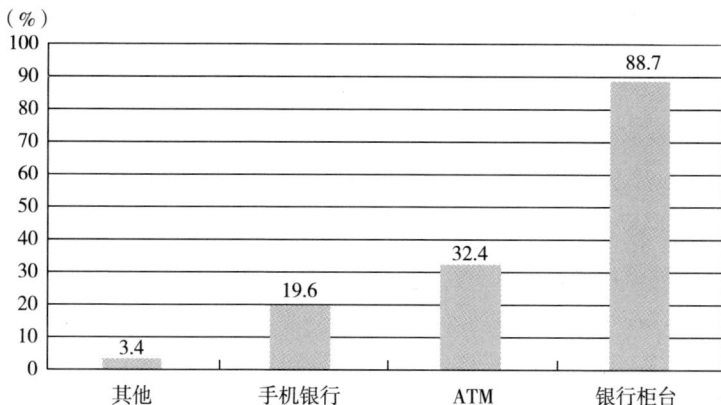

图 3　老年群体对银行业务办理方式偏好

资料来源：Visa 金融 Edu，https：//www.sohu.com/a/430243877_99906081。

数据并非都能及时通过网络汇入线上的金融数据库，导致金融机构未能通过大数据精确分析不同地区与不同经济发展层次的老年群体金融特征。[①] 金融机构对老年群体需求的了解不足，在进行数字普惠金融产品设计时，容易对老年群体的实际需求产生误判，造成所提供的产品或服务偏离老年群体的真实需求，产品质量与实际效用较低，服务的"有效性"不足。另一方面，对部分老年群体而言，数字普惠金融产品并不能有效地服务现实生活，甚至反而可能对其生活带来不便。2019 年 1 月，当 80 岁高龄的严女士来到电信营业厅缴纳话费时，却被告知"暂停现金支付"，必须使用移动支付，严女士未能掌握移动支付的操作方法，当天最终也没能使用现金成功缴纳费用。[②] 以上事例在近年来屡见不鲜。由此可见，当前对老年群体而言，数字产品与数字服务的"有效性"仍然较为不足。

（二）"金融排斥"困境

"金融排斥"是指部分群体由于缺少适宜的途径或方法进入主流金

---

① 中国互联网络信息中心，http：//cnnic.cn/gywm/xwzx/rdxw/202009/t20200929_71255.htm。

② 搜狐网，https：//www.sohu.com/a/289986662_652017。

融体系，受到金融行业的排斥，在获得金融服务方面存在诸多障碍与困难（王志军，2007）。当前我国的老年群体在获取数字普惠金融服务的过程中，面临着金融机构对其的"金融排斥"（朱超、宁恩祺，2017）。本部分从三个具体方面出发，梳理数字普惠金融服务对老年群体存在的"金融排斥"，主要包括"营销排斥""价格排斥"与"自我排斥"。

第一，数字普惠金融行业对老年群体存在"营销排斥"。数字普惠金融服务对老年群体的"营销排斥"是指老年群体往往被排除在相关服务或产品营销目标市场之外。一方面，当前的金融机构不愿意将更多的金融资源用于服务老年群体。相关金融机构往往将有限且优质的金融资源向经济效益更高、运营难度更小与交易成本更低的优等目标群体倾斜。当前能够有效服务老年群体的数字普惠金融产品仍然较少，仅限于基本的储蓄存款产品与人身保险等基础性金融服务。另一方面，老年群体投资保守性强，其风险承受能力和收入水平也相对较低，对资金的安全性与产品稳健性要求高，更倾向于中短期限保本类或低风险的稳健型理财产品。而金融机构则更倾向于将资源用于开发与运营收益更高的金融服务上，这些产品往往未能满足老年群体的低风险需求。由此，老年群体面临着相关金融机构在营销上的排斥。

第二，数字普惠金融行业对老年群体存在"价格排斥"。相关金融机构对老年群体的"价格排斥"指市场上的数字普惠金融服务价格依旧较高，部分老年群体难以承受或不愿意承受。尽管数字普惠金融服务相较其他商业营利性更强的金融服务，已在一定程度上削弱了对老年群体的"价格排斥"，但数字普惠金融服务还存在一定的附加成本。对部分地区的老年群体而言，智能手机等数字设备的购买与相应的联网通信费用的价格仍较为昂贵。部分老年群体当前所配置的通信设备仍无法与当下的数字化网络接轨，然而更换数字设备的成本及其相应产生的网络运营费用超过其愿意承受的范围。可见，老年群体受到部分提供数字普惠金融服务的金融机构的"价格排斥"，且该现象对低收入老年群体更为显著。

第三，老年群体对数字普惠金融服务存在"自我排斥"。"自我排斥"即"主观排斥"，在本文中指老年群体在对数字普惠金融服务有所了解后，认为自身获取金融服务的可能性很小或必要性不高，主动将自身排除在部分金融产品的服务范围之外。人民网记者在山东济南的社区走访时了解到，独居的王老先生由于使用手机银行 App 较为困难，每月儿女汇款或需要办理业务的时候仍需要到线下银行专柜。但王先生本人表示，虽然到线下银行办理业务较为费时费力，但其更害怕由于自身在手机银行中操作失误，给儿女造成麻烦。"还是自己去银行排队踏实"，年迈的王先生也如是说。① 在老年群体对数字普惠金融产品具有显著的"主观排斥"的情况下，提供相关金融服务的供给方自然而然对转向金融需求更多的中青年群体，因此数字普惠金融服务难以切实有效地服务老年群体。

（三）互联网与金融市场中的"安全困境"

当前的老年群体在获取数字普惠金融服务的过程中面临着严重的"安全困境"，受到互联网与金融市场中诸多安全隐患的困扰（田利辉、范乙凡，2018）。老年群体面临着的"安全困境"，主要表现为当前网络平台与金融市场中存在诸多针对老年群体的诈骗与陷阱，以及老年群体的财产安全在信息被泄露后将更容易遭受侵犯。

一方面，针对老年群体的网络诈骗与金融陷阱层出不穷。老年群体由于防范能力较弱且金融素养较低，常常成为不法分子的犯罪实施对象。武汉的应女士所雇用的保姆以拍照为由，采集应女士的人脸影像，通过移动支付中人脸识别的验证方式盗取应女士银行账户中高达 17 万元的存款。② 湖南益阳多家养老机构"爆雷"，涉嫌对老年客户进行了包括金融诈骗在内的多方面的诈骗。老年群体对各式诈骗的防范能力不足，大笔财产被不法分子攫取。③ 近年来，各种理财类与电信类诈骗频频将魔爪伸向老年群体，老年群体在受到侵犯后往往难以追回损失。④ 不法分子利用老年群体的生理与心理弱点骗取老年人的信任，虚构可观的收益回报，或给予其他具有较强诱惑性的利益承诺，进而诱骗老人购

---

① 搜狐网，https：//www.sohu.com/a/413443362_114731。

② 腾讯研究院，https：//baijiahao.baidu.com/s?id = 1674889915818399846&wfr = spider& for = pc。

③ 腾讯网，https：//new.qq.com/omn/20210125/20210125A0FV0F00.html。

④ 手机凤凰网，https：//finance.ifeng.com/c/83DdE0MlZK3。

买其推荐的保险或基金等金融产品，非法攫取财富。互联网平台中也暗含着许多安全隐患，国家互联网金融风险分析技术平台数据显示，目前涉嫌金融欺诈的网络平台有两万多个，涉嫌从事"网络黑产"的人员已逾150万人。① 互联网在提高普惠金融服务覆盖面与信息传播效率的同时，也加速了风险与陷阱的传播，增加了老年群体利益受损的可能性。

另一方面，个人隐私信息在互联网中存在泄露风险，老年群体的隐私信息一旦被泄露，财产安全受侵犯的可能性更高。目前，互联网中存在不少泄露和滥用信息的安全隐患，甚至暗含着一些信息黑市，这些信息黑市能够非法出售个人身份、消费记录等各类信息。然而，相较于触网经验丰富的年轻人，老年群体由于对网络陷阱的识别能力不足，更容易在无意间泄露个人信息。同时，老年群体的隐私信息一旦遭到泄露，更容易落入犯罪分子的陷阱中，使自身财产安全受到侵犯。② 2021年5月，河北省反电信网络诈骗中心的负责人表示，河北省2021年第一季度所破获的网络诈骗案件中，老年群体投资理财被骗案件数同比呈上升趋势，且被骗数额较大。③

综上所述，数字普惠金融在服务老年群体的过程中仍存在诸多限制与困境。一是老年群体面临难以逾越的"数字鸿沟"；二是老年群体面临数字普惠金融行业对其的"金融排斥"；三是老年群体受到互联网与金融市场中的"安全困境"的困扰。

三　数字普惠金融服务老年群体面临困境的主要成因

上文阐述了当前数字普惠金融服务老年群体面临的主要困境，本部分将针对上文所提到的数字普惠金融服务老年群体面临的困境，依次梳理各个困境的主要成因。

---

① 新华网，https：//baijiahao. baidu. com/s?id = 1598701516878791269&wfr = spider&for = pc。

② 搜狐网，https：//www. sohu. com/na/455773905_161795。

③ 法治视界，https：//baijiahao. baidu. com/s?id = 1699954604265749304&wfr = spider&for = pc。

（一）"数字鸿沟"困境的成因

老年群体缺乏对数字产品的功能、作用与操作方法等的理论学习或实践经历，且学习积极性较低。故老年群体购买与使用数字产品的意愿较低，使用数字产品的能力较差且难以得到提高，使数字产品也难以有效地服务老年群体。老年群体缺乏提升数字产品使用能力的学习渠道、学习机会与学习动力，这是造成当前老年群体面临"数字鸿沟"困境的主要原因。

一方面，当前为老年群体提供数字技能教育的人员与渠道较少，老年群体缺乏学习机会。首先，当前为老年群体提供数字技能教育的"家庭反哺"仍不到位，子女往往缺乏足够的时间与耐心指导长辈使用数字化设备。其次，当前为老年人普及数字技能与用网方法的专业服务人员较少，在缺乏技术人员指导的情况下，老年群体学习数字技能的难度极大。最后，虽然当前社会中存在少量的老年大学等教育机构为老年群体提供了相关的教育课程，但面向老年群体开设的数字技能培训课程数量还远难达到普及性水平。大部分老年群体缺乏提升数字技能的教育平台与学习场所，缺少提升数字产品使用能力的学习机会。

另一方面，老年群体对数字产品存在排斥与抵触感，学习动力不足。中央财经大学与 Visa 公司联合开展的调研显示（见图 4），大部分老年群体对使用数字产品存在心理上的偏见与障碍，对数字产品的安全感知较低，不愿意使用甚至抵触数字产品。[1] 大部分老年群体认为学习使用数字产品的必要性不高，且受到视力与记忆力等生理机能衰退的影响，往往容易高估学习使用数字产品的难度，因而缺乏学习的动力与积极性。同时，老年群体在以往学习使用数字产品的过程中，由于培训不当、使用不便或操作烦琐等造成的负面体验，更加增强了对数字产品的排斥感。此外，老年群体仍然更习惯于线下银行网点的人工服务与实体现金消费，对手机银行等数字产品的学习意愿与适应能力较低。因此，老年群体缺乏提升数字产品使用能力的学习机会与学习动力，导致"数字鸿沟"的产生与固化。

---

① Visa 金融 Edu，https：//www.sohu.com/a/430243877_99906081。

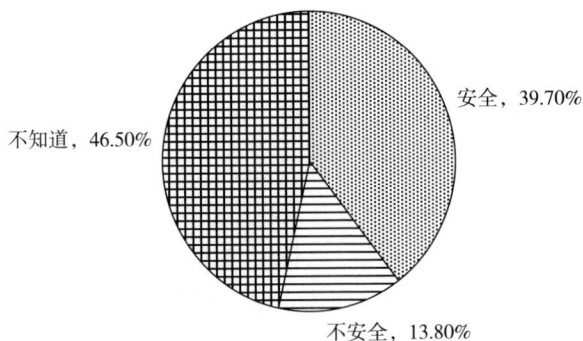

图4　2020年老年群体对数字金融安全性的感知程度

资料来源：Visa 金融 Edu，https：//www.sohu.com/a/430243877_99906081。

（二）"金融排斥"困境的成因

"金融排斥"困境的形成涉及老年群体、金融机构与政府部门三个主体层面。老年群体缺乏金融知识、金融机构缺乏内生动力、金融机构难以获取老年群体信息与政府的政策支持及发展规划不到位，都是造成"金融排斥"困境的主要原因。

第一，老年群体缺少金融知识，对金融产品的了解不足。这是老年群体"金融素养"[①] 不足的重要体现，也是导致数字普惠金融行业对老年群体产生"金融排斥"的主要原因之一。当前的老年群体受其所处成长环境条件的限制，普遍受教育水平较低。多数老年人在对金融产品的条款、机制与文字说明的阅读与理解上存在较大的困难，难以精准地理解服务条款、项目风险与产品收益等各方面的金融信息。此外，当前大部分老年群体所接触的金融产品类别较为单一，对市场上的金融服务了解较少，多数老年群体对金融服务的认知与选择依然仅限于储蓄与人身保险等传统基础业务。老年群体的金融需求难以被深度挖掘，因此，相关金融机构不可避免地对老年群体存在一定程度的"金融排斥"。

第二，金融机构缺乏内生服务动力。服务老年群体的数字普惠金融产品具有成本较高、利润较低且需求较少的特点，盈利空间相对较小，

————————

① "金融素养"是指个体获取、理解相关金融信息以及评估金融风险，并能够自主做出金融决策，同时能理性应对决策结果的能力（Tullio, J. and Mario, P., 2013）。

导致相关金融机构缺乏内生的服务动力。这也是导致数字普惠金融行业对老年群体产生"金融排斥"的主要原因之一。一方面，金融机构服务老年群体的成本更高，净利润相对较低。服务老年群体的数字普惠金融产品交易成本更高，主要包括签约成本、信息成本与履约成本等。同时，由于缺乏信息收集渠道，金融机构获取老年用户的信息数据更加烦琐费时，要投入的资金成本、人力成本与时间成本也更高。此外，服务老年群体的数字普惠金融产品需求较少，具有资金"小额化"的特点，故而整体净收益不高。另一方面，老年群体对数字普惠金融服务的潜在需求难以转化为现实需求。老年群体的金融态度上具有传统性与保守性的特点，更倾向于风险较低与资金稳定的传统金融产品与金融服务，对数字普惠金融服务等新兴业态产品的尝试积极性不高。同时，大部分老年群体的收入相对缩减，更多老年人的理财理念在于财富维稳，在金融服务的选择上倾向于简单的生活服务需要，如健康医疗保险等。金融机构预估资本注入老年市场后难以产生较理想的利润回报，形成较为悲观的思维定式，进而强化了相关金融机构对老年群体的"金融排斥"。

第三，金融机构难以获取老年群体的信息数据。一方面，金融机构获取老年群体信息的渠道有限。老年群体的"网络接入率"低，倾向于现金交易与传统的金融服务，线上数据的留存较少且获取难度较大。当前已有的公共网络数据库与数字要素市场中涉及老年群体的信息数据较少，金融机构难以通过网络渠道收集到老年群体的信息，主要基于线下网点或实地走访等传统方式获取老年客户各方面的信息，数据覆盖面有限并且信息收集的成本较高（郭艳玲，2020）。金融机构缺乏获取老年群体信息的渠道与平台，对老年群体的了解程度不够深刻，难以实现"精准获客"与"靶向营销"，导致金融机构对老年群体产生"金融排斥"。另一方面，金融机构之间缺乏信息共享与交流的平台，金融机构总部难以与基层网点形成高效的信息互联。金融机构总部与基层机构之间的中间层级较多，导致信息难以及时地从基层网点传递到总部，机构总部负责研发的产品设计团队难以精准且有效地了解基层老年群体的需求。因此，数字普惠金融机构总部所掌握的老年群体的信息与数据容易存在"时滞"或偏差，相关产品的服务效用与质量难以得到提高，老年群体未能感受到数字普惠金融产品的实际效用。金融机构未能充分且实时地了解老年群体的金融需求与实际情况，导致所设计的数字普惠金融产品与老年群体实际需求的适配性较低，从而造成老年群体对数字金融服务存在"金融排斥"。

第四，政府对"适老化"数字普惠金融服务发展的政策支持与发展规划仍不到位。数字普惠金融对老年群体的服务仍处于发展初期，需要国家金融政策的协助与扶持。但综观我国各省市近年来出台的有关服务老年群体的普惠金融扶持政策，依旧存在一定程度的政策空白。当前政府对数字普惠金融"适老化"的政策支持还不到位，现有鼓励机制的效力不足且未得有效落实。这导致相关金融机构开发"适老化"数字普惠金融产品的积极性不高，缺乏创新动力。因此，数字普惠金融亦将更优先将金融资源投入国家政策支持力度更大或发展红利更丰厚的产业中，对服务老年群体产生了一定程度的"金融排斥"。

（三）互联网与金融市场中"安全困境"的成因

当前互联网与金融市场中存在诸多陷阱与乱象，各年龄段的消费者都可能遭受诈骗行为的侵犯，但老年群体面临的"安全困境"更加显著且有其特殊成因。本文不再赘述互联网与金融市场中"安全困境"形成的诸多普遍性成因，仅针对老年群体面临更显著的"安全困境"的特殊性成因进行讨论。老年群体甄别与防范网络诈骗与金融陷阱的能力更差，遭受侵犯后的维权能力更弱，导致老年群体更容易遭受不法分子侵害，陷入互联网与金融市场的"安全困境"。

一方面，老年群体甄别与防范网络诈骗与金融陷阱的能力更差。大部分老人难以甄别金融产品的优劣性、缺乏防范意识且对金融陷阱的甄别能力不足，更容易受到不法分子的误导与欺诈。国家金融与发展实验室发布的《金融消费者教育现状与展望》报告表明，老年群体是金融风险识别能力最低的群体之一，是电信诈骗与金融诈骗的高频对象。[①] 老年人的情感关怀需求成为互联网不法分子行骗很好的切入点。当下全国老龄委数据显示，中国老年群体的空巢率处于

---

① 央广网，https://baijiahao.baidu.com/s?id=1612731003240330219&wfr=spider&for=pc。

50%—70%，空巢老人众多。①② 不法分子常常通过对老年群体带有目的性的"关心关爱"与"生活陪伴"，骗取老年群体对其的信任与依赖，让老人逐渐放下戒心，进而实现非法牟利。近年来，诸多诈骗团伙迎合老年群体所需的"尊重感"或在日常生活中爱占小便宜等特征，在初期以较少的利润作为诱饵，成功蛊惑了不少老年人落入金融陷阱中。③

另一方面，老年群体遭受侵犯后的维权能力更弱。大多老年群体在受到侵犯后难以及时有力地进行维权，导致不法分子更容易逃脱受害者的追责，因此老年群体逐渐成为不法分子行骗的主要目标群体之一。从调查数据分析看，大部分老年群体在合法权益受到侵犯后，缺乏维权意识与维权能力，鲜少能够自主采取维权措施。④ 且在采取措施维权的老年人中，成功维权的仅为少数。从不少老年群体受侵犯案例中可知，由于老年人的维权意识薄弱、缺乏法律知识且对维权的渠道和方式了解较少，若非重大利益损失，很多老年人在受到侵害后，存在"花钱买教训"的心态，并未进行有力的维权行动。老年群体受到侵害时未能进行自主维权甚至放弃维权，导致不法行为在老年群体中横行，不法分子较少受到有力惩戒。因此，老年群体成为不法分子的主要牟利对象。

综上所述，"数字鸿沟"困境的主要成因包括老年群体缺乏提升数字产品使用能力的学习机会与学习动力；"金融排斥"困境的主要成因包括老年群体缺乏金融知识、金融机构缺乏内生动力、金融机构难以获取老年群体信息与政府的政策支持及发展规划不到位；老年群体面临更显著的互联网与金融市场中的"安全困境"的主要成因包括老年群体甄别与防范网络诈骗与金融陷阱的能力更差与遭受侵犯后的维权能力更弱。

---

① 新华网，http：//www.xinhuanet.com/politics/2015－11/09/c_128406523.htm。
② 中国产业信息网，https：//www.chyxx.com/industry/202001/829508.html。
③ 搜狐网，https：//www.sohu.com/a/357020111_696153。
④ 搜狐网，https：//www.sohu.com/a/282859142_120047496。

四 促进数字普惠金融服务老年群体的对策建议

基于上文梳理的数字普惠金融服务老年群体面临困境的成因，本节按照从宏观到微观的次序，从政府部门与金融机构两个角度给出促进数字普惠金融服务老年群体的对策建议。

（一）政府应引导老年教育事业的发展，提升老年群体自身素质

老年群体的自身素质的不足是上文所提及的三个困境的关键成因，而提高老年群体的素质是打破困境的关键所在。政府应充分发挥引导作用，统筹社会力量，为老年群体提供公共教育服务，提升老年群体自身素质，从根本上打破老年群体面临的"数字鸿沟"困境、"金融排斥"困境与"安全困境"。政府应聚焦理论教育与实践两方面，协同社会各界合力提升老年群体使用数字产品的能力与"金融素养"。

一方面，从理论教育层面看，政府应引导社会力量为老年群体提供更多金融与数字方面的理论教育。其一，政府应制定出台面向老年群体的数字普惠金融知识教育方案，并发行相关金融教育手册。通过金融知识手册的发行与推广，教育老年人在面对信息泄露、身份盗用与金融陷阱等重点问题时应如何进行防范。其二，政府应鼓励各社会组织与金融机构等构建线上与线下的教育服务平台，以实体、网络渠道并行的方式为老年群体提供金融教育。政府部门与金融机构应充分利用数字普惠金融领域的专业人员和宣传平台，并采取更加通俗易懂的方式与生动有趣的内容形式向老年人普及数字金融知识。其三，政府老龄办应与开设老年教育的社会机构（如老年大学、养老院等）加强合作，组织更多针对老年群体在数字技能与金融知识领域的扫盲活动。有关部门通过对老年群体开设专项课程，不断提升老年群体对诈骗陷阱的防范意识与甄别能力。教育机构应指导老年群体以何种方式、在何时何地、向何人和通过何种渠道寻求专业可靠的金融理财建议，使老年群体学会投诉维权或寻求补救措施的方法，并使老年群体懂得在财产安全受到威胁或侵犯时

如何合理且有力地反击。①

另一方面，从实践教育层面看，政府应协同社会各方，协助老年群体参与数字普惠金融实践，从而提升老年群体的数字产品使用能力与金融素养。家庭成员的帮助与支持是推动老年群体能够参与金融实践的最主要动力之一。政府应鼓励有能力的家庭成员主动为老年长辈提供金融与数字方面的"知识反哺"与技术协助，推动老年群体积极体验数字普惠金融服务。除此之外，政府老龄办应与金融机构合作，配备更多协助老年群体参与数字普惠金融实践的专项业务人员（赵周华、张春璐，2020）。公共部门应与金融机构合力，整合街道居委会或社区组织服务人员与金融机构内部业务人员的力量，协助老年群体体验数字普惠金融服务，提升老人对数字普惠金融产品的信任度与安全感并培养老年群体的数字产品使用能力与金融素养。

（二）政府应加强对金融机构与老年群体的政策支持与鼓励

政府应通过政策支持为数字普惠金融服务老年群体的创新发展注入动力，同时鼓励老年群体积极接纳数字普惠金融服务，进而缓解"金融排斥"困境。政府应给予金融机构更有力且更长效的政策支持，并鼓励老年群体积极尝试数字普惠金融服务。目前政府政策支持的不足主要表现在两方面：一是支持力度不足；二是鼓励政策的吸引力与有效性不够。政府部门应针对这两个问题做出相应的调整与改进，通过有效的鼓励政策推动数字普惠金融服务老年群体的发展。

一方面，政府应该给予金融机构更有力与长效的政策支持与激励，鼓励更多金融机构为老年群体提供更高质量的数字普惠金融服务。政府应大力鼓励支持金融机构开发创新产品。各级政府可给予适量财政补贴以鼓励创新，适当减少相关政策限制，并简化创新项目的审批程序。同时，各地政府可对当地金融机构进行定期考评，建立相应的考评机制，设立与"数字普惠金融服务老年群体"相关的专项评级。对于表现优异、风评较好且服务质量高的金融机构给予相应的资金补贴、税收减免或其他政策优惠等实质性鼓励。

---

① 新华网，http://www.xinhuanet.com/tech/2020－12/22/c_1126889943.htm。

　　另一方面，政府应该重视对老年群体的鼓励，为积极接纳数字普惠金融服务的老年人提供实质性鼓励。当前部分老年群体在使用数字设备上积极性较低，政府可采用实质性的物质奖励来鼓励更多的老年群体主动步入数字金融时代。老年群体大多较为节俭，重视商品的优惠性。政府可以为一定年龄以上的老年群体定期发放线上消费券，为使用数字支付的老人提供额外的消费补贴。同时，政府可连接社会力量，发展更多的"益老服务"商家，为愿意使用数字支付的老年群体提供不同程度的商品优惠。政府应当给予充分物质鼓励，使老年群体切实感受到数字普惠金融的福利性。

（三）金融机构需要提高相关数字产品的"有效适老化"水平

　　当前已有众多数字普惠金融行业的金融机构推出了"适老化"的数字应用，但其中的"适老化"设计仍难以满足老年人的需求，出现了"无效适老化"问题。因此，数字普惠金融服务的供给方应督促相关"适老化"产品的设计人员加强对老年人特点的深入了解，使"适老化"服务真正做到适合老年群体的需求，进而切实缓解"数字鸿沟"与老年群体对数字普惠金融产品的主观排斥。

　　第一，金融机构应改善数字普惠金融产品的推广形式。服务老年群体时，金融机构应"投其所好"，通过老年群体更加喜闻乐见的方式推广服务与产品，激发老人参与金融活动的兴趣与积极性。例如，金融机构可在其官方公众号或官网上推广通俗易懂、生动有趣的普识宣传视频，在线下开展趣味性宣传活动，配以一定的奖品奖励。例如，兴业银行在其公众号推文中便配置了面向老年群体的"普识小视频"，以视频的形式来呈现推文内容。[①] 金融机构应采用更有效的宣传方式，使老年人能够更直观且更准确地了解产品与服务的具体内容。此外，《老年人数字生活报告（2020）》和《老年网络消费发展报告》等指出，老年群体的"触网率"不断提高，更多的老年群体开始接触线上购物，并形

---

　　① 腾讯视频，https：//v. qq. com/x/page/k0137npmvgc. html。

成了固定的网络消费习惯。①② 在得到安全保障的条件下，金融机构可借助各大活跃度高、受老年群体喜爱的网络平台推广数字普惠金融服务，进而缓解老年群体对相关服务与产品的"主观排斥"。

第二，金融机构的数字程序研发团队应着重关注"适老化"产品的细节设计。其一，研发人员应进一步优化数字应用页面的视觉细节设计。数字应用页面设计上阻碍老年人使用数字科技的并非仅有字体大小问题，还有间隔和颜色反差等诸多细节问题，这些容易引起视觉和理解障碍的因素都有可能降低老年群体的使用体验感。DesignCrowd 的官网展示了诸多常见的"适老化"视觉设计失误，页面文字设计是视觉设计中最重要的部分，不恰当的字体、间隔和颜色反差都将影响老年人的信息获得难度与信息处理速度。③ 其二，服务老年群体的数字应用设计应该足够直观。数字应用程序的设计团队并非简单地通过简化页面便能够降低老年群体的操作难度，应该注意在按键设计上具有明确的指示性，使老年人能够直观地理解每个按键的功能与内容。其三，设计团队应重视页面内容的合理安排，避免过于集中的信息呈现。冗杂密集的页面设计会使老年用户应接不暇，造成过重的认知负荷。众多数字普惠金融服务的数字应用需要用户输入信息并填写表格等，并常常向用户推送相关条款须知，其中不乏页面信息冗长且操作过多的现象。一些不恰当的设计极易引起老年用户的记忆错乱，从而干扰操作。过多的信息集中在同一个页面会使老年用户产生不耐烦与焦虑感，且很可能增加其放弃使用的概率与操作失误率。诸如此类，金融机构应通过不断优化数字产品的细节设计，切实降低老年群体使用数字产品的难度。依照 IT/IS 技术服务老年群体的作用机制模型，金融机构开发服务老年群体的应用软件时，应着重关注匹配性、易用性、好用性与安全性四个特点，而达成以上四个特征则必须对数字产品进行精简化处理（刘勃勃、刘方，2009）。该作用机制模型的具体内容如图 5 所示。

---

① 广州日报官网，https：//www. gzdaily. cn/amucsite/web/index. html#/detail/1437117。

② 新华网，http：//www. xinhuanet. com/tech/2020 – 10/23/c_1126649338. htm。

③ DesignCrowd 官网，https：//www. designcrowd. com/。

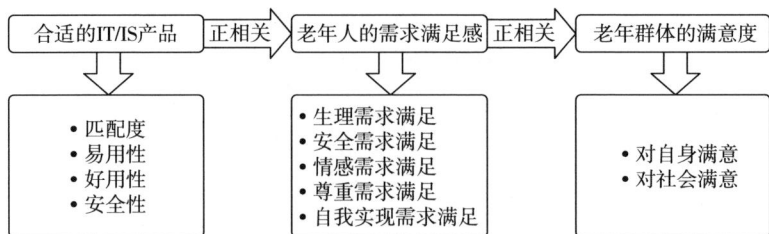

图5　IT/IS提高老年人满足感的作用机制模型

资料来源：《老年人信息需求模型的构建与应用》，http：//jl23i. cn/r2b0o。

第三，金融机构应对服务老年群体的数字应用进行"精简化"处理与整合。金融机构在针对老年群体设计应用时，应注重金融应用各方面的精简化，不仅要简化应用界面和删减应用功能与内容，还应避免由于各数字应用程序的功能与服务不同，使老年群体需下载大量不同的数字应用程序，造成使用上的不便。金融机构应整合零碎化的应用软件，以小程序形式汇聚至微信与支付宝等少数头部平台，减少老年群体烦琐的应用下载。例如，当前众多数字产品无须用户下载其他软件，通过增设"微信小程序"，各类数字应用程序能够在统一的平台或软件中打开即用，使老年群体能够更简易便捷地获得多样化的数字服务。

（四）金融机构应以渐进式与层级式的方式向老人推广数字普惠金融服务

"渐进式"指金融机构向老年群体推广数字普惠金融服务时，不可操之过急，罔顾老年群体的适应速度，应保持循序渐进，在老年群体能够接受的节奏下推广，给老年人足够的接受与适应时间。"层级式"指根据老年群体内部不同群体的差异化特征，进行不同力度、不同侧重与不同方式的推广。这两种方式能够让金融机构逐步破除对老年群体的"营销排斥"；同时，也能够使数字普惠金融服务更容易深入老年群体，降低老年群体对数字普惠金融产品的"主观排斥"。

一方面，金融机构需要加强对不同地区老年群体的数字素养与金融素养特征的调研。对老年群体特征信息的了解与收集是金融机构制定"渐进式"与"层级式"产品推广方案的基础。如图6所示，老年群体的文化水平参差不齐，相应地，在数字产品的使用能力、金融素养与收入水平上也有所差异。与此同时，由于发展水平的差异，各个地区的数字产品普及率与老年人口的金融素养水平也不相同。因此，金融机构应对老年群体进行更深度且细致的划分——将老年群体划分为"低、中、高龄""城市与乡村"或"高净值与低净值"等不同群体。数字普惠金融服务老年群体在不同地区所面临的主要问题有所差异，在部分地区金融机构需要首先解决老年群体与中青年群体之间横亘的"数字门槛"；而在部分数字设备普及率较高且社会经济发展水平较高的地区，老年群体的数字应用技能水平较高，金融机构则可以更加侧重于提高老年群体的金融素养与金融参与主动性。

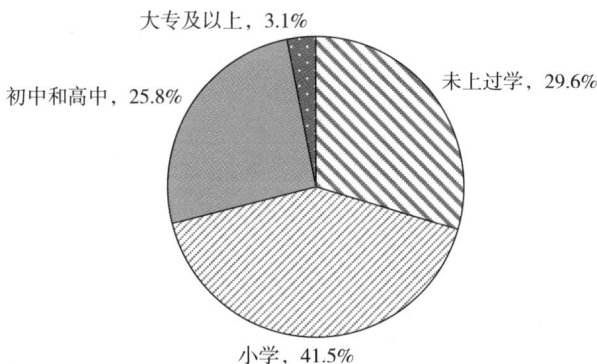

图6 全国老年人口文化程度

资料来源：《老龄蓝皮书：中国城乡老年人生活状况调查报告（2018）》，https：//www. ssap. com. cn/c/2018－05－17/1068009. shtml。

另一方面，金融机构应该为不同的老年群体定制差异化的产品推广战略。如图7所示，刘勍勍和刘方（2009）根据马斯洛需求层次理论，将老年人对金融服务的需求归纳为五个层次。根据以上需求层次理论，本文向金融机构提出以下对策建议：金融服务的研发团队需要在充分了解所在地区的老年群体信息后，针对性地进一步制定更加具体化和精细化的产品推广方案。第一，在数字水平与经济水平较落后的地区，首先加强线下的培训推广，通过社区网络或村镇组织提高老年群体的数字普及率与应用水平，鼓励老年群体接触线上服务；其次，金融机构应向该部分收入水平较低的老年群体推广价格较低且较为基础的医疗保险等保障性金融服务。第二，在经济较发达且数字化水平较高的地区，金融机构则可以将宣传与推广重心放在线上的网络媒体。发达地区的老年群体具有一定的财富积累与更高的金融素养，金融机构可进行更多样化的普惠金融产品研发与推广，以满足老年群体更高层次的金融需求。

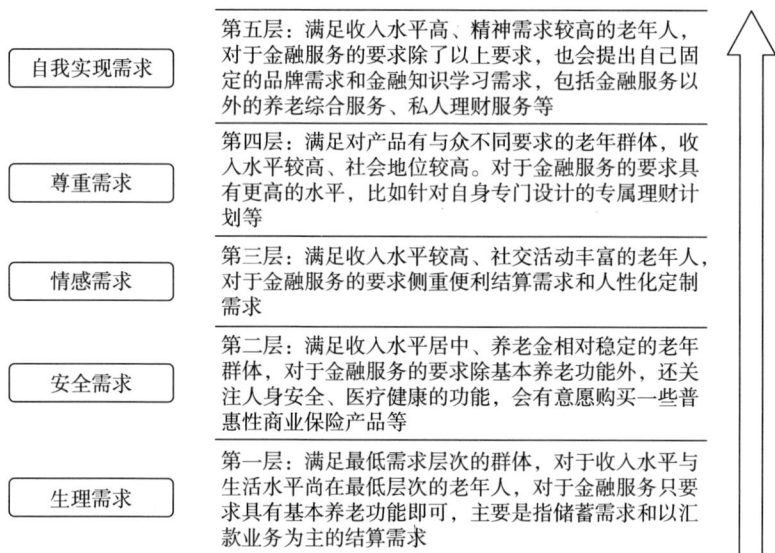

自我实现需求	第五层：满足收入水平高、精神需求较高的老年人，对于金融服务的要求除了以上要求，也会提出自己固定的品牌需求和金融知识学习需求，包括金融服务以外的养老综合服务、私人理财服务等
尊重需求	第四层：满足对产品有与众不同要求的老年群体，收入水平较高、社会地位较高。对于金融服务的要求具有更高的水平，比如针对自身专门设计的专属理财计划等
情感需求	第三层：满足收入水平较高、社交活动丰富的老年人，对于金融服务的要求侧重便利结算需求和人性化定制需求
安全需求	第二层：满足收入水平居中、养老金相对稳定的老年群体，对于金融服务的要求除基本养老功能外，还关注人身安全、医疗健康的功能，会有意愿购买一些普惠性商业保险产品等
生理需求	第一层：满足最低需求层次的群体，对于收入水平与生活水平尚在最低层次的老年人，对于金融服务只要求具有基本养老功能即可，主要是指储蓄需求和以汇款业务为主的结算需求

图7　老年群体对于金融服务的五个需求层次

资料来源：笔者根据公开资料整理。

（五）头部金融机构应增强引领与统筹作用，推动全行业整体水平的提升

数字普惠金融行业的头部金融机构应充分发挥引领与统筹作用，推动行业整体水平的提升，方能实现服务水平的质变性飞跃。头部金融机构应通过加强行业内的信息共享与业内信息资源的整合，降低各金融机构获取老年群体信息的难度和成本；同时，应主动分享发展经验，引领数字普惠金融的服务水平与产品质量不断提升，进而不断改善当前的"金融排斥"问题。

一方面，头部金融机构应主动分享先进经验，积极推动行业内部发展经验交流。若要使数字普惠金融服务老年群体的水平能够得到切实提高，必然需要全行业、各企业的共同进步。《中国老年人金融服务发展报告（2020）》所展示的"中国金融亲老品牌100强"评选活动中，招商银行、工商银行、支付宝、邮储银行与中国平安以较高水平的"亲老能力"脱颖而出，分别位列前五。[①] 相关头部金融机构应该充分发挥领航作用，积极进行先进经验分享，构建更多的经验交流平台与联动论坛，不断优化数字普惠金融服务老年群体的发展思路，不断优化发展路径与实践方案。行业内应形成相关论坛或组织，定期定时开展"适老化"主题的金融服务论坛与交流会。头部金融机构应发挥引领作用，组织相关企业共享具有创新性与可行性的发展方案，传递成功案例的实践经验，不断提高"适老化"服务的水平与质量。进而改善老年群体对数字普惠金融产品的使用体验，降低老年群体对其的"主观排斥"。

另一方面，头部金融机构应充分发挥资源优势，推动行业内加强信息共享与项目合作。面对我国广大老年群体的大体量与多样化需求，仅仅依靠少数头部金融机构资源是远远不足的。行业内应组织形成一个专项交流体系，加强对各个区域与各个层次的金融机构与企业的资源整合，完善对老年市场的群体画像与实况评估。头部金融机构具有较雄厚的经济实力与金融资源储备，在适老化数字普惠金融服务的整体框架建设上已较为成熟。但也必须进一步精确了解各地区或各层次不同的老年群体的具体金融需求信息，才能真正提供优质的数字普惠金融服务方案。地方金融机构往往掌握着更加精准的区域老年群体的金融需求信息，头部金融机构与地方金融机构应加强合作，更精确地了解各个区域的老年群体需求，并针对差异化的需求提供更周密且多样化的金融服务。

综上所述，突破数字普惠金融服务老年群体的瓶颈，需要政府部门与金融机构形成合力。政府应引导老年教育事业的发展，并加强对金融机构的政策支持；金融机构应采取更合适的推广战略，为老年群体提供

---

① 零壹智库：《中国老年人金融服务发展报告（2020）》，https://www.01caijing.com/article/262877.htm。

更加"有效适老化"的数字普惠金融产品，并增强头部金融机构的引领与统筹作用，进而提升数字普惠金融行业在服务老年群体方面的整体水平。各个主体应加强协调配合，为数字普惠金融服务老年群体提供更良好的市场环境与社会氛围。

五 数字普惠金融服务老年群体的困境对我国数字普惠金融服务"长尾人群"的启示

当前我国的数字普惠金融正处于不断发展的阶段，并取得了一定发展成果。前文梳理了数字普惠金融服务老年群体的具体表现，分析了其当前面临的困境及其主要成因。本节将阐述数字普惠金融服务老年群体的发展为我国未来数字普惠金融服务"长尾人群"[①]带来的启示。

启示1：金融机构需要"因材施策"和"因地制宜"，根据"长尾人群"差异化的需求提供多样化服务。金融机构应更深入了解不同地区"长尾人群"的实际情况与困境，并且"因地制宜"地设计差异化的数字普惠金融产品与服务发展方案。虽然"长尾人群"往往存在经济收入水平、数字技能水平与金融素养水平较低等共同特征，但不同地区的"长尾人群"的数字化水平与经济发展情况存在较大差异，经济收入、金融基础服务设施与数字设施普及率等发展水平参差不齐，在获取数字普惠金融的过程中面临的困境也有所不同。因此，金融机构需要做到"因材施策"与"因地制宜"，在为不同地区的"长尾人群"设计数字普惠金融产品时，应基于不同地区"长尾人群"的具体情况，有针对性地提供多样化的数字普惠金融服务。金融机构应对各类别长尾用户进行精准画像，更深入细致地了解客户需求，根据客户的实际需求及其需求的动态变化不断改进与创新数字普惠金融服务。同时，金融机构应不断优化相关产品的内容与细节，为"长尾人群"提供质量更高、更多样化且更契合其实际需求的数字普惠金融服务。

---

① 长尾人群："长尾"一词是对 Chris Anderson（2004）提出的"长尾理论"中"长尾"含义的沿用。"长尾理论"是互联网时代背景下兴起的一种新理论，金融市场中的长尾人群指的是以老年群体与农民群体等为代表的收入水平、金融素养与金融需求都较低的弱势群体（邵腾伟、吕秀梅，2017）。

启示2：金融机构应推动数字普惠金融服务与新兴业态融合发展。以"人工智能＋数字普惠金融"模式为例，金融机构将人工智能技术融入数字普惠金融服务中，能够推动数字普惠金融的转型升级。人工智能技术的引入成为数字普惠金融发展中一个富有新意且可行性高的新发展角度，"人工智能＋"能够推动数字普惠金融服务更好地深入"长尾人群"的生活场景。人工智能技术能够降低用户操作数字设备的难度，为部分"长尾人群"缓解一定的应用障碍与使用困扰。例如，生物识别等身份自动验证技术的引入，可在一定程度上降低老年群体与农民群体等使用数字产品的难度，并在用户参与金融活动时辅助其理解产品细则并及时进行风险提示。此外，数字普惠金融机构可推动"数字普惠金融＋生活服务"模式发展，将数字普惠金融服务与智慧养老、智慧农业、智慧医疗、智慧出行与智慧社区等新兴服务行业进行融合。由此，数字普惠金融服务能够更深度地融入现代生活，围绕生活场景开发更多样化的数字普惠金融产品，不断提升数字普惠金融服务的业务覆盖率、普及率与实用性。

启示3：金融机构需要提高自主创新能力，并不断优化创新成果。其一，金融机构需要提高自主创新能力。金融机构应利用大数据与各种方式的数据调研，多管齐下，更精准地了解与挖掘"长尾人群"的金融需求。相关金融机构应引入更多的创新人才与技术团队，与数字企业或高校等人才基地加强合作，不断提高自主创新能力。其二，金融机构应重视对创新成果的成效跟进与宣传推广。金融机构应加强对创新成果的"跟踪问效"，根据实际收效情况不断对服务进行调整与改进，并明确更长期的发展规划；同时应加强对数字普惠金融创新产品的推广，提升群众尝试数字金融产品的意愿与自主参与能力，切实提高数字普惠金融服务的"普惠性"。其三，金融机构应根据社会需求不断优化服务，兼顾数字普惠金融的"包容性"与"创新性"。金融机构应着眼于更大范围的客户群体，关注弱势群体及"长尾客户"的需求，并逐步完善相关服务，进而提高创新产品的时效性与普惠性，真正使创新成果服务于广大人民群众。

启示4：政府应发挥引导作用，促进各主体协同合作，推动面向"长尾人群"的数字普惠金融服务不断发展。政府应引导监管机构与社会组织等通力合作，为服务"长尾人群"的数字普惠金融发展而共同努力，并由此进一步挖掘数字普惠金融行业中长尾市场的发展潜力。一方面，政府应引导监管机构顺应市场动态与发展需要，采取适宜的监管策略。监管机构除了维持市场公平秩序与金融体系稳定外，还应立足当前发展机遇期的发展需要，采取具有灵活性且较为包容的监管政策，为金融机构预留充分的创新发展空间。另一方面，政府应动员与引导各社会组织与新闻媒体对相关服务进行宣传推广。社会组织与地方传媒机构在广大群众中有着较强的社会影响力与较深度的渗透能力，能够切实拉近数字普惠金融服务与"长尾人群"的距离。政府可以动员社会组织与社区居委会等创办线上或线下的社群网络，采用更近距离的方式进行更有效的金融指导，提升"长尾人群"尝试数字金融产品的意愿与自主参与能力，使更多的"长尾人群"能够享受数字普惠金融服务的发展红利。

　　总而言之，随着老龄化趋势的不断增强，数字普惠金融行业应该不断优化对老年群体的服务，才能更好地适应即将到来的"老龄化"浪潮。本文分析了当前数字普惠金融服务老年群体所面临的主要困境及其成因，针对困境及其成因提出了一些对策建议，并进一步从中获得了数字普惠金融服务老年群体的困境对我国未来数字普惠金融服务"长尾人群"的一些启示。金融机构与政府部门需协同合作，着眼于社会需求与发展时弊，不断优化数字普惠金融的发展路径，合力推动数字普惠金融体系的更新与完善。

参考文献

郭艳玲：《人口老龄化对普惠金融发展的影响研究》，《金融发展研究》2020 年第 6 期。

黄晨熹：《老年数字鸿沟的现状、挑战及对策》，《人民论坛》2020年第 29 期。

刘勍勍、刘方：《老年人信息需求模型的构建与应用》，《管理评论》2009 年第 21 期。

邵腾伟、吕秀梅：《新常态下我国互联网消费金融的表现、作用与前景》，《西部论坛》2017 年第 27 期。

田利辉、范乙凡：《互联网金融的普惠特征与规范发展》，《中国高校社会科学》2018 年第 3 期。

王斌、蔡宏波：《数字内容产业的内涵、界定及其国际比较》，《财贸经济》2010 年第 2 期。

王志军：《金融排斥英国的经验》，《世界经济研究》2007 年第 2 期。

赵娜、邝木子：《新媒体时代老年人数字融入机制研究》，《传媒》2018 年第 22 期。

赵周华、张春璐：《老龄化与养老普惠金融：国际经验、中国实践及对策建议》，《征信》2020 年第 38 期。

朱超、宁恩祺：《金融发达地区是否存在金融排斥？——来自北京市老年人口的证据》，《国际金融研究》2017 年第 4 期。

Tullio, J. and Mario, P., "Investment in Financial Literacy and Saving Decisions", *Journal of Banking and Finance*, 2013, 37 (8): 2779 – 2792.

保险经纪公司服务小微企业的
主要困境与对策建议

曾　燕　罗芷雅　杨佳慧

摘要 本文阐述了我国保险经纪公司服务小微企业面临的主要困境，并对保险经纪公司服务小微企业提出了对策建议。第一，介绍了我国保险经纪公司服务小微企业的现状。第二，阐述了我国传统保险经纪公司与互联网保险经纪公司服务小微企业面临的主要困境。第三，从宏观、中观与微观的角度分析了我国保险经纪公司服务小微企业的影响因素。第四，提出了促进保险经纪公司服务小微企业的对策建议，包括推进征信体系建设与数据共享、搭建保险经纪人才培养体系、提升数字技术运用水平、推进产品和服务创新与加强保险知识的宣传教育。第五，总结了保险经纪公司服务小微企业对我国保险业支持小微企业发展的启示。

近年来，我国保险经纪公司蓬勃发展，服务小微企业的能力不断增强。2020年新冠肺炎疫情期间，大部分小微企业的生产经营受到巨大冲击，甚至陷入停滞状态。我国保险经纪公司积极响应国家政策，与保险公司合作推出疫情责任团体保险与营业中断险等保险产品，覆盖了企业复工复产期间因新冠病毒而造成的员工伤亡、营业中断等风险，为小微企业复工复产减轻压力。①

然而，目前我国保险经纪公司服务小微企业仍面临诸多困境。例

---

① 凤凰网，http://baby.ifeng.com/c/7wJP583GTWO。

如，部分传统保险经纪公司的信息系统建设不规范，在经营管理中无法实现数据的互联互通，这对其更好地服务小微企业产生了负面影响。[1] 因此，2021 年银保监会[2]颁布《保险中介机构信息化工作监管办法》，要求包含保险经纪公司在内的各保险中介机构与保险公司实现信息和数据的对接，提高自身服务水平。[3] 同时，传统保险经纪公司服务小微企业也受到人才短缺与数字技术运用水平低的制约。除此之外，互联网保险经纪公司虽然通过业务流程线上化提高了为小微企业服务的效率，但线下服务体系不健全，严重影响其服务质量。2020 年，国内才出现首个招募线下经纪人的互联网保险经纪公司——水滴保险经纪有限公司。[4] 银保监会在《互联网保险业务监管办法》培训会议上指出，部分互联网保险中介机构线下服务薄弱，整体服务能力有待提升。[5]

本文将梳理我国保险经纪公司服务小微企业的困境，给出一些保险经纪公司服务小微企业的对策建议，并进一步总结保险经纪公司服务小微企业对我国保险业支持小微企业发展的启示。本文结构安排如下：第一节梳理我国保险经纪公司服务小微企业的现状；第二节阐述保险经纪公司服务小微企业所面临的主要困境；第三节分析保险经纪公司服务小微企业的影响因素；第四节提出一些促进保险经纪公司服务小微企业的对策建议；第五节总结保险经纪公司服务小微企业对我国保险业支持小微企业发展的启示。

一　保险经纪公司服务小微企业的现状

保险经纪公司基于投保人的利益，协助投保人与保险公司订立保险合同，为投保人提供采购保险产品、办理投保手续与协助理赔等中介服务，是连接投保人与保险公司的桥梁。[6] 此外，保险经纪公司还能为投

---

[1] 和讯网，http://insurance.hexun.com/2020-12-06/202563911.html。
[2] 本文银保监会均指中国银行保险监督管理委员会。
[3] 中国政府网，http://www.gov.cn/zhengce/zhengceku/2021-01/13/content_5579627.htm。
[4] 搜狐网，https://www.sohu.com/a/384265024_485557。
[5] 中国保险网，http://www.china-insurance.com/hyx/20210506/56480.html。
[6] 中国政府网，http://www.gov.cn/gongbao/content/2018/content_5288836.htm。

保人提供风险管理咨询服务，履行风险管理职能。本文依据展业方式，将保险经纪公司划分为传统保险经纪公司与互联网保险经纪公司两类，其分类、特点与代表企业如表 1 所示。

表 1　　　　　　　　　保险经纪公司分类、特点与代表企业

分类	特点	代表企业
传统保险经纪公司	1. 成立时间早。 2. 主要依靠分公司等分支机构开展线下服务	永达理保险经纪有限公司、英大长安保险经纪有限公司、江泰保险经纪股份有限公司
互联网保险经纪公司	1. 成立时间晚。 2. 主要依靠互联网平台开展线上服务	慧择保险经纪有限公司、同昌保险经纪股份有限公司、① 中策保险经纪有限公司②

资料来源：笔者根据公开资料整理。

　　2000 年我国保险经纪公司正式起步，截至 2020 年 12 月 31 日，其数量已达到 496 家，③ 总体保费收入超过 1384.32 亿元。④ 在 20 年的发展历程中，我国保险经纪公司具备了服务小微企业的能力，并不断创新保险产品和服务，提升了服务质量。下文将分别梳理我国传统保险经纪公司与互联网保险经纪公司服务小微企业的现状。

(一) 传统保险经纪公司服务小微企业的现状

　　第一，传统保险经纪公司积极参与保险产品创新，⑤ 与政府、保险

---

　　①　同昌保险经纪股份有限公司与北京量子保科技有限公司合作，通过名为量子保的互联网保险经纪平台开展互联网保险业务，因此下以"量子保"简称。

　　②　中策保险经纪有限公司旗下的互联网保险经纪平台名为保准牛，因此下以"保准牛"简称。

　　③　银保监会，http://www.cbirc.gov.cn/cn/view/pages/govermentDetail.html? docId = 970962&itemId = 863&generaltype = 1。

　　④　搜狐网，https://m.sohu.com/a/438520269_99960542。

　　⑤　根据银保监会 2013 年发布的《中国保监会关于进一步发挥保险经纪公司促进保险创新作用的意见》，保险经纪公司不能自主开发保险产品，但可以与保险公司合作积极推进并参与保险产品的开发。参见中国政府网，http://www.gov.cn/zhuanti/2013 - 03 - 01/content_2604331.htm。

公司和银行合作开发信用保险与保证保险，缓解小微企业的资金压力。小微企业资金规模小且信用等级低，普遍面临较为严重的资金短缺问题。2015年，银保监会发布《关于大力发展信用保证保险服务和支持小微企业的指导意见》，[①] 鼓励保险机构创新保险产品，解决小微企业资金需求。传统保险经纪公司积极响应政策号召，与政府、保险公司和银行合作开发了信用保险与保证保险，助力破解小微企业的融资难题，减轻小微企业资金压力。例如，融超保险经纪有限公司与山东省人民政府、济南农商银行和保险公司共同开展"政银保"贷款保证保险业务，[②] 拓展了小微企业的融资渠道。英大长安保险经纪有限公司（以下简称"英大长安公司"）在国家电网的支持下，推出了投标保证保险和售电履约保证保险等产品，以低额保费代替各类大额保证金，减少小微企业的资金占用。[③] 以投标有效期90天的工程项目为例，投标企业只要投入50元购买投标保证保险，就无须缴纳原本金额为1万元的投标保证金。[④] 截至2020年11月底，英大长安公司共服务了1.9万个供应商，累计成交16万笔，释放了217亿元的保证金。[⑤]

第二，传统保险经纪公司为小微企业提供保险经纪服务，通过设计保险方案与提供保险服务为小微企业分散经营风险并降低投保成本。小微企业面临生产风险、法律风险与自然灾害风险等多种经营风险，且对外部环境依赖性强，生产经营极易受市场波动影响，风险承受能力较弱（孙玉栋、孟凡达，2016）。传统保险经纪公司发挥自身专业优势，根据小微企业的风险状况为其挑选保险产品和定制保障方案，帮助小微企业识别、化解与防范经营风险。目前传统保险经纪公司的业务主要涵盖企业财产险、团体意外险、雇主责任险与团体健康险等基本险种，还涉

---

① 中国政府网，http：//www.gov.cn/gongbao/content/2015/content_2868886.htm。

② "政银保"贷款保证保险业务通过政府、银行与保险机构共同努力，为小微企业提供融资增信服务并拓宽其融资渠道。在山东省开展的"政银保"业务中，小微企业提出申请后，保险经纪公司将对小微企业进行保前尽职调查并给出承保意见，保险公司选择符合条件的小微企业予以承保，此后银行将为小微企业放款，而政府则为保险公司与银行提供财政补贴。参见济南农商银行历下支行，https：//mp.weixin.qq.com/s/OffvJ8LbqOf2wi6wgmaYyA。

③ 中国保险网，http：//xw.sinoins.com/2020-11/13/content_370704.htm。

④ 中国银行保险报，http：//xw.sinoins.com/2019-01/30/content_282616.htm。

⑤ 和讯网，http：//insurance.hexun.com/2021-01-05/202761338.html？from=rss。

及部分针对特定行业的特殊险种。例如，江泰保险经纪股份有限公司（以下简称"江泰公司"）与多家保险公司合作，针对旅游业开展了旅行社责任保险统保项目，帮助小微旅行社化解旅客人身伤亡、旅程延误与财产损失等经营风险。[1] 此外，小微企业缺乏专业风险管理人才，对办理保险业务的流程手续缺乏了解。作为投保人利益的代表，传统保险经纪公司协助小微企业与保险公司议价、办理投保手续并跟进理赔流程，帮助小微企业减少保费支出并节省时间与精力，有效降低小微企业的投保成本。

第三，部分传统保险经纪公司为小微企业提供风险管理咨询服务，通过风险评估与风险管理帮助小微企业健康成长。目前已有部分传统保险经纪公司推出风险管理咨询服务，如昆仑保险经纪股份有限公司与华泰保险经纪有限公司等。传统保险经纪公司通过提供风险管理咨询服务，帮助小微企业有效识别、评估和应对重大风险，并进行日常的风险量化监控和预警。风险管理咨询服务具体包括风险评估与风险管理两类服务。一方面，传统保险经纪公司协助小微企业开展风险勘察和风险评估，并提供相应的事故预防建议与整改意见。例如，中怡保险经纪有限责任公司组建了由行业风评专家和综合安全管理专家等组成的专业团队，对企业进行现场查勘，形成风险评估报告，并针对各项问题提出解决方案。[2] 另一方面，传统保险经纪公司为小微企业制定风险管理战略，并通过建立完善的内部管理体制、提供技术支持等协助完成战略的实施，参与客户的日常风险管理工作。例如，上海仁信保险经纪有限公司为参与国际贸易的小微企业提供信用风险管理的技术支持，汇编对贸易信用风险有重大影响的媒体信息，凭借上述技术支持与信息数据对企业进行资信调查并为其设计信控防损方案。[3]

（二）互联网保险经纪公司服务小微企业的现状

第一，互联网保险经纪公司为小微企业提供定制保险产品，满足小

---

[1] 新浪财经，https：//cj. sina. com. cn/articles/view/1704103183/65928d0f 02001rgyz? from = finance。

[2] 搜狐新闻，https：//www. sohu. com/a/325095596_692470。

[3] 上海仁信保险经纪有限公司，http：//www. rxig. com/bigclass. asp?id = 19。

微企业差异化与个性化的需求。一方面，互联网保险经纪公司与保险公司合作，为不同行业的小微企业开发行业定制保险产品。例如，保准牛针对餐饮业的火灾爆炸和食物中毒等常见风险，为中小型餐饮机构定制了包含雇主责任险与公众责任险的"餐饮保"，降低其经营风险。① 目前保准牛已为旅游、教育和汽车等十余个行业定制了上百种保险产品。② 另一方面，互联网保险经纪公司允许小微企业根据自身风险状况，自由调整特定保险产品的保障责任和赔付额度等，提供千人千面的定制保险产品。例如，保险极客推出了团体补充医疗险"极客＋"，在投保过程中小微企业的员工可以根据自身需求自由调整保险产品中意外、医疗和疾病等每项保障责任的比例与赔付额度，按需定制保险产品。③

第二，互联网保险经纪公司为小微企业提供保险经纪服务，并通过数字技术实现业务的数字化与智能化，提升业务效率与服务质量。云计算、大数据、人工智能和区块链等数字技术与保险业的深度融合为保险经纪服务各环节的数字化与智能化转型提供了动力。在需求分析环节，互联网保险经纪公司利用大数据技术为小微企业开展风险评估，识别小微企业的保险需求，并通过人工智能客服提供咨询服务。在产品定价环节，互联网保险经纪公司收集与分析客户的实时数据，设计精准的定价模型，与保险公司合作实现动态定价，帮助小微企业降低保费。在方案设计环节，互联网保险经纪公司对小微企业的风险状况进行精准画像，为小微企业生成定制保险方案，满足小微企业个性化的需求。在协助投保环节，互联网保险经纪公司为小微企业开放 SaaS 服务平台，④ 实现一键投保与精准投保，简化投保流程。在核保查验环节，互联网保险经纪公司通过智能风控系统进行核保查验，为保险公司评估承保风险，降低

① 保准牛，http：//www.bznins.com/toSkip/is_cater。
② 人民新闻，http：//rmxwapi.peoplenews.com.cn/show/index? newsid＝1800。
③ 钛媒体，https：//www.tmtpost.com/2872791.html。
④ SaaS 即 Software－as－a－Service，是一种通过互联网提供软件的模式。SaaS 供应商为企业提供网络基础设施及软件、硬件运作平台，企业支付租用服务费后即可通过互联网使用平台，来管理企业经营活动。互联网保险经纪公司为购买团险的小微企业开放 SaaS 平台，小微企业可以在平台上自主进行投保、保全与上传理赔材料等一系列操作。参见 CSDN，https：//blog.csdn.net/howardyao/article/details/3820405。

小微企业的出险率。在理赔服务环节，互联网保险经纪公司通过在线远程勘察与 AI 识别等技术实现智能理赔，提高理赔效率，减轻理赔过程中小微企业的资金压力。图 1 以量子保、保准牛和保险极客三家互联网保险经纪公司为例，展示了在数字技术赋能下保险经纪服务在上述六个环节的创新实践。可见，随着数字技术运用水平提升，互联网保险经纪公司所提供的保险经纪服务越发专业化，业务效率和服务质量也不断提高。

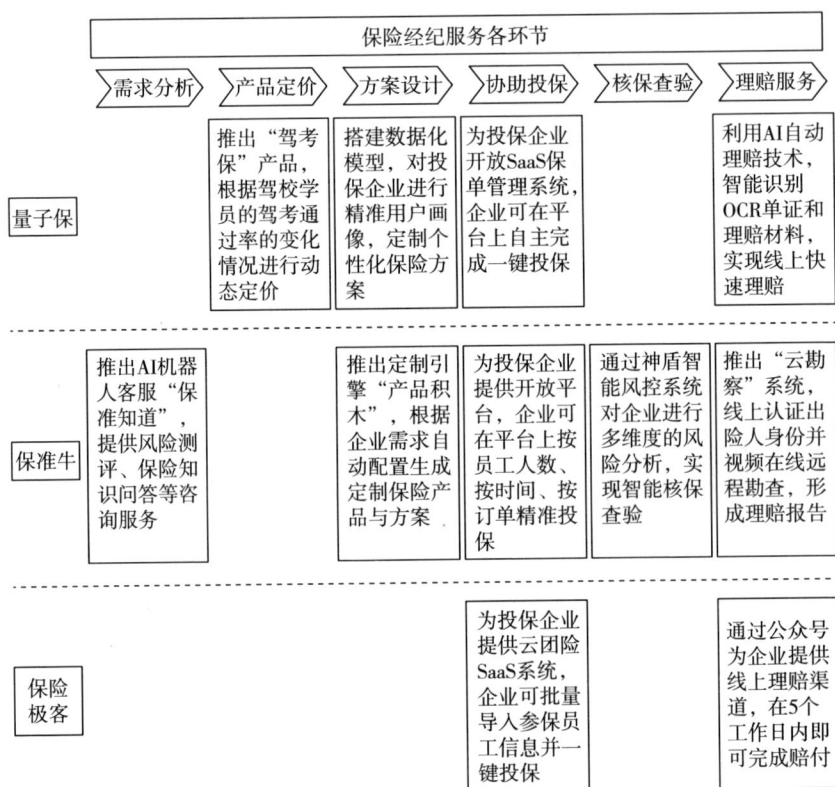

保险经纪服务各环节					
需求分析	产品定价	方案设计	协助投保	核保查验	理赔服务
量子保	推出"驾考保"产品，根据驾校学员的驾考通过率的变化情况进行动态定价	搭建数据化模型，对投保企业进行精准用户画像，定制个性化保险方案	为投保企业开放SaaS保单管理系统，企业可在平台上自主完成一键投保		利用AI自动理赔技术，智能识别OCR单证和理赔材料，实现线上快速理赔
保准牛	推出AI机器人客服"保准知道"，提供风险测评、保险知识问答等咨询服务	推出定制引擎"产品积木"，根据企业需求自动配置生成定制保险产品与方案	为投保企业提供开放平台，企业可在平台上按员工人数、按时间、按订单精准投保	通过神盾智能风控系统对企业进行多维度的风险分析，实现智能核保查验	推出"云勘察"系统，线上认证出险人身份并视频在线远程勘查，形成理赔报告
保险极客			为投保企业提供云团险SaaS系统，企业可批量导入参保员工信息并一键投保		通过公众号为企业提供线上理赔渠道，在5个工作日内即可完成赔付

图 1　保险经纪服务各环节与代表性互联网保险经纪公司的具体实践

资料来源：笔者根据公开资料整理。

综上所述，我国保险经纪公司现已形成较为完善的服务小微企业的业务体系。其中，传统保险经纪公司积极参与开发信用保险和保证保险、开展保险经纪服务与提供风险管理咨询服务，为小微企业分散经营过程中的风险。而互联网保险经纪公司主要提供定制化保险产品，并将数字技术与保险经纪服务的各环节深度融合，不断提高业务效率与服务质量。

二 保险经纪公司服务小微企业面临的主要困境

随着政府的政策支持力度加大与数字技术的深入运用，保险经纪公司服务小微企业的业务模式不断创新，在扶持小微企业健康发展中发挥着重要的作用。但目前我国保险经纪公司在服务小微企业时仍面临着诸多困境，本节将分别阐述我国传统保险经纪公司与互联网保险经纪公司服务小微企业的主要困境。

（一）传统保险经纪公司服务小微企业的主要困境

传统保险经纪公司服务小微企业主要面临着运营成本高、风险不可控与难以规模化的难题，导致其服务小微企业的能力不足且积极性不高。

第一，传统保险经纪公司以线下服务为主，高度依赖经纪人团队"面对面展业"的经营模式，服务小微企业的业务成本较高。传统保险经纪公司主要依靠分公司与营业网点等分支机构铺开展业渠道，形成线下服务体系。保险经纪人在线下与小微企业取得联系，并与投保人面对面沟通，到企业实地考察，协助其办理投保手续并提供协助索赔等后续服务。因此，与互联网保险经纪公司相比，线下服务使传统保险经纪公司服务小微企业的业务成本较高。以理赔服务为例，传统的团险理赔流程中企业负责人需要自行准备单据，保险经纪公司的对接人员上门收取单据或进行现场勘察，理赔周期长，导致时间成本和人力成本较高。2020 年江泰公司①员工薪酬支出在主营业务收入中占比为 63.12%。②

---

① 江泰公司即江泰保险经纪股份有限公司，成立于 2000 年，是我国首批成立的全国性、综合性的保险经纪公司之一，本文将其定义为传统保险经纪公司。

② 东方财富网，https://guba.eastmoney.com/news，gonggaoyanbao，99213 9917，z. html。

而慧择保险经纪有限公司①（以下简称"慧择公司"）2020 年员工薪酬支出在主营业务收入中占比仅为 27.62%。②

第二，传统保险经纪公司受数据不足、人才短缺与数字技术运用水平较低的制约，难以进行有效的风险控制，导致其服务小微企业的能力不足。小微企业普遍安全生产投入不足且经营不规范，相较于大中型企业而言，小微企业事故频发。③ 以保证保险为例，若风险控制不到位，每 2 元的保费收入就可能给保险公司带来 100 元的赔偿风险。④ 因此小微企业保险的出险率与赔付率较高，保险公司往往不愿承保。为了协助小微企业顺利投保，规避经营风险，传统保险经纪公司需要投入大量资源以开展风险控制工作。但数据、人才与数字技术等方面的不足使其难以高效精准地控制风险。首先，传统保险经纪公司难以获取小微企业的数据。一方面，传统保险经纪公司无法接入中国人民银行征信系统（以下简称"央行征信系统"）获取小微企业的信用数据，且由于其主要服务于大型与中型企业，自有的小微企业数据不足。另一方面，由于小微企业存在缺乏信息披露意识、经营管理不规范与财务制度不健全等问题，其整体信息透明度低，数据获取难度大（曹廷贵，2015）。其次，传统保险经纪公司高端人才短缺。2015 年我国保险经纪从业人员资格考试被正式取消，从业门槛降低，这导致从业人员素质参差不齐。同时，我国保险学高等教育存在教学手段落后和专业定位不清等诸多问题（黄新爱，2017），使传统保险经纪公司普遍缺乏专业保险经纪人才。以江泰公司为例，截至 2020 年 6 月 30 日，公司本科以下学历的员工占比为 45.32%，而硕士及以上学历仅占 5.82%。⑤ 最后，传统保险经纪公司的数字技术运用水平较低。目前传统保险经纪公司仍处于数字

---

① 慧择保险经纪有限公司成立于 2011 年，主要通过慧择保险网开展互联网保险业务，本文将其定义为互联网保险经纪公司。

② 东方财富网，http://guba.eastmoney.com/news, ushuiz, 1015567849. html。

③ 佛山日报，http://epaper.fsonline.com.cn/fsrb/html/2020 - 08/31/content_ 33410_ 175406. htm。

④ 央广网，http://finance.cnr.cn/gundong/20170427/t20170427_523728054. shtml。

⑤ 东方财富网，https://guba.eastmoney.com/news, gonggaoyanbao, 99213 9917, z. ht- ml。

技术运用的初级阶段。[①] 不少大型传统保险经纪公司仅实现了业务流程数字化，尚未充分利用数字技术进行大数据分析、搭建风控模型以及实时监测风险，技术手段的落后导致其风控能力较弱。中小型传统保险经纪公司规模较小，受人才与资金的限制，无法研发并充分运用大数据等数字技术，也不具备开展智能风控的能力。可见，数据不足、人才缺乏与数字技术运用水平较低的问题限制了传统保险经纪公司服务小微企业的能力。

第三，传统保险经纪公司的同质化服务无法满足小微企业的个性化需求，难以扩大业务规模，且小微企业保费规模小，这导致传统保险经纪公司服务小微企业的积极性较低。小微企业的保险需求因所处行业、企业类型、分布地域与发展阶段等的不同而有所变化，呈现多样化与个性化的特性。例如，与内陆地区相比，位于浙江等沿海地区的小微企业更易遭受台风侵袭，因此保险经纪公司应确保为其配置的企业财产险的保障责任覆盖了台风、暴雨与洪涝等自然灾害，或为其额外配置台风指数保险。[②] 而大多数传统保险经纪公司缺乏差异化服务，不参与保险产品的创新，仅为小微企业提供标准化的保险方案。同质化的服务使传统保险经纪公司无法满足现有小微企业客户的个性化需求，更无法开拓市场获取潜在客户，难以扩大业务规模。此外，小微企业员工数量少且自有财产规模小，故小微企业投保的保费金额相对较小。据报道，按照企业财产险费率计算，小微企业即使购买保额 1000 万元的财产险，一年的保费最多只有 3 万—5 万元。[③] 对于传统保险经纪公司而言，面向小微企业的业务保费少，且难以实现规模化盈利，利润空间小。因此，传统保险经纪公司更愿意服务现金流较稳定且风险承受能力较强的大型公司，而不愿意投入大量精力开展面向小微企业的业务，服务积极性较低。

① 新华网，http://www.xinhuanet.com/local/2021-02/25/c_1127137170.htm。
② 浙江省应急管理厅，http://yjt.zj.gov.cn/art/2020/8/26/art_1228985961_55606458.html。
③ 湖北金融网，http://jr.cnhubei.com/html/2014/fengmian_0321/12579.html。

（二）互联网保险经纪公司服务小微企业的主要困境

第一，互联网保险经纪公司线下服务体系不完善，导致其业务覆盖的保险产品险种有限，且业务形式较为单一。互联网保险经纪公司多以轻资产模式运营，线下分支机构数量较少，且不建立线下保险经纪人团队，线下服务体系不完善。一方面，开展信用保险与保证保险业务需要保险经纪公司利用完善的线下服务体系参与保险产品的设计和推广。而互联网保险经纪公司所涉及的险种较少，多为团体意外险、企业财产险、雇主责任险与团体医疗险这四类基本险种，无法开展保证保险与信用保险业务。例如，英大长安公司的专业人才团队开展了实地调研以优化投标保证保险的设计，并通过上海、浙江和安徽等各地的分公司开展试点推广。[①] 而互联网保险经纪公司受以线上服务为主的经营模式限制，难以满足上述要求。另一方面，如表2所示，互联网保险经纪公司面向小微企业开展的业务仅限于定制保险产品与保险经纪服务，而没有能力为小微企业提供风险管理咨询服务。咨询业务需要专业的风险管理人才团队深入企业实地进行风险评估，并协助小微企业完成风险管理战略的落实。例如，德圣保险经纪有限公司组成专家团队实地走访，为小微化工企业排查安全隐患，协助企业落实风险防控措施，并将整改情况录入事故隐患管理台账以进行后续的跟踪管理。[②] 可见，风险管理咨询服务离不开完善的线下团队。相对于传统保险经纪公司而言，互联网保险经纪公司不具备为企业提供风险评估服务与风险管理解决方案的能力，故业务形式较为单一。

表2   **部分互联网保险平台服务小微企业现状**

平台名称	为小微企业提供的险种		为小微企业提供的服务
	标准化险种	行业定制险种	
慧择	团体意外险、雇主责任险、团体健康险、企业财产险、货运险、船舶险	无	1. 专属顾问； 2. 定制保险方案； 3. 理赔协助

---

① 金投网，https：//insurance. cngold. org/c/2019 - 01 - 30/c6206451_2. html。

② 搜狐网，https：//www. sohu. com/a/401979711_100179072。

平台名称	为小微企业提供的险种		为小微企业提供的服务
	标准化险种	行业定制险种	
小雨伞	团体意外险	无	1. 定制保险方案； 2. 线上自助理赔
向日葵	团体意外险、团体年金保险、团体医疗险	无	1. 定制保险方案
保准牛	企业补充医疗险、雇主责任险	O2O、体育健身、共享经济、兼职、教育、餐饮	1. 定制保险产品； 2. 提供风控管理方案； 3. 提供 SaaS 开放平台
量子保	无	驾校、教育、医美、O2O、交通出行	1. 定制保险产品； 2. 提供 SaaS 开放平台
保险极客	团体意外险、团体医疗险、雇主责任险	无	1. 定制企业员工团险方案； 2. 提供云团险 SAAS 平台； 3. 五工作日内在线快速理赔； 4. 提供健康管理服务

资料来源：笔者根据公开资料整理。

第二，小微企业主对互联网保险缺乏了解，接受度较低，导致互联网保险经纪公司获客难度大。我国传统保险经纪公司成立时间早，积累了较多服务经验，线下服务体系较为完善，互联网保险经纪公司在面向大中型企业的市场里难以与之抗衡。故对互联网保险经纪公司而言，小微企业市场是其重要的业务发展方向。但由于互联网保险兴起时间较短，小微企业主对购买互联网保险的渠道与方式了解不够深入。且互联网保险业务需要小微企业主在线自主完成投保流程，缺乏面对面交流使小微企业主对互联网保险的信任度较低，普遍对互联网保险持有"不靠谱"的错误认知。[①] 小微企业主对互联网保险经纪公司的接受度不高，导致目前小微企业的市场需求尚未被完全释放。因此，互联网保险经纪需要进行大量的宣传与市场教育工作才能充分激发小微企业的保险需求，获客难度较大。

---

① 搜狐网，https：//www. sohu. com/a/445608083_121007173。

综上所述，我国传统保险经纪公司与互联网保险经纪公司面临不同的困境。传统保险经纪公司面临着运营成本高、风险不可控和规模难以扩大的难题，进而导致其服务小微企业的能力不足且积极性较低。而互联网保险经纪公司则由于缺乏完善的线下服务体系而业务覆盖险种较少且业务形式单一，同时因为小微企业主对互联网保险接受度低而面临获客难度大的问题。

三 保险经纪公司服务小微企业的影响因素

基于上文所阐述的保险经纪公司服务小微企业面临的主要困境，本节将从宏观、中观与微观三个角度分析保险经纪公司服务小微企业的影响因素，主要包括国家政策方向与小微企业信用体系建设、保险经纪公司的综合实力及其与保险公司的合作关系、小微企业的税费负担与小微企业主的保险意识。

（一）国家政策与小微企业信用体系建设

第一，国家政策影响保险经纪公司服务小微企业的整体方向与积极性。一方面，国家出台的政策以及指导意见为保险经纪公司服务小微企业指明了未来的发展方向。2020 年颁布的《互联网保险业务监管办法》引导了互联网保险经纪公司提高风险防控水平并建立规范化的服务体系，也为传统保险经纪公司开展互联网保险业务提供了相应的行为规范与准则。[①] 另一方面，国家政策提高了保险经纪公司服务小微企业的积极性，激励保险经纪公司发挥自身专业优势以支持小微企业发展。如图 2 所示，2017 年银保监会印发《中国保监会关于保险业服务"一带一路"建设的指导意见》，鼓励保险中介机构为"一带一路"项目提供风险管理与损失评估等中介服务。[②] 在国家政策的号召下，长城保险经纪有限公司（以下简称"长城公司"）为参与"一带一路"的小微企业提供协助投保、设计保险方案与风险管理等服务，帮助其规避风险并更

---

① 中国政府网，http://www.gov.cn/xinwen/2020 – 12/15/content_5569469. htm。
② 中国政府网，http://www.gov.cn/gongbao/content/2017/content_5237718. htm。

好地参与海外贸易。①

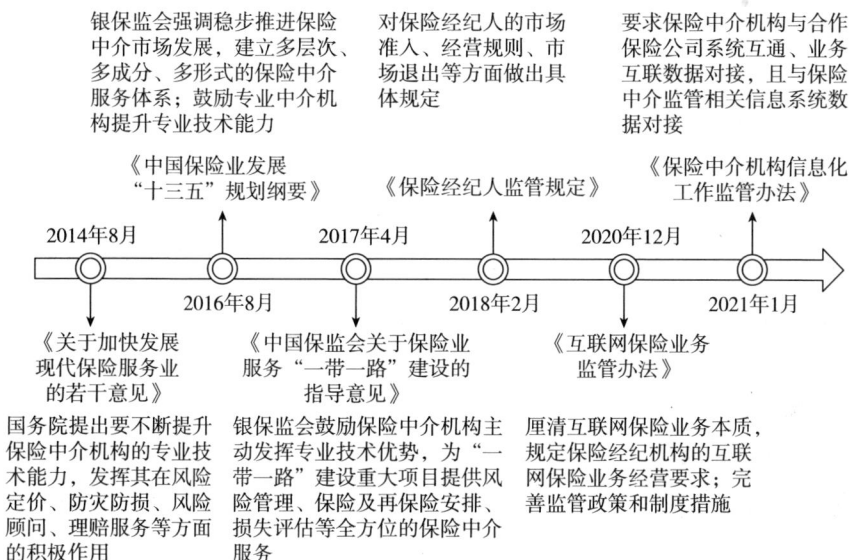

图 2　2014—2021 年保险经纪公司相关法律法规与政策

资料来源：笔者根据公开资料整理。

第二，小微企业信用体系建设影响保险经纪公司服务小微企业的能力与服务质量。一方面，小微企业信用体系建设能帮助传统保险经纪公司对小微企业进行准确的风险识别，提升其风控能力。如前文所述，传统保险经纪公司难以获得及时、真实与完整的小微企业数据，无法开展有效的风险控制。而完善小微企业信用体系建设，尤其是促进市场化征信机构的发展，能有效缓解这种信息不对称现象。当小微企业信用体系健全时，传统保险经纪公司能够利用信用数据为小微企业搭建风控模型，对高风险环节设置预警提示，有效规避风险。特别地，在信用保险与保证保险业务中，风险管控是开展业务的关键。② 以英大长安公司为例，在推动保证保险业务之初，英大长安公司就建立起了贯通多方的信

---

① 中国金融新闻网，https：//www. financialnews. com. cn/bx/xw_99/201606/t20160622_99064. html.

② 中国经济网，http：//www. chinanews. com/fortune/2011/11 – 21/3473785. shtml.

用风险管理体系，与小微企业、保险公司以及征信机构实现信息共享，得以在小微企业投保前有效识别风险。[①] 另一方面，小微企业信用体系建设能帮助互联网保险经纪公司充分发挥数据分析处理能力，提升服务质量。中国保险行业协会发布的《2020年互联网财产保险市场分析报告》指出，互联网保险业务开展时间较短，缺乏深厚的数据积累，为互联网保险产品设计与定价带来一定困难。[②] 随着小微企业信用体系建设的完善，互联网保险经纪公司能获取丰富的数据并利用大数据、人工智能等数字技术进行深度分析，针对小微企业多元化的需求创新保险产品，优化产品设计并实现动态定价，提升服务质量。

（二）保险经纪公司的综合实力及其与保险公司的合作关系

第一，保险经纪公司的人才资源是其创新服务和拓展业务的基础，影响保险经纪公司服务小微企业的业务形式。保险经纪公司雇员的数量、素质、知识结构和文化水平等对保险经纪公司的业务开展有着重要影响（王晓全、康宁，2010）。一方面，高素质的人才资源能帮助传统保险经纪公司开展互联网保险经纪业务。高素质人才尤其是技术人才的引入有利于传统保险经纪公司改变以线下服务为主的经营模式，建设互联网平台，并实现业务流程的数字化与智能化。另一方面，高素质的人才资源是互联网保险经纪公司开展风险管理咨询服务的基础。开展风险管理咨询业务需要法律、理工、精算和医疗等各领域的专业人才共同搭建风险评估体系，针对各项问题提出改进建议。例如，华泰保险经纪有限公司的咨询业务团队由多个领域的专家组成，其中包括国家一级安全评价师、注册资产评估师和中国精算师等。吸纳高素质人才有利于互联网保险经纪公司建设专业人才队伍，提高自身风险管理能力，为其开展风险管理咨询服务提供人才支撑。[③]

第二，保险经纪公司的数字技术运用水平影响保险经纪公司服务小微企业的服务质量与利润空间。一方面，数字技术的运用能够帮助保险

---

① 中国银行保险报，http://xw.sinoins.com/2020-11/13/content_370704.htm。

② 和讯网，http://insurance.hexun.com/2021-03-29/203304199.html。

③ 华泰保险经纪有限公司，http://www.huatai-serv.com/business/fxzxfw。

经纪公司开展业务创新，提升服务小微企业的质量。提高数字技术运用水平有利于传统保险经纪公司改善效率低下的传统业务流程，也能协助互联网保险经纪公司优化现有的线上服务体系。大数据技术使保险经纪公司能全面分析与挖掘小微企业需求，为定制保险产品提供基础。云计算技术赋予了保险经纪公司强大的计算能力，为精准定价创造了条件，帮助小微企业降低投保成本。人工智能技术帮助保险经纪公司开展智能投顾，为小微企业提供需求分析、产品推荐和保单管理等服务。区块链技术的运用实现了自动化理赔，提高了理赔效率，为小微企业节约时间成本。另一方面，数字技术的应用能够帮助保险经纪公司实现定制服务的规模化，扩大小微企业业务的利润空间。如前文所述，保险经纪公司需要为小微企业提供定制服务，但定制服务具有不可复制性，难以规模化。通过提高数字技术的运用水平，保险经纪公司能建立起规范化、标准化的定制服务体系，实现定制服务的规模化。例如，保准牛推出了定制引擎"产品积木"。"产品积木"将各险种中的不同保险责任如重大疾病和意外伤害等拆分为基本单位，通过系统配置快速实现产品的迭代与定制。在投保企业输入自己的保险需求后，"产品积木"将根据其需求匹配相应的保险责任并自动组装成定制保险产品，通过保险产品的配置形成相应的保险方案。① 在数字技术赋能下，保险经纪公司能实现规模化盈利，小微企业业务的利润空间得以扩大。

第三，保险经纪公司和保险公司的合作关系影响保险经纪公司服务小微企业的创新条件。一方面，保险公司可以为保险经纪公司开展创新提供资金与数据上的支持。目前保险业呈现出大公司和小中介的态势，② 且我国保险经纪行业发展整体起步较晚，故保险公司无论在规模、资金还是数据等方面都具有明显优势。通过与保险公司实现信息共享、业务互通与风险共担，保险经纪公司能拥有更好的创新环境，将更多的资源投入创新中。另一方面，与保险公司合作有利于保险经纪公司开发新险种与创新保险产品。其一，保险经纪公司无法独立开发保险产品，需要与保险公司合作才能参与保险产品的创新。其二，与保险公司

---

① 保准牛，http：//www. bznins. com/toSkip/foot - page - intro。

② 和讯网，http：//insurance. hexun. com/2018 - 01 - 22/192283496. html。

相比，保险经纪公司具备更强的风险管理技术，开展合作有利于保险经纪公司与保险公司实现优势互补。传统保险经纪公司可以运用自身的专业风险管理团队，与保险公司合作开展信用保险与保证保险等业务。互联网保险经纪公司则可以利用强大的数据分析处理能力，帮助保险公司优化保险产品的设计并开发定制保险产品。例如，慧择公司与长安责任保险股份有限公司共同合作，推出了潜水教练职业责任险与潜水俱乐部责任险等定制保险，帮助以潜水俱乐部为代表的潜水行业小微企业降低运营风险。[1]

（三）小微企业的税费负担与小微企业主的保险意识

第一，小微企业的税费负担影响保险经纪公司服务小微企业的业务规模。当前社会保险缴费的负担偏重，已超出小微企业的承受能力，导致许多小微企业无力承担通过保险经纪公司购买商业保险的保费。全国政协委员周延礼提出，小微企业常常面临资金短缺的问题，节约成本往往是其首要需求，小微企业主往往不愿意支出额外的商业保险保费。[2]因此减税和降低社会保险费率的政策有利于减轻小微企业的税费负担，降低其经营成本和资金压力（朱武祥等，2020）。小微企业购买保险经纪公司产品与服务的积极性也会提高，保险经纪公司服务小微企业的业务规模得以扩大。

第二，小微企业主的保险意识影响保险经纪公司服务小微企业的业务难度。目前我国大部分小微企业主保险意识较弱，没有意识到风险防控的重要性与价值，不愿意额外承担向互联网保险经纪公司购买产品与服务的保费支出。[3] 同时，许多小微企业主缺乏对保险产品的正确认知，片面地关注保费支出这一项成本，而忽视了保险作为金融资产的性质，甚至将不出险视为亏损。小微企业的投保意愿不强，故保险经纪公司难以通过设计保险方案与提供风险管理咨询服务帮助小微企业规避经营风险。只有当小微企业主提高自身的保险意识与参保积极性时，保险

---

① 腾讯大闽网，https：//fj. qq. com/a/20191219/010192. htm。

② 搜狐网，https：//www. sohu. com/a/272888994_99957185。

③ 鼓楼街道人大网，http：//glrd. haishu. gov. cn/suggestion/show - 9820. aspx。

经纪公司的产品与服务才能广泛且深入地惠及小微企业。

综上所述，国家政策影响保险经纪公司服务小微企业的整体方向与积极性，小微企业信用体系建设影响保险经纪公司服务小微企业的能力与服务质量。保险经纪公司的人才资源影响保险经纪公司服务小微企业的业务形式，保险经纪公司的数字技术运用水平影响保险经纪公司服务小微企业的服务质量与利润空间，保险经纪公司与保险公司的合作关系则影响保险经纪公司服务小微企业的创新条件。小微企业的税费负担和小微企业主的保险意识分别影响保险经纪公司服务小微企业的业务规模和业务难度。

四 促进保险经纪公司服务小微企业的对策建议

为提高我国保险经纪公司服务小微企业的意愿与能力，充分发挥保险经纪公司服务小微企业的重要作用，下文将分别从推进征信体系建设与数据共享、搭建完善的保险经纪人才培养体系、提升数字技术运用水平、推进产品和服务创新与加强保险知识的宣传教育五方面给出促进我国保险经纪公司服务小微企业的对策建议。

（一）政府应推进征信体系建设，联合相关主体实现数据共享

如前文所述，小微企业的信息难以获取，阻碍了保险经纪公司在业务开展过程中的风险控制。因此，我国政府应大力推进市场化企业征信机构的发展，并联合保险业各相关主体实现数据共享，为保险经纪公司服务小微企业提供充足的信息与数据支持。

一方面，政府应推进征信体系建设，大力支持市场化企业征信机构的发展。目前我国企业征信市场的服务主体是央行征信系统，市场化征信机构建设起步不久，尚未形成完善的服务体系。[①] 由于我国保险经纪公司不可能全部接入央行征信系统，故市场化的征信机构更能满足保险经纪公司对小微企业信息的需求。政府应通过加强政府信息开放力度等方式，支持市场化企业征信机构发展壮大，增加小微企业征信服务的供

---

① 搜狐网，https://www.sohu.com/a/122713144_515884。

给。企业征信机构可以利用小微企业主的个人信用信息并收集小微企业租金支付、资金流动、运输及租赁等替代数据，开发多样化的小微企业征信产品，充分满足保险经纪公司的需求。企业征信机构也可以借鉴国际征信机构的先进经验，建立现代化的征信服务体系（林江鹏，2012）。例如，美国邓白氏公司针对小微企业开发了小企业信用风险评分等多种征信产品。[1]

另一方面，政府应发挥统筹作用，联合保险业各相关主体构建数据共享机制，打破信息孤岛。其一，保险经纪公司与保险公司间应实现数据共享。保险经纪公司应建立起数字化的核心业务管理系统，与合作保险公司实现投保、承保、保全与理赔等各业务环节的系统对接。通过系统的互通互联，保险经纪公司能获得实时回传的数据，提高数据传递效率，进而及时掌握业务的进展情况，提升经营管理水平。[2] 其二，保险中介机构间应实现信息互通。我国保险中介信息化建设目前尚处在初级阶段。各保险中介机构之间信息孤岛现象严重，且在业务开展过程中面临着数据广度不足、精度不高和更新不及时的问题。[3] 因此中国银保监会与中国银保信[4]应推动保险中介云平台的建设，健全保险中介的信息交流与数据共享机制，帮助保险中介机构走出信息孤岛，为保险经纪公司服务小微企业提供及时有效的数据支持。

（二）保险经纪公司应搭建完善的保险经纪人才培养体系

完善的人才培养体系有助于传统保险经纪公司弥补自身人才的不足，提高风控能力并提升服务质量，也能帮助互联网保险经纪公司建设自有的专业经纪人团队，拓展业务覆盖的险种范围与业务形式。因此，保险经纪公司应提高从业人员的专业素质，提升保险经纪公司的服务能力。

第一，保险经纪公司应建立健全内部人才培养机制，建设高端保险

---

① 网易，https：//www.163.com/dy/article/FO3EBO0F053257CG.html。

② 搜狐网，http：//finance.sina.com.cn/wm/2020－12－06/doc－iiznezxs5534324.shtml。

③ 平安财经网，https：//www.chinapeace.org.cn/gupiao/201908/0920770.html。

④ 中国银保信即中国银行保险信息技术管理有限公司，是经国务院批准且由银保监会直接管理的金融基础设施运营管理单位。

经纪人才队伍。保险经纪公司需要加大人才培养力度，为创新产品与服务以及开展咨询业务提供人才支持。一方面，保险经纪公司应开展完善的岗前培训。如隽天保险经纪公司为新员工提供了运营培训、业务培训与财务合规培训这三类模块化培训，确保入职员工充分掌握业务知识，并了解公司的发展规划。① 另一方面，保险经纪公司也应注重员工的继续教育，聘请行业专家与高校教授开展培训班等，培养与时俱进的保险经纪人才。例如，福能保险经纪公司邀请热能动力工程专业的正高级工程师，为员工讲解火电厂的节能新技术及相应的风险管控案例，进一步提升员工开展风险管控业务的能力。②

第二，保险经纪公司应加强校企合作，建立保险经纪人才储备机制。保险经纪公司应积极开展与高等院校的合作，可以参与制订教学指导方案，借助自身实际案例参与保险教材编写并优化课程设计，使院校的理论教育更贴合行业现状（鲍金红、胡亚兰，2011）。同时保险经纪公司也可以将理论教育与实践应用相结合，为高等院校的学生提供实习机会。加强保险经纪公司与高等院校的合作有利于双方达成共赢，既解决了保险学高等教育中缺乏实践应用的问题，又为保险经纪公司提供了具有专业技能与扎实的知识基础的高素质人才储备。例如，江泰公司在教育部支持下与多所高等职业院校合作开展了保险人才培养项目。③ 江泰公司还聘请了保险行业专家学者与院校教师共同编写培养教材，并为合作院校的学生提供实习与就业岗位。通过校企合作，高等职业学院为江泰公司定向培养了一批高素质人才。④

第三，保险经纪公司应充分利用中国保险行业协会等行业组织所提供的培训资源，积极开展员工培训与同业交流。目前中国保险行业协会已经开办了中国保险网络大学，通过录制线上大讲堂、开办远程教育课程、举办专题培训班与组织从业人员专业能力认证培训项目等方式，为

---

① 知乎，https://zhuanlan.zhihu.com/p/41486390。

② 福建省人民政府国有资产监督管理委员会，http://gzw.fujian.gov.cn/zwgk/gzdt/gzyw/fjsnyjtyxzrgs_31446/201904/t20190412_4850195.htm。

③ 中国金融新闻网，https://www.financialnews.com.cn/bx/pp/201410/t20141015_64158.html。

④ 北京市教育委员会，http://jw.beijing.gov.cn/bjzj/gdzyreport/gdreport/201904/P020191230789369189578.pdf。

保险经纪公司提供培训资源。而保险经纪专业委员会则开展课题研究、召开研讨交流会或组织出国学习研修，为保险经纪行业提供内部互相交流学习的机会。但目前加入行业组织的保险经纪公司数量较少。截至2020年12月31日，339家加入中国保险行业协会的保险机构中，仅有62家为保险中介机构。[①] 因此保险经纪公司应积极加入中国保险行业协会与保险经纪专业委员会等行业组织，充分利用其培训资源提高自身员工专业素质，并借助其搭建的平台积极开展同业间的沟通交流，学习先进经验，加强人才队伍建设。

（三）保险经纪公司应提升自身的数字技术运用水平

数字技术运用水平的提升能助力保险经纪公司进一步提高服务质量与效率。因此我国保险经纪公司应积极促进数字技术与自身业务发展的深度融合，提高服务小微企业的能力并降低风险。

第一，保险经纪公司应积极开展数字技术的自主研发，并将其转化为应用成果，推动保险经纪行业的数字化与智能化。互联网保险经纪公司自身数字技术运用水平较高，应自主研发数字技术，探索人工智能与区块链等数字技术在保险经纪行业中的应用新场景，深化数字技术在保险经纪行业中的渗透率。互联网保险经纪公司可以与各大高校、研究院和实验室开展产学研合作。例如，慧择公司与西南财经大学大数据研究院联合开办实验室，合作构建保险业的知识图谱，[②] 并探索保险大数据技术的新应用场景。[③] 此外，英大长安公司等在行业中处于龙头地位的传统保险经纪公司应发挥带头作用，基于自身在行业内的多年实践经验与丰富的数据积累，构建技术研发部门并推进数字技术的创新，助力保险经纪行业的转型与变革。

第二，保险经纪公司应积极与第三方技术服务商开展合作，提升自

---

① 中国保险行业协会，http：//www.iachina.cn/col/col12/index.html。

② 知识图谱（Knowledge Graph/Vault）技术是人工智能技术的重要分支之一，以可视化的方式展示实体之间的关联，能帮助人工智能更好地从语义层面理解用户意图，并进行数据挖掘与知识推理。在保险业中知识图谱技术可被用于反欺诈、风险预测、客户精准画像与个性化营销等多个场景。参见中国保险行业协会，http：//www.iachina.cn/art/2018/2/23/art_23_102053.html。

③ 搜狐网，https：//www.sohu.com/a/402284291_729261。

身的数字技术运用水平。互联网保险经纪公司可以通过与第三方技术服务商合作，优化线上服务流程。此外，大多传统保险经纪公司不具备建立自有研发部门的条件，更应积极与第三方技术服务商开展合作，通过购买其软件平台服务、系统技术服务和数据分析服务等推动自身的数字化与智能化变革，提高数字技术在业务中的运用水平。目前，我国已涌现了一批第三方技术服务商如豆包网和智保云科技等。例如，豆包网为保险中介公司提供保险 SaaS 系统"豆包数云"，其中包括保单分析、产品适配、交易结算以及投后跟踪等多个功能，同时还提供数据增值服务，为中介公司分析客户数据并形成客户画像，进而帮助中介公司进行客户关系管理与新客户开拓。①

（四）保险经纪公司应积极推进产品与服务的创新，拓宽自身业务范围

保险中介机构要从产品创新和服务创新等方面综合着手，才能实现真正的变革，提高自身服务能力（沈开涛，2015）。因此保险经纪公司应以小微企业实际需求为导向，加强与保险公司的合作，积极推进保险产品与服务的创新，并拓宽业务范围，为小微企业提供风险管理咨询服务。

第一，保险经纪公司应积极创新其保险产品，满足小微企业多样化的需求。一方面，传统保险经纪公司可以借鉴国际保险经纪公司的经验，加强与保险公司的合作并建立起多条产品线，为小微企业提供更完善的风险保障。如表 4 所示，国际保险经纪公司巨头达信保险经纪公司（以下简称"达信公司"）为小微企业所提供的保险产品分为五个产品线。前两个产品线涵盖了企业财产险、团体意外险和雇主责任险等基本险种。此外，达信公司还拓展了员工福利保险、员工个人专线以及个人保险服务这三个保险产品专线，以满足不断增长的员工健康和福利需求，并预防股东与高管等对企业生产经营有重大影响的个体的伤亡风险。另一方面，互联网保险经纪公司应响应国家政策，开展信用保险与保证保险业务。互联网保险经纪公司要充分发挥自身强大的数据分析与

---

① 网易，https：//www.163.com/dy/article/G3RGCAU105198086.html。

处理能力，与保险公司共同设计出口信用保险和小额贷款保证保险等产品，扩大信用保险与保证保险的覆盖面，拓宽小微企业的融资渠道，缓解其资金压力。

表3　　　　　　　达信保险经纪公司为小微企业提供的保险产品

产品线	具体保险产品
财产和意外保险	一般责任保险、营业中断险、错误和遗漏责任险（E&O）、货运险等
管理责任保险	董事及高级管理员责任保险（D&O）、雇主责任险及受托责任保险（Fiduciary Liability Insurance）等
员工福利保险	寿险、意外伤害保险、牙科疾病险、眼科疾病险、员工帮助计划（EAP）等
员工个人专线	房屋保险、租户保险、车险等
个人保险服务	高管福利、关键人物保险、股东协议等

资料来源：Marsh，https：//www.marsh.com/ca/en/services/small-business-insurance.html。

　　第二，保险经纪公司应为小微企业提供"线上＋线下"的综合服务体系，提升自身服务效率与服务质量。保险经纪公司应完善"线上＋线下"的服务体系。一方面，传统保险经纪公司应大力发展互联网保险业务，通过线上展业提高服务效率。在承保端，传统保险经纪公司可以为小微企业提供线上自助投保平台，并通过智能风控系统的建设提升核保效率。在理赔端，传统保险经纪公司则可以通过线上理赔提高理赔效率，减轻小微企业在理赔过程中的资金压力。另一方面，互联网保险经纪公司则应加快建设线下服务体系，根据小微企业的需求为小微企业提供线下的增值服务，提高服务质量。例如，保险极客与京东健康合作为小微企业提供"团险＋医疗"的健康管理解决方案。投保企业的员工不仅能享受包括视频问诊、购药开方等在内的线上服务，还能到线下合作医院以优惠价格问诊就医，获得全方位的医疗与健康管理服务。[1]

---

①　搜狐网，https：//www.sohu.com/a/438547315_100288184。

第三，保险经纪公司应积极拓展风险管理咨询业务等业务形式，为小微企业的生产经营保驾护航。目前，我国保险经纪公司所开展的业务多局限于采购保险产品与设计保险方案等保险经纪服务，保险经纪公司应积极拓展业务形式。一方面，传统保险经纪公司应拓展咨询业务的范围。大部分小微企业存在治理结构不完善和业务流程不规范等问题，因此，小微企业在发展中仍面临着法律合规风险、财务风险与人力资源风险等。传统保险经纪公司应借鉴国际保险经纪公司的经验，不仅可以积极提供风险管理咨询服务，还可以为小微企业提供合规咨询、财务咨询与人力资源管理解决方案等，助力小微企业高质量发展。另一方面，互联网保险经纪公司应构建风险管理团队，探索开展风险管理咨询业务，为小微企业挖掘、识别和分析风险，并通过保险方案配置与技术支持等开展风险管理工作，尽可能地缓释小微企业所面临的风险。

（五）政府与保险经纪公司应加强保险知识的宣传教育

政府与保险经纪公司应通过多种渠道进行宣传教育，帮助小微企业主建立起对保险以及保险经纪公司的正确认知，提高小微企业主的保险意识，进而加强小微企业购买保险产品与服务的意愿。

第一，政府应宣传普及保险业服务小微企业的相关政策。银保监会及其下各级监管部门应指导辖内保险机构利用公众号、官网和 LED 电子显示屏等方式普及相关政策与保险机构的惠企措施。政府则可以动员行业协会与新闻媒体等宣传主体，利用各类信息平台向小微企业推送相关政策信息。同时，政府可以开展专题宣传培训活动与举办政策宣讲会。例如，海安市商务局召开政策宣讲会，为小微企业介绍出口信用保险的保险责任、保障范围、合同管理以及理赔注意事项，并讲解外贸政策。[①]

第二，保险经纪公司应结合实际情况开展保险知识教育培训，培养小微企业主的保险意识，帮助其认识到保险与风险管理的重要性。在地

---

① 海安市商务局，http：//www. haian. gov. cn/hasswj/bmdt/content/b3ee9785 - ac4d - 4aae - acf7 - 1b9251cacfc7. html。

方政府与行业协会的支持下，传统保险经纪公司可以走进企业开展讲座和分发宣传手册等，为小微企业普及保险知识。例如，湖南省各保险机构在省地方金融监管局与保险行业协会的领导下，进社区、进机关与进企业广泛开展保险宣传工作，3 年累计开展保险宣传活动逾 150 场。①此外，互联网保险经纪公司应积极运用互联网和社交媒体等传播渠道普及保险知识，推广自身的保险产品与服务，并为有意了解保险产品的小微企业主提供客服咨询服务。例如，慧择公司在自营互联网平台上专门开设了保险课堂，普及保险知识，为用户提供视频课程、产品解读与投保攻略等。

综上所述，保险经纪公司服务小微企业的对策建议主要有：一是政府应推进征信体系建设，并联合各相关主体实现保险机构间的数据共享；二是保险经纪公司应通过建立内部培养制度、开展校企合作与利用行业组织的培训资源，搭建完善的保险经纪人才培养体系；三是保险经纪公司应通过自主研发或与第三方技术服务商合作提升数字技术运用水平；四是保险经纪公司应推进产品与服务的创新，拓宽自身业务范围；五是政府与保险业各主体应加强保险知识的宣传科普，培育小微企业主的保险意识。

五　保险经纪公司服务小微企业对保险业 支持小微企业发展的启示

我国保险经纪公司积极探索，不断创新，在服务小微企业中发挥了重要作用，对我国保险业支持小微企业发展具有启示意义。根据前文所梳理的保险经纪公司服务小微企业的情况，本节将总结其对保险业支持小微企业发展的启示，分别为政府应促进各主体协同合作、保险机构②

---

① 中国银行保险报，http：//xw. sinoins. com/2018 – 12/14/content_279000. htm。

② 根据《互联网保险业务监管办法》规定，保险机构包括保险公司（含相互保险组织和互联网保险公司）和保险中介机构。其中，保险中介机构包括保险代理人（包含保险专业代理机构、银行类保险兼业代理机构和依法获得保险代理业务许可的互联网企业）、保险经纪人、保险公估人。参见中国政府网，http：//www. gov. cn/zhengce/zhengceku/2020 – 12/14/content_5569402. htm。

应充分发挥保险科技①的赋能作用、保险机构应结合实际情况与借鉴国际经验积极推动创新。

启示1：政府应促进监管机构、保险机构与小微企业等各主体协同合作。政府应通过政策指引为保险业服务小微企业指明方向，并统筹协调各种资源以助力保险机构服务小微企业。而银保监会等监管机构应采取松紧适度的监管政策，规范保险机构的经营管理，既要打击互联网保险业务中的乱象，也要为保险机构的创新发展营造舒适的环境。保险机构则应积极引进专业保险人才，或与科研机构以及高校开展产学研合作，主动提高自身专业实力与风险管理水平，为小微企业的发展提供充分的支持。此外，小微企业也应提升自身的保险意识，主动了解政府政策，并享受各保险机构为小微企业提供的产品与服务。

启示2：保险机构应充分发挥保险科技的赋能作用，提升自身服务能力与服务意愿。归根结底，保险机构支持小微企业发展遇到的主要难题是服务能力不足与服务意愿不高，而保险科技的蓬勃发展有助于解决这两个问题。一方面，保险科技的应用能显著提升保险机构的风险承担能力（完颜瑞云、锁凌燕，2019），强化其数据收集与分析能力。保险机构能运用保险科技搭建智能风控模型，通过模型识别并降低承保风险，并对小微企业进行实时的风险监控与预警，帮助其开展风险管理工作。此外，保险机构也能通过大数据和人工智能等技术对小微企业进行精准画像，分析其风险状况与保险需求，为其提供千人千面的定制保险产品。另一方面，保险科技的应用能帮助保险机构降低业务成本，提高业务的利润空间，有效增强保险机构服务小微企业的意愿。保险机构运用保险科技可以实现全业务流程的线上化，提高业务效率，降低人力成本。例如，保险机构能通过人工智能技术识别纸质单据并进行视频考察，而无须在线下到企业实地考察或收取单据，加快了理赔流程，节省了人力与时间成本。因此，保险机构应积极推动保险科技与自身业务的深度融合，在保险科技赋能下支持小微企业发展。

启示3：保险机构应在借鉴国际经验的基础上，结合我国小微企业

---

① 保险科技是金融科技在保险领域的分支，即有潜力改变保险业务的各类新兴科技和创新性商业模式的总和。笔者根据国际保险监督官协会（IAIS）资料整理。

的实际情况，积极推动保险产品与服务的创新。美英等发达国家的保险业发展历史较长，发展水平较高，因此保险业服务小微企业的制度完善、业务模式成熟且经验丰富。我国保险机构应借鉴国际保险业的经验，完善支持小微企业发展的服务体系。例如，在美国与欧洲保险市场中，MGA① 模式逐步发展成熟。在开展中小企业团险业务时，保险公司与 MGA 合作可以降低产品开发和运营管理成本，同时也能拓展销售渠道，扩大中小企业团险产品的覆盖面。此外，我国保险机构也应考虑到我国的特殊国情与小微企业的实际情况，积极推动保险产品与服务形式的创新，适应我国小微企业的独特需求。例如，在 2020 年年初暴发的新冠肺炎疫情中，长城公司协同多家保险机构积极研发针对疫情的低费率公益性保险产品，为小微企业复工复产分担风险。②

总之，在我国政府大力推进保险业服务小微企业的背景下，保险经纪公司能够在帮助小微企业分散风险与解决小微企业融资问题等方面起到积极作用。但不可否认的是，目前我国保险经纪公司服务小微企业仍面临着许多亟待解决的困境。因此，我国政府、银保监会与保险经纪公司应结合我国小微企业发展的实际情况，借鉴国外保险经纪公司发展的先进经验，并结合数字技术推进创新，不断提高保险经纪公司服务小微企业的能力，为小微企业的发展保驾护航。

参考文献

鲍金红、胡亚兰：《我国保险教育产学研一体化探析》，《金融理论与实践》2011 年第 9 期。

曹廷贵等：《基于互联网技术的软信息成本与小微企业金融排斥度关系研究》，《经济学家》2015 年第 7 期。

黄新爱：《高职院校保险专业实践教育教学模式探讨——评〈保险学概论（第 3 版）〉》，《高教探索》2017 年第 6 期。

---

① MGA 的全称是 Managing General Agent（管理型总代理），是一种特殊的保险中介机构。在 MGA 模式中，MGA 向保险公司提供产品管理、分销管理、精算、核保、理赔等服务，获得保险公司分配的承保额，进行产品配置后发放给保险经纪机构进行销售。参见 36 氪，https://36kr.com/p/831581584727683。

② 长城保险经纪有限公司，https://www.ccib.com.cn/events?id=93。

林江鹏：《中小企业征信体系历程与对策选择》，《改革》2012 年第 9 期。

沈开涛：《充分发挥保险中介作用》，《中国金融》2015 年第 24 期。

孙玉栋、孟凡达：《我国小微企业税费负担及优惠政策的效应分析》，《审计与经济研究》2016 年第 3 期。

完颜瑞云、锁凌燕：《保险科技对保险业的影响研究》，《保险研究》2019 年第 10 期。

王晓全、康宁：《我国保险经纪市场发展影响因素的实证研究》，《保险研究》2010 年第 12 期。

朱武祥等：《疫情冲击下中小微企业困境与政策效率提升——基于两次全国问卷调查的分析》，《管理世界》2020 年第 4 期。

我国消费金融行业的发展困境
与对策建议

曾　燕　费钰婷　杨佳慧

摘要 本文研究了我国消费金融行业发展面临的主要困境，提出了推动其发展的对策建议，并总结了消费金融行业发展对产业金融行业发展的启示。第一，介绍了我国消费金融行业的发展现状。第二，梳理了我国消费金融行业发展面临的主要困境，包括社会信用体系不健全、获客成本上升等。第三，分析了我国消费金融行业发展的主要影响因素。第四，阐述了我国消费金融行业发展的社会价值。第五，从政府与金融机构的角度提出了促进我国消费金融行业发展的对策建议。第六，总结了消费金融行业发展对产业金融行业发展的启示。

2020—2021 年，我国消费金融①行业发展前景良好。政府在多份文件中提出要"全面促进消费"，消费已成为扩大内需与拉动经济增长的重要力量。一方面，政府为消费金融行业提供政策支持。国家"十四五"规划提出要进一步提升金融对促进消费的支持作用。2020 年 12 月，中国银行保险监督管理委员会（以下简称"银保监会"）发布文件鼓励消费金融行业发展。② 另一方面，消费金融行业逐渐形成健全的监

---

① 本文的消费金融是指消费信贷（Consumer Credit）。根据王江等（2010）的研究，消费信贷即金融机构向消费者所提供的借贷产品和服务，以帮助消费者购买消费产品，如日常的消费品、大件耐用消费品等。本文的消费金融不包括房贷、车贷。

② 中国环保新闻网，http：//www.cepnews.com.cn/caijing/gupiao/118235.html。

管体系。2021 年 1 月，银保监会发布《关于印发消费金融公司监管评级办法（试行）的通知》，① 开展消费金融公司②监管与评级工作，促进其规范化发展。

然而，我国消费金融行业发展也面临着一些困境。新冠肺炎疫情期间，消费金融行业受到冲击，整体业绩大幅下滑，消费贷款不良率飙升。此外，我国消费金融行业存在侵害消费者权益的乱象。2020 年 10 月，银保监会通报称，招联消费金融公司在营销宣传中存在误导和欺骗消费者的行为。③ 2021 年 3 月，银保监会等五部委联合发文④指出部分消费金融放贷机构⑤诱导大学生过度负债，造成恶劣的社会影响。这些行为侵害了消费者的权益，损害了消费金融行业的声誉，不利于消费金融行业建立健康的生态。

在上述背景下，本文将研究我国消费金融行业发展的主要困境和影响因素，并对政府和消费金融放贷机构提出相应的对策建议。本文结构安排如下：第一节介绍消费金融行业的发展现状；第二节梳理消费金融行业发展面临的主要困境；第三节分析消费金融行业发展的主要影响因素；第四节阐述消费金融行业的社会价值；第五节提出一些推动消费金融行业健康发展的对策建议；第六节总结我国消费金融行业发展对产业金融行业发展的启示。

---

① 中证网，http：//www. cs. com. cn/sylm/jsbd/202101/t20210113_6129868. html。

② 消费金融公司是指经银保监会批准，在中华人民共和国境内设立的，不吸收公众存款，以小额、分散为原则，为中国境内居民个人提供以消费为目的的贷款的非银行金融机构。资料来源：http：//www. law - lib. com/law/law_view. asp?id =436684。

③ 中国政府网，http：//www. gov. cn/xinwen/2020 - 10/23/content_5553644. htm。

④ 文件为《关于进一步规范大学生互联网消费贷款监督管理工作的通知》，全文可见 http：//www. cbirc. gov. cn/cn/view/pages/ItemDetail. html？ docId = 971269&amp； itemId = 928&amp； generaltype =0。

⑤ 本文的消费金融放贷机构指为消费者提供消费信贷服务的金融机构。根据彭静等（2018）的研究，消费金融放贷机构主要包括商业银行、持牌消费金融公司（下文简称消费金融公司）、P2P 平台、网络小贷平台、垂直分期平台（如分期乐）与基于电商的消费金融平台（如蚂蚁花呗、京东白条）。

一 我国消费金融行业的发展现状

我国消费金融行业于 2009 年萌芽，之后快速发展，2018 年后进入成熟阶段。具体而言，2009—2014 年是消费金融行业的萌芽期，首批消费金融放贷机构在政策支持下成立。2015—2017 年是成长期，消费金融行业在宽松的监管环境下迅速发展，消费贷款规模和消费金融放贷机构数量大幅增加。2018 年至今是成熟期，我国消费金融行业逐渐形成了较为稳定的竞争格局。下文将具体介绍我国消费金融行业的发展现状。

第一，消费金融行业市场增速放缓。图 1 与图 2 展示了《中国消费金融公司发展报告（2020）》提供的消费贷款余额①和消费金融公司资产规模数据。在消费金融行业贷款规模方面，自 2017 年以来，我国消费贷款余额增速持续下滑，行业发展明显放缓。其中，2019 年消费贷款余额增速为 15.92%（见图 1）。在消费金融行业资产规模方面，消费金融行业资产规模稳步增长，但增长速度呈下降趋势。以消费金融公

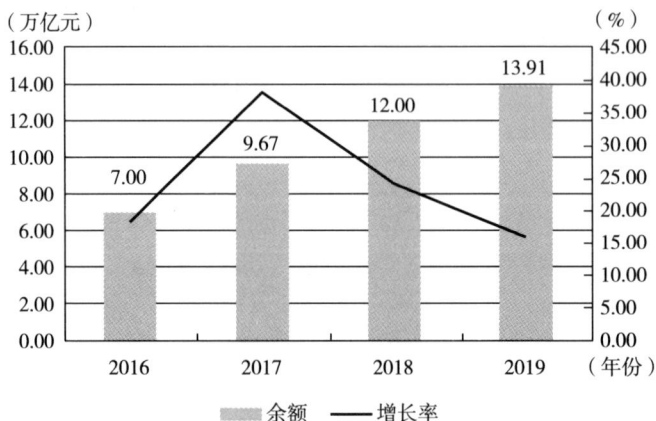

图 1 2016—2019 年消费贷款余额变化情况

资料来源：《中国消费金融公司发展报告（2020）》，https://www.163.com/dy/article/FKS6IEQK051998SC.html。

---

① 消费贷款是指到某一节点日期为止，借款人尚未归还放款人的贷款总额。此处的消费贷款余额不含房贷、经营贷。

司为例，2017 年消费金融公司资产规模同比增长 136%，2018 年同比
增长 38%，2019 年同比增长 28.67%，2018 年后增长速度明显放缓
（见图 2）。

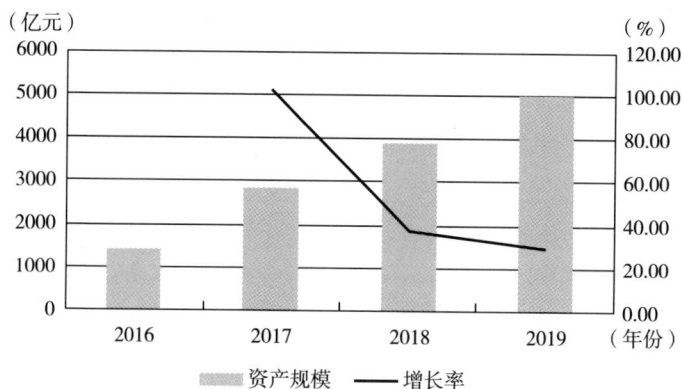

图 2　2016—2019 年消费金融公司资产规模变化情况

资料来源：《中国消费金融公司发展报告（2020）》，https：//www.163.com/dy/article/
FKS6IEQK051998SC.html。

　　第二，消费金融行业竞争日益激烈。我国消费金融行业存在服务同
质化严重的问题，客群集中率、重叠率与产品相似度均很高。例如，市
场上租金贷产品的获客方式和运营思路基本类似，均采用消费金融放贷
机构通过与租赁住房中介机构合作来获得客户，替租户一次性向房东支
付房租，租户按期偿还的基本运营方式。同时，消费金融行业市场增速
放缓，消费金融需求已从过去的被抑制状态转变为较为充分的满足状
态。这导致消费金融放贷机构获客成本增加，消费金融行业竞争更加激
烈。此外，各大互联网巨头开始进军消费金融领域，加剧了行业竞争。
在 2020 年新获批筹建的 5 家消费金融公司中，3 家拥有大型互联网企
业背景。① 截至 2021 年 5 月，已有 7 家大型互联网企业控股或参股消费
金融公司（见表 1）。这些消费金融公司依托于大型互联网企业背景，

---

　　① 分别为小米背景的重庆小米消费金融、蚂蚁科技集团背景的重庆蚂蚁消费金融以及
唯品会背景的唯品富邦消费金融。参见和讯网，http：//news.hexun.com/2020 - 10 - 06/
202187522.html。

掌握丰富的客户资源，具备数据和技术优势，具有强劲的竞争力。

表 1　　　　　　　　大型互联网企业参股的消费金融公司

消费金融公司	大型互联网企业背景
苏宁消费金融公司	苏宁易购
哈银消费金融公司	百度
尚诚消费金融公司	携程
小米消费金融公司	小米
蚂蚁消费金融公司	蚂蚁科技集团
唯品富邦消费金融公司	唯品会
包银消费金融公司	新浪微博

资料来源：笔者根据公开资料整理。

第三，消费金融行业"马太效应"① 加剧。各大消费金融放贷机构已经完成了自身品牌建立，行业领先者具有较大的影响力和较强的实力，在获客、风控等核心环节具备优势，消费金融行业出现分化。例如，在披露了 2020 年营收指标的消费金融公司中，招联消费金融公司和捷信消费金融公司营收均超过 100 亿元，而湖北消费金融公司、锦程消费金融公司、盛银消费金融公司、晋商消费金融公司、金美信消费金融公司和苏宁消费金融公司营收均不足 10 亿元，招联消费金融公司的营收规模是苏宁消费金融公司的 30 倍。② 资产规模方面，仅招联消费金融公司一家的资产规模便和尾部 15 家消费金融公司总资产规模相当。③ 招联消费金融公司等头部消费金融放贷机构牢牢把持用户及流量，形成竞争壁垒，而尾部小型机构不仅面临头部机构的强势竞争，也遭受新入局者的冲击，未来处境越发被动。

---

① "马太效应"是指"强者越强，弱者越弱"的现象。参见 http://www.39.net/mentalworld/xlcd/115537.html。

② 搜狐网，https://www.sohu.com/a/466642258_790382。

③ 搜狐网，https://www.sohu.com/a/466642258_790382。

二 我国消费金融行业发展面临的主要困境

我国消费市场潜力巨大，消费金融行业发展前景良好。然而，我国社会信用体系不健全、消费金融行业获客成本上升、消费金融行业受到新冠肺炎疫情冲击、消费金融行业存在多种行业乱象等问题阻碍了消费金融行业发展的脚步。下文将具体阐述我国消费金融行业发展面临的主要困境。

（一）我国社会信用体系不健全

我国尚未形成健全的征信体系与发达的信用服务市场，消费金融行业发展面临征信数据不足的难题。一方面，央行征信系统的征信数量和维度不足。在征信数量方面，截至 2021 年 1 月，央行征信系统共收集了 11 亿自然人与 6092.3 万户企业及其他组织的信用数据。[①] 根据 2021 年 5 月公布的第七次全国人口普查数据计算，[②] 央行征信系统的征信人口覆盖率约为 79%，与美国 95% 的覆盖率相比仍存在差距。[③] 在征信维度方面，央行征信系统的数据来源渠道是商业银行、非银行金融机构和公共事业单位，数据维度涵盖个人贷款、信用卡及担保等信贷信息，以及个人住房公积金缴存、社会保险缴存、税务等公共信息。央行征信系统的数据缺乏互联网多样性特征，央行征信系统征信产品应用的广度和深度不足，难以全面评估消费者的信用资质，不能满足消费金融行业的要求（叶治杉，2021）。另一方面，我国个人征信机构发展较为缓慢。个人征信机构能实现与央行征信系统的功能互补，然而我国个人征信机构的数量和服务范围有限，阻碍了消费金融行业的发展。截至 2021 年 5 月，我国仅有 2 家机构获得个人征信牌照。[④] 我国市场上的个人征信机构获取征信数据的成本高，征信产品的信息来源和覆盖面丰富

---

① 人民日报，https：//economy. gmw. cn/2021 – 01 – 26/content_34572181. htm。
② 国家统计局，http：//www. gov. cn/shuju/2021 – 05/11/content_5605760. htm。
③ 中金网，https：//www. cngold. com. cn/20161226d1986n110402797. html。
④ 上述获得个人征信牌照的 2 家机构分别是百行征信有限公司与朴道征信有限公司。参见中国网财经，http：//finance. china. com. cn/news/20201207/5448262. shtml。

度不足。我国的数据共享机制不完善，政府与企业间、企业与企业间存在数据孤岛（杨帆，2019）。且我国存在数据权属不明确、数据垄断等问题，数据要素市场尚未形成，企业缺乏向外传递内部数据的动力，个人征信机构获取征信数据的难度大。因此，我国信用服务市场对消费金融行业的支撑力度有待加强。

同时，我国尚未形成完善的失信惩戒和守信激励机制，消费金融行业面临借款人失信成本偏低的难题。一方面，我国的失信惩戒力度有限。现行的失信惩戒手段①对消费贷款失信人的威慑力度有限，借款人失信成本偏低。消费贷款失信人大多具有较低的教育水平、收入水平以及社会地位，不具备高消费和担任企业高管的能力，本身便较难获得传统金融服务。现行的失信惩戒手段对他们的约束力度有限，成为失信被执行人对他们日常生活的影响不大。此外，部分消费贷款失信人对我国失信惩戒机制的认识不足。广州互联网法院与团市委对青年失信被执行人②的调查显示，多数失信被执行人缺乏金融素养，不了解个人征信记录的重要性。③ 另一方面，我国的守信激励不足，社会诚信意识和信用水平偏低。建设诚实守信的社会氛围，除了惩戒失信者，还需激励守信者，引导公众主动践行诚信。然而，我国对于守信者的激励力度有待提高。我国的守信联合激励机制仍停留在征集意见阶段，守信激励政策尚未得到普遍执行。④ 失信惩戒和守信激励机制不完善不利于增强社会诚信意识和提高社会信用水平，不利于消费金融行业的发展。

（二）消费金融行业获客成本上升

我国消费金融产品同质化程度高，加之传统流量池趋于枯竭，导致

---

① 现行的失信惩戒手段主要包括禁止部分高消费行为，包括禁止乘坐飞机、列车软卧；实施其他信用惩戒，包括限制在金融机构贷款或办理信用卡；失信执行人为自然人的，不得担任企业的法定代表人、董事、监事、高级管理人员等。参见《最高人民法院关于公布失信被执行人名单信息的若干规定》，http：//credit. jms. gov. cn/317/14272. html。

② 失信被执行人是指经中华人民共和国各级人民法院认定的"具有履行能力而不履行生效法律文书确定的义务"的人员。参见《最高人民法院关于公布失信被执行人名单信息的若干规定》，http：//credit. jms. gov. cn/317/14272. html。

③ 《21世纪经济报道》，https：//www. 163. com/dy/article/G4IBS30505199NPP. html。

④ 信用中国，http：//www. creditsc. gov. cn/xysc/c100161/201906/9b8b0d89aa9749909d9a84f87ca6e3dd. shtml。

消费金融行业获客成本上升。这压缩了消费金融行业的利润空间，不利于消费金融行业的发展。

在产品同质化程度高和传统流量池枯竭的情况下，消费金融行业获客成本上升。一方面，市场上消费金融产品同质化程度高。例如，蚂蚁花呗和京东白条的产品设计与管理思路基本相同。两者均依托于电商平台，根据借款人的行为数据给予不同的信用评分，根据信用评分给予借款人相应的信用额度，借款人使用信用额度进行分期购物。两者的主要差别仅在于依托的电商平台不同。又如，会分期、房司令、斑马王国等8家房租分期平台的获客渠道和产品特征彼此类似。同质化程度高导致消费者对利率高度敏感。另一方面，传统流量池趋于枯竭，新增客户速率放缓。消费金融放贷机构过去的目标客户主要为一、二线城市的、善于接受新鲜事物的年轻互联网用户。然而，伴随消费金融行业十多年的发展历程，这部分客群已被主要机构瓜分，流量红利正在消失。例如，有网购需求的客户大多使用蚂蚁花呗和京东白条，其他分期购物平台的客流量相对较小。伴随着互联网流量红利趋尽，单纯依靠这部分客群的自然增长已无法支撑消费金融行业过去的增长速度。根据和讯网的报道，不少消费金融放贷机构员工抱怨拓展新增客户越来越难，传统流量池正在枯竭。① 在产品同质化程度高和传统流量池枯竭的情况下，消费金融放贷机构吸引客户的难度变大，消费金融行业的获客成本上升。

而获客成本上升挤压了消费金融行业的利润空间，不利于消费金融行业的发展。获客难度增大导致消费金融放贷机构需要投入更多资源来获取新客户，增加获客成本，挤压盈利空间。部分消费金融放贷机构为了吸引客户，会压低利率，以降低收益甚至是亏损的运营状态挤压同业竞争者，进一步压缩了消费金融行业的利润空间，带来多个弊端。一是部分消费金融放贷机构为了维持利润空间，会放低对借款人信用资质的审查标准，导致机构风险增大。二是利润空间的缩小会限制消费金融放贷机构在提高数字化能力等方面的投入，形成数字化研发投入不足—数字化能力不足—盈利能力弱—投入更加不足的恶性循环，进而限制了消费金融行业的未来发展空间。

---

① 和讯网，http://xfjr.hexun.com/2020 – 08 – 05/201820133.html。

（三）消费金融行业受到新冠肺炎疫情冲击

新冠肺炎疫情导致部分企业停工停产、经济下行压力加大以及线下接触受阻，给消费金融行业带来较大冲击。消费金融行业面临消费信贷需求量下降、贷款不良率上升、催收难度增大等问题，行业整体业务表现不佳，营收下滑，消费金融行业发展受阻。

第一，新冠肺炎疫情导致消费者对未来收入产生悲观预期，消费金融行业面临消费信贷需求量下降的困境。2020年上半年新冠肺炎疫情期间，部分企业停工停产，人们对未来收入的不确定性感受提高。消费者储蓄动机增强，提前消费减少，对消费信贷的需求量下降。客户借款意愿减弱，消费金融行业的业务端压力变大，获客难度提升。消费金融放贷机构普遍面临新增贷款速率放缓甚至下滑的问题。此外，疫情期间消费金融放贷机构放贷更为谨慎，进一步加剧新增贷款速率下滑的情况。零壹研究院院长于百程指出，疫情期间消费金融公司资产规模减小，业绩增速放缓甚至下滑。[1] 银保监会工作人员称"疫情期间消费金融行业整体贷款余额逐月下降，2—3月下降幅度尤为明显"。[2]

第二，新冠肺炎疫情导致借款人收入下降和还款意愿减弱，消费金融行业面临贷款不良率上升的困境。新冠肺炎疫情导致部分企业停工停产，借款人收入水平降低，借款人无法按时还款，违约概率提高。消费金融行业的贷款不良率上升，不良资产风险升高，整体资产质量下降。疫情期间，消费金融公司资产抵押债券（以下简称"ABS"[3]）逾期指标大幅恶化，这说明ABS的基础资产消费贷款的资产质量明显下降。截至2020年3月，ABS逾期1—30天占比从2019年年末的2.71%提升至4.79%，ABS总体逾期率也从2019年年底的9.51%大幅上升至15.56%。[4] 贷款不良率上升会给消费金融行业的业绩表现带来不利影

---

① 证券日报，https://new.qq.com/omn/20200831/20200831A00O5000.html。
② 财经中国周刊，https://www.sohu.com/a/453612103_115880。
③ 资产抵押债券是以特定资产池产生的可预期的稳定现金流为支撑发行的债券工具。参见http://school.stockstar.com/SS2016030200002229.shtml。
④ CNABS，天风证券研究所，https://mp.weixin.qq.com/s/WNcoGJiTUh68Vi6VAS0kYg。

响，导致全行业整体风险上升。

第三，由于线下催收因防疫要求受阻，加之"反催收联盟"① 和恶意投诉的攻击，消费金融行业面临催收难度增大的困境。防疫需求使物理接触无法实现，消费金融工作人员只能进行线上催收，比如使用电话、短信等方式催收，催收效力较低，催收难度增大。并且部分借款人企图通过加入"反催收联盟"和进行恶意投诉等恶劣行为拖延待偿欠款。他们试图通过恶意投诉、诱导催收人员犯规等手段达到逃废债的目的。这进一步加大了消费金融放贷机构的贷后催收难度。某消费金融公司副总经理透露，1/3 以上的客户接话是无理投诉。② 苏宁金融研究院副院长薛洪言表示，疫情期间"反催收联盟"限制了很多金融机构的催收活动。③

在消费信贷需求量下降、贷款不良率上升与催收难度增大的共同作用下，疫情期间消费金融行业业绩下滑。据《证券日报》调查，2020年上半年持牌消费金融机构业绩普遍下滑，招联消费金融公司、湖北消费金融公司、海尔消费金融公司和杭银消费金融公司的净利润均同比下降。④ 疫情期间资产质量下降与催收效率降低是放贷机构减收的主要原因。此外，受隐形共债风险⑤上升和线上"反催收联盟"规模化等因素影响，逃废债现象有所加剧，影响了消费金融行业的健康发展。

（四）消费金融行业存在多种行业乱象

我国消费金融行业出现了无序竞争和扰乱市场秩序的行为，包括诱导客户过度负债、收取畸高利率、暴力催收、滥用个人信息、刻意误导宣传等。这些行业乱象侵害了金融消费者权益，损害了消费金融行业的声誉，不利于消费金融行业建立健康的生态。

---

① "反催收联盟"是通过诱导催收人员违规、恶意投诉、编造艰难处境等方式，拖延待偿欠款，以达到逃废债目的的违法违规网络群组。

② 新浪财经，https：//finance. sina. com. cn/wm/2020 – 08 – 27/doc – iivhvpwy3431418. shtml。

③ 券商中国，https：//www. caiguu. com/licai/yinxing/197942. html。

④ 证券日报，http：//bank. jrj. com. cn/2020/08/31085830640877. shtml。

⑤ 共债是指借款人在多个平台上同时存在债务的现象，即多头借贷。参见 https：//www. tqcj. com/a/10232. html。

第一，部分消费金融放贷机构诱导客户过度提前消费，使客户过度负债。央行在 2021 年工作会议上批评了金融机构引诱客户过度负债的行为。① 一些消费金融放贷机构借助各类营销手段过度宣传信贷产品，诱导消费者过度提前消费。这些机构通过挖掘客户的金融行为数据，分析客户金融行为特征，大量推送金融营销广告，向资信脆弱人群宣传"超前消费""过度消费""负债消费"等理念。这些机构不仅没有有效评估借款人还款能力，还诱导客户过度负债，使一些低收入人群面临债务困境。例如，贵州某高校大四学生小姜，平时习惯使用网贷服务，在超前消费观念影响下其借贷次数越来越多，但是他缺乏与债务相匹配的还款能力，最后只能靠向亲戚借钱勉强还完网贷，而他身边有不少同学通过"以贷还贷"的方式周转资金，抵还网络贷款。②

第二，部分消费金融放贷机构借助各种名义，收取过高的服务费用，变相发放"高利贷"。2019 年 10 月，最高人民法院、最高人民检察院、公安部以及司法部联合发布《关于办理非法放贷刑事案件若干问题的意见》③，明确规定超过 36% 的实际年利率的放贷行为是违法行为。然而，一些消费金融放贷机构通过增加服务费的方式变相收取畸高利率，严重损害消费者的权益。这些机构在给借款人放贷时，会先从本金里面以"服务费""手续费"等名义扣除一部分资金，但仍以初始本金计算借款人最终所需的还款金额。例如，"钱站"APP 一笔 7 天期的 1000 元借款，需要收取各类服务费用共 96.95 元，实际年化利率约为 140%。④ 董女士在一家宣称"月利率仅 0.6%"的平台贷款 1500 元，但实际仅到账 1050 元，且还款期限为一周，实际周利率高达 43%。⑤ 某用户在黑猫投诉上称其在不知情的情况下被收取了高达 10857.98 元的服务费用，并被代开了保险。⑥

第三，部分消费金融放贷机构暴力催收、滥用个人信息，侵害了消

---

① 网易新闻，https：//www.163.com/dy/article/FVM6IA6OO5399LDO.html。

② 人民日报，https：//economy.gmw.cn/2020 - 11/25/content_34399257.htm。

③ 全文可见 http：//www.court.gov.cn/fabu - xiangqing - 192201.html。

④ 人民日报，https：//www.sohu.com/a/201249892_104421。

⑤ 央视网，http：//news.cctv.com/2019/03/15/ARTIfoxg0WxCFAg9G2YZySzL190315.shtml? spm = C94212.P5U2NxPxOG9b.S76735.1。

⑥ 证券日报，http：//www.cs.com.cn/tj/02/01/202101/t20210119_6131492.html。

费者的名誉权、信息安全权等权益。一方面，部分消费金融放贷机构存在暴力催收的问题。据 21CN 聚投诉报告，互联网消费金融投诉的两大突出问题之一便是暴力催收。① 截至 2021 年 5 月，黑猫投诉平台上关于暴力催收的投诉共 90565 条。② 暴力催收包括威胁恐吓、骚扰亲人、语言侮辱等行为，侵犯了被催收方的名誉权、人格权等合法权益。另一方面，部分消费金融放贷机构过度收集并滥用客户信息。银保监会称，一些金融机构在营销或借贷过程中，通过广告页面过度收集并滥用客户信息，甚至在消费者不知情的情况下买卖客户信息，侵害了消费者信息安全权。③ 例如，有记者成功从数据中介手中购买了 100 条用户数据，用户涉及借钱用、速贷之家等多个平台。④ 根据《证券日报》的调查，多名用户表示怀疑个人信息在申请消费贷款时遭到泄露。⑤ 消费金融放贷机构暴力催收与滥用个人信息的行为已经造成了恶劣的社会影响。

第四，部分消费金融放贷机构信息披露不当，风险提示不足，侵害了消费者的知情权、自主选择权和公平交易权等权益。一些消费金融放贷机构没有披露或没有明确披露贷款期限、贷款利率、征信查询授权、贷款违约责任等重要信息，风险提示不足。金融素养不高的消费者难以识别其中的风险，可能做出不恰当的决策。以马上消费金融公司的安逸花产品为例，安逸花 APP 的下载页面只展示了最低日息，客户需要等成功申请贷款额度后才能得知实际利率。⑥ 2020 年 6 月，银保监会发文批评消费金融放贷机构信息披露不当、侵犯客户知情权与选择权的行为。⑦ 2020 年 10 月，银保监会消费者权益保护局点名批评了招联消费金融公司，称其营销宣传存在夸大、误导的情况。⑧ 招联消费金融公司在宣传页面和营销话语中未明确说明其展示的利率为日利率、月利率还

---

① 全文可见 http://ts. 21cn. com/news/a/2019/0129/10/33146381. shtml。

② 黑猫投诉，https://tousu. sina. com. cn/index/search/? keywords = % E5% 82% AC% E6% 94% B6&t = 0。

③ 人民日报，http://hn. cnr. cn/hngbcj_1/20210208/t20210208_525410008. shtml。

④ 新京报，https://www. sohu. com/a/202960923_114988。

⑤ 证券日报，http://www. cs. com. cn/tj/02/01/202101/t20210119_6131492. html。

⑥ 证券日报，http://www. cs. com. cn/tj/02/01/202101/t20210119_6131492. html。

⑦ 文件为《2020 年非银行机构市场乱象整治"回头看"工作要点》，全文可见 https://www. 163. com/dy/article/FFUMJ1RA0519TO6D. html。

⑧ 中国政府网，http://www. gov. cn/xinwen/2020 – 10/23/content_5553644. htm。

是年利率，"超低利率""0 门槛申请""全民都可借""随借随还"等宣传内容与实际情况不符。消费金融放贷机构风险提示不足与刻意误导宣传的行为，侵害了消费者的知情权、自主选择权和公平交易权等权益。

综上所述，社会信用体系不健全、获客成本上升、新冠肺炎疫情冲击以及各种行业乱象阻碍了我国消费金融行业的健康发展。消费金融行业面临征信数据不足、借款人失信成本低、获客难度大等困境，出现了业绩表现下滑、侵害金融消费者权益等问题，仍存在许多难题需要解决。

三 我国消费金融行业发展的影响因素

为了能更加清晰深刻地认识我国消费金融行业，下文将分析影响消费金融行业发展的主要因素，包括国家政策与监管强度、收入水平与消费观念以及消费金融放贷机构的自身能力。

（一）国家政策与监管强度

国家政策影响了消费金融行业发展的方向。2009 年以前，我国针对个人的信贷服务集中于房贷与车贷，放贷机构主要为商业银行。2009 年 7 月，国家出台《消费金融公司试点管理办法》，鼓励金融机构为购房、购车以外的消费行为提供信贷服务，推动了消费金融行业的萌芽。[1] 2016 年 3 月，中国人民银行、原银监会提出要"加快推进消费信贷管理模式和产品创新"。[2] 在上述政策的影响下，消费金融放贷机构围绕消费者的多样化金融需求开展产品创新，我国消费金融放贷机构的种类和数量都有所增加。

监管强度影响了消费金融行业发展的积极性。萌芽期和成长期阶段，国家政策以鼓励为主，宽松的监管环境下消费金融行业参与主体的积极性高，行业资产规模和放贷机构数量快速增长。然而，由于"高

---

[1] 中国政府网，http://www.gov.cn/gzdt/2009-08/14/content_1391485.htm。

[2] 中国政府网，http://www.gov.cn/xinwen/2016-03/30/content_5059833.htm。

利贷"、暴力催收等行业乱象频发，2017 年起监管强度加强，我国消费
金融行业增长速度放缓。自 2017 年颁布《关于规范整顿"现金贷"业
务的通知》① 等文件以来，政府逐步建立健全监管机制，针对规范 P2P
网贷平台与现金贷、清理大数据违规行为与打击非法放贷、加强防范化
解系统性金融风险等问题开展监管活动，出台的主要政策如表 2 所示。
监管强度加强后，消费金融行业参与主体的积极性减弱，消费金融放贷
机构数量大幅下降，众多消费金融放贷机构退出消费金融市场。例如，
随着 P2P 网贷平台专项整治活动的开展，P2P 网贷平台数量不断下降。
2020 年 11 月，银保监会首席律师表示全国实际运营的 P2P 网贷平台已
全部清零。②

表 2   2017 年以来消费金融行业的主要监管政策

时间	文件	主要内容
2017 年 6 月	原银监会、教育部和人力资源社会保障部发布《关于进一步加强校园网贷规范管理工作的通知》	暂停网贷机构开展在校大学生网贷业务
2017 年 11 月	互联网金融风险专项整治工作领导小组办公室发布《关于立即暂停批设网络小额贷款公司的通知》	要求监管部门不得新批设网络（互联网）小额贷款公司
2017 年 12 月	互联网金融风险专项整治工作领导小组办公室、P2P 网贷风险专项整治工作领导小组办公室发布《关于规范整顿"现金贷"业务的通知》	对现金贷业务作了全面的规范
2019 年 8 月	银保监会发布《关于开展"巩固治乱象成果促进合规建设"工作的通知》	消费金融公司要按照相关要点开展整治工作，要点主要包括公司治理、资产质量和业务经管
2019 年 10 月	两高两部发布《关于办理非法放贷刑事案件若干问题的意见》	首次明确超过36%的实际年利率的放贷行为为非法放贷行为

① 广州市普惠金融协会，http：//www.gzphjr.org/xiehuifuwu/zhengcefagui/221.html。
② 人民网，http：//finance.people.com.cn/n1/2020/1130/c1004－31948797.html。

续表

时间	文件	主要内容
2020 年 3 月	银保监会发布《中国银保监会非银行金融机构行政许可事项实施办法》	消费金融公司可以发行经监管许可的其他债务和资本补充工具
2020 年 7 月	银保监会发布《商业银行互联网贷款管理暂行办法》	对商业银行互联网贷款和数据使用做出规定
2020 年 8 月	最高法《最高人民法院关于修改〈关于审理民间借贷案件适用法律若干问题的规定〉的决定》	调整民间借贷利率上限
2020 年 8 月	央行下发《关于开展线上联合消费贷款调查的紧急通知》	要求银行开展互联网消费信贷业务的风险调查
2020 年 9 月	银保监会发布《关于加强小额贷款公司监督管理的通知》	对小额贷款公司提出指导意见
2020 年 11 月	银保监会发布《网络小额贷款业务管理暂行办法》	对网络小贷公司的业务经营提出要求
2021 年 3 月	银保监会等五部委联合发布《关于进一步规范大学生互联网消费贷款监督管理工作的通知》	禁止小额贷款公司向大学生发放互联网消费贷款

资料来源：笔者根据公开资料整理。

（二）居民收入水平与消费观念

居民收入水平影响了居民对消费信贷的需求，进而影响了消费金融行业的发展空间。一方面，收入水平会影响居民消费，进而影响居民对消费金融的需求。我国消费金融行业从 2009 年起进入发展期，这是中国经济发展持续向好带来的结果。另一方面，根据远期流动约束性假说和预防性储蓄假说，消费者在预期未来收入下降时会减少提前消费，这导致消费信贷的需求降低。2020 年上半年，新冠肺炎疫情造成部分企业停工停产，居民对未来收入的不确定性感受上升，居民消费更加谨慎，短期信贷需求下降。这说明，居民收入水平是我国消费金融行业发展的重要影响因素，居民收入水平与居民信贷意愿紧密相关。此外，消费者对未来刚性支出的预期也会影响其对消费金融的需求。与预期未来收入下降类似，预期未来刚性支出增加会增加居民的储蓄动机，从而减少居民对消费金融的需求。例如，当房价升高、生育成本增加以及养老压力变重时，消费者对未来的不确定性感受上升，储蓄动机增强，提前消费意愿降低（李燕桥，2014）。

居民消费观念影响了居民的消费方式，进而影响了消费金融行业的发展背景。我国消费金融行业发展的背后是消费者消费观念的转变。我国的传统消费观念讲究以收定支，不认可通过借债进行提前消费，与消费金融"寅吃卯粮"的内核冲突。根据相对收入假说中的"棘轮效应"①，人的消费习惯具有惯性，消费观念会影响消费者的决策和行为。对于年长人群来说，他们的消费观念与我国传统消费观念一致。在"既无内债，又无外债"消费观的影响下，他们对于提前消费持谨慎态度。而年轻人群的消费观念更为开放，他们愿意用信贷的方式进行提前消费，同时他们也具有更强的消费需求和欲望。我国消费金融行业发展的背后是"80后""90后"等年轻消费人群的成长和社会消费观念的转变。

（三）消费金融放贷机构自身能力

消费金融行业的发展还受到消费金融放贷机构自身能力的影响，包括消费金融放贷机构的数字技术应用能力、风控能力以及融资能力。

第一，数字技术的应用会促进消费金融放贷机构的效率提升，扩大消费金融行业的利润空间，进而促进消费金融行业的发展。以"IABC-DE"② 为代表的数字技术能提升贷前审批、账户管理、实时跟踪、资金监控、贷后催收等全流程的效率。例如，大数据、人工智能等技术帮助放贷机构收集分析借款人的信用数据，降低了信贷市场的信息不对称程度。生物探针③、行为序列技术④等技术帮助京东防范盗号、骗贷等

---

① "棘轮效应"由经济学家杜森贝利提出，指消费者的消费习惯一旦形成是不可逆的，消费者的消费支出不仅受目前收入的影响，而且还受其过去收入特别是过去"高峰期"收入的影响。

② IABCDE 指物联网 IOT、人工智能 AI、区块链 Block Chain、云计算 Cloud、大数据 Big Data、边缘计算 Edge Computing。

③ 生物探针是通过在交互前端收集字符输入频率、鼠标移动速度、点击位置偏移等行为特征，利用机器学习的方法建立多维度的行为模型区分操作者是自然人还是机器。参见 https://zhuanlan.zhihu.com/p/55677234。

④ 行为序列技术是系统按照时间先后顺序，记录用户在京东网站内部活动的每一步行为，并根据行为串的模式，区分和识别用户的风险。参见 https://zhuanlan.zhihu.com/p/240023045。

行为。数字技术的应用提高了消费金融放贷机构识别优质客户的能力，扩大了消费金融放贷机构的盈利空间。消费金融放贷机构越发重视数字化能力的提升，中国银行、中国工商银行等金融机构先后建立金融科技子公司，希望以数字技术支撑自身业务发展与转型升级。数字技术与金融实践的结合推动了消费金融行业的发展。

第二，风控疲弱会提高消费金融放贷机构的贷款不良率，影响消费金融行业的利润空间，进而阻碍消费金融行业发展。消费金融行业试图发现传统贷款模式下被忽视的群体，这部分人群虽然在传统征信里信用评级不高，但具有良好的还款意愿和一定的还款能力。能否有效识别出这部分人群是消费金融行业能否盈利的关键。然而，部分消费金融放贷机构风控能力不足，无法有效降低信贷市场的信息不对称程度。一方面，一些消费金融放贷机构战略上不够重视风险管理，过分追求贷款规模，忽视贷款质量。这部分消费金融放贷机构只注重寻找潜在客户，忽视了对借款人的风险评估和筛选。另一方面，一些消费金融放贷机构的风控模型过于简单，难以做到对客户进行精准画像。如果消费金融行业普遍面临贷款不良率高的问题，那么行业的利润空间就会缩小。为了克服高贷款不良率给利润空间带来的不利影响，放贷机构可能通过扩大贷款规模和提高贷款定价的方式进行风险补偿，或者通过融资来冲抵坏账。如果行业普遍采取这些手段，那么一旦出现规模扩张乏力、融资受阻等情况，消费金融行业的发展便会陷入困境（鄂春林，2018）。

第三，强大的融资能力有利于消费金融放贷机构增强抵御风险能力，有利于扩大消费金融行业的利润空间，进而促进消费金融行业的发展。消费金融放贷机构的融资能力主要受到其股东背景与风控能力的影响。股东的兜底能力越强，放贷机构对逾期率的控制能力和对不良资产的催收处置能力越强，其融资能力也越强。根据易观对我国消费金融行业的分析，不同机构融资能力不同，银行融资成本仅为1%—2.5%，其他消费金融放贷机构融资成本在3%—12.5%。[1] 例如，消费金融公司维信金科为了筹集资金，在2019年6月发行债券，利率高达11%。[2]

---

[1] http：//www.199it.com/archives/715666.html.

[2] 维信金科咨询，http：//guba.eastmoney.com/news，cjpl，840112742.html。

强大的融资能力有利于消费金融放贷机构增强实力。一是这有利于消费金融放贷机构降低流动性风险，增强其抵御风险能力。二是这有利于消费金融放贷机构加大在提高数字化能力与获客能力上的资金投入，进而提高放贷机构的收入并扩大消费金融行业的利润空间。融资能力不足可能使消费金融放贷机构陷入资金实力弱—盈利能力弱—资金实力更弱的恶性循环，加剧消费金融行业的"马太效应"。

综上所述，我国消费金融行业发展的影响因素主要有国家政策与监管强度、收入水平与消费观念，以及消费金融放贷机构自身能力。其中国家政策与监管强度影响了消费金融行业发展的方向和积极性，收入水平与消费观念影响了消费金融行业的发展空间和背景，消费金融放贷机构的数字技术应用能力、风控能力以及融资能力影响了消费金融行业的利润空间。

四 我国消费金融行业发展的社会价值

上文讨论了影响我国消费金融行业发展的多种因素，下文将剖析其社会价值，包括推动消费优化升级、促进普惠金融深化，以及符合构建以国内大循环为主体的新发展格局的要求。发展消费金融行业不仅有利于消费的扩容提质，使我国的金融业更加具有普惠性，还能使消费环节更加畅通，激发内需潜力，助力国内大循环的建设。下文将对此进行具体分析。

第一，消费金融行业的发展能帮助消费者获得更好的生活体验，促进消费优化升级，为满足人民对美好生活的需要提供金融工具。消费金融通过提供资金的跨时间配置，帮助消费者平滑消费，促进消费优化升级。例如，小肖通过海尔消费金融12期免息的"0元购"购入"双子云裳"洗衣机，提升了一家人的生活质量。[1] 再如，小赵通过北银消费金融的"助业贷"获得学车费用，为尽快踏入工作岗位做好准备。[2] 可以看出，消费金融行业的发展能帮助消费者提高生活质量，获得更好的

---

[1] 华财网，http://www.cnfina.com/kuaixun/20181214_142269.html。
[2] 融360，https://www.rong360.com/gl/2013/07/09/23413.html。

生活体验。消费者通过消费金融，获得了享受更高质量商品和服务的机会，实现了消费的优化升级。发展消费金融行业有利于满足人民群众日益增长的美好生活需要。臧日宏和王春燕（2020）提出消费金融有利于农村消费结构转型升级。其他学者研究也表明，消费金融对消费升级有积极作用（田长海、刘锐，2013；温雪等，2018）。

第二，消费金融行业的发展能延伸金融服务触角，促进普惠金融的发展，助力长尾人群获取金融服务。我国传统金融主要服务于高净值、高收入与高教育水平人群。许多潜在客户由于个人收入水平较低、工作性质不稳定以及居住地金融发展状况较为落后，较难获得优质的金融服务。消费金融的发展将金融服务的范围扩展到传统征信没有覆盖的人群，将金融服务的触角伸到三线及以下城市和县乡镇农村。一方面，消费金融产品的申请要求相对较低，消费者使用消费金融产品所需花费的精力更少。例如，用户只需满足实名认证、成年、芝麻信用分达标的条件便可开通蚂蚁花呗。[①] 另一方面，消费金融产品的服务半径包括三线及以下城市和县乡镇农村。例如，京东白条 2019 年第四季度的新增用户超过七成来自三线至六线城市。[②] 消费金融的发展允许借款人的行为信息成为征信数据，提高了长尾人群获得贷款的可能。消费金融的发展让更多人群享受到金融服务，延伸了金融服务触角，促进了普惠金融的发展。

第三，消费金融行业的发展能使消费环节更加畅通，助力内需体系的建设，符合构建以国内大循环为主体的新发展格局的要求。2021 年 1 月，党的十五届五中全会提出要"加快培育完整内需体系"，并指出培育完整内需体系需要"使生产、分配、流通、消费各环节更加畅通"。消费金融的发展对畅通消费环节有积极作用。消费金融通过为消费者提供资金跨时间配置服务，使消费者"能消费"且"敢消费"，是改善我国消费环境的一个工具。消费金融的发展能助力我国内需体系的建设，在刺激内需上有积极作用。学者研究表明消费金融能刺激消费支出增长（曾刚、吴语香，2020；赵保国、盖念，2020）。发展消费金融行业有

①　https://zhidao.baidu.com/question/2268150039556682188。
②　消金界，https://www.01caijing.com/blog/335041.htm。

助于激发我国消费潜力，有利于构建以国内大循环为主体的新发展格局。

综上所述，消费金融行业的发展在促进消费优化升级、促进普惠金融深化以及助力构建以国内大循环为主体的新发展格局方面发挥了积极的作用。发展消费金融，有利于提高消费者的生活质量，延伸金融服务的触角，助力内需体系的建设。消费金融为满足我国人民美好生活需要和激发我国消费潜力提供了金融工具。

五 促进我国消费金融行业发展的对策建议

为充分发挥消费金融的积极作用，下文将基于前文分析的发展困境与影响因素，向政府部门和消费金融放贷机构提出以下对策建议：

建议1：政府应当打通数据共享渠道，继续推动征信市场"政府＋市场"双轮驱动发展模式的形成。首先，政府需要尽快解决数据确权、数据定价与数据垄断等问题，加快建设数据要素市场。同时，政府需要创新数据整合方式，在保障个人信息安全的前提下推动数据共享，解决信息孤岛问题。这有利于丰富消费金融行业的征信数据来源，降低借贷市场的信息不对称程度。其次，政府需要规定信用数据征集的主体与范围，以及信用数据使用的范围和目的，防止个人信息被滥用。政府需要不断完善征信业法律体系及行政监管，根据市场实际发展状况规定信息提供者和信息使用者的责任义务。最后，政府需要继续推动形成征信市场"政府＋市场"双轮驱动的发展模式，扩大我国征信体系的人群覆盖面与服务范围，鼓励市场中的个人征信机构发挥对央行征信系统的补充作用，提高信用服务体系对消费金融行业的支撑作用。

建议2：政府应当加强社会诚信文化建设。虽然我国已经建立失信联合惩戒机制，但是社会诚信宣传和教育仍存在不足，借款人对征信记录的重要性认识不够。首先，政府需要从全社会角度培养社会诚信意识，加大诚信教育力度，开展征信宣传活动。全社会需要持续开展金融知识宣传，加强诚信意识教育，提高消费者对个人征信记录的重视程度。其次，政府需要进一步完善信用奖惩制度，丰富奖惩措施，构建政府部门协同联动、行业组织自律管理、信用服务机构积极参与和社会舆论广泛监督的共同治理格局，助力消费金融行业降低信用风险。有关部门需要提高对守信者的激励力度，为信用良好的个人提供在教育、就业、创业、社会保障等领域的优先便利。最后，有关部门需要健全信用修复机制，明确各类失信行为的联合惩戒期限及信用修复方式，鼓励失信主体通过志愿活动、慈善捐助等方式修复信用。这有利于提高社会信用水平，为消费金融行业发展提供良好的文化氛围。

建议 3：政府应当积极引导消费金融放贷机构高质量发展。首先，政府需要围绕促进消费扩容提质的主题，推进相关政策的落实，改善消费环境，并减轻新冠肺炎疫情给社会带来的不利影响，助力消费金融行业的可持续发展。其次，政府应当拓宽消费金融放贷机构的融资渠道，提高消费金融放贷机构的融资能力，支持消费金融放贷机构增加在数字化建设等方面的投入，提高自身精细化管理能力。最后，政府应当坚持以风险为本的审慎监管，鼓励消费金融行业发挥其应有的积极作用，为消费金融行业的高质量发展提出政策性引导。政府应当引导消费金融放贷机构树立可持续发展的经营理念，明确市场定位，优化业务模式，不断提升自主展业能力和核心风控能力。

建议 4：政府应当继续整治消费金融行业乱象，加强对金融消费者权益的保护。政府需要进一步完善对金融消费者权益的保护机制，加强保护力度。首先，政府需要继续完善金融消费者权益保护的相关法规，建立金融消费者投诉处理机制，建设相关的纠纷化解渠道。其次，政府需要持续打击侵犯金融消费者合法权益的行为，扩大监管范围，加强整治力度，进而促进消费金融行业健康生态的形成。另外，政府需要督促消费金融放贷机构践行责任信贷理念，审慎确定风险偏好，引导行业自律以保护消费者的合法权益。最后，政府需要加强对金融消费者的宣传教育，提高消费者金融安全防范意识，并倡导理性消费文化和正确消费观，引导消费者摒弃盲目消费、过度提前消费等行为。

建议 5：消费金融放贷机构应当提高风控水平，加大在优化风控模型、提高数字技术应用水平上的投入。首先，消费金融放贷机构需要在战略上重视风险管理，摒弃"高收益覆盖高风险"的粗放风控思路，关注精细化运营能力的提升。其次，消费金融放贷机构需要重视风控模型的优化，提高风控模型的精确度，根据消费场景和客群特征调整风控模型的变量和参数，进而精准识别目标客户和进行产品定价。另外，消费金融放贷机构需要重视数字化能力提升，继续探索如何将大数据、人工智能、区块链等数字技术应用于贷前、贷中及贷后各环节中。最后，消费金融放贷机构需要加快核心数据及客户资源积累的速度，充分利用数字技术手段，强化自主风控能力建设，提高风险识别和应对能力。

建议6：消费金融放贷机构应当结合消费场景提供金融服务，创新金融产品和服务，培育自身竞争优势。首先，消费金融放贷机构需要洞悉消费场景，明确消费场景的风险管理重点。消费金融放贷机构需要了解特定消费场景的客户需求和客户特征，并针对该消费场景收集信用数据并研发风控模型。其次，消费金融放贷机构需要结合消费场景打造核心竞争力，培育垂直场景下的获客与选客优势，基于消费场景和客户需求创新金融产品和服务，探索自身的优势条件。最后，消费金融放贷机构还需重视"B端"① 风控。在与导流平台合作时，消费金融放贷机构应关注导流平台的经营动态和资金去向，与导流平台就合作事项开展范围、风险责任、结算事宜、争议处理等进行明确约定，减少合作方"暴雷"带来的损失。

综上所述，促进消费金融行业发展的对策建议主要有：一是政府需要继续打通数据共享渠道，完善多层次的征信体系，加强社会诚信文化建设；二是政府需要积极引导消费金融放贷机构高质量发展，加强对金融消费者权益的保护；三是消费金融放贷机构需要提高自身的风控水平和数字化能力，结合消费场景培育自身的竞争优势。

六 我国消费金融行业发展对产业金融② 行业发展的启示

我国消费金融行业结合数字技术打破信用约束，为消费者提供满足金融需求的服务，促进消费优化升级。产业金融通过为产业链上企业提

---

① "B端"指与消费金融放贷机构合作、为放贷机构导流的企业，与代表消费者的"C端"相对。

② 产业金融是能够有效地促进特定产业发展的金融活动总称。

供金融服务以促进特定产业发展，与消费金融有相似之处。消费金融行业的发展对产业金融行业的发展具有一定的启示作用。下文将总结我国消费金融行业发展对产业金融行业发展的启示，包括产业金融行业要整合产业链各环节数据，了解产业链各环节特征，以及提高自身数字技术应用水平。

启示1：产业金融行业应整合产业链各环节的数据。不少小微企业拥有良好的发展潜力和还款意愿，却因为不满足传统金融服务的信用条件而无法获得贷款，经营规模扩张受到制约。产业金融放贷机构可以积极利用产业链上下游企业间的交易数据、企业主的行为数据等信息来判断企业信用资质。这能帮助降低借贷市场的信息不对称程度，打破信用约束。产业链各环节数据分散在各个经营企业内部，缺少有效整合，信息孤岛问题制约了产业金融放贷机构利用数据的能力。产业金融行业需要解决信息孤岛问题，创新数据整合制度。例如，深圳市创捷供应链有限公司通过自建的信息平台收集供应链合作企业的交易数据，掌握了企业毛利等信息情况，为产业链上的企业提供低风险的融资服务（宋华、卢强，2017）。

启示2：产业金融行业应在充分了解产业链各环节特征的基础上，为客户提供特色化的金融产品和服务。产业金融放贷机构需要充分了解产业的风险管理重点，确定评估特定产业内企业信用资质的关键数据，进而提高风控模型的精确度，识别出优质客户。这有利于产业金融放贷机构降低贷款不良率，提高整体资产质量，增强盈利能力。另外，产业金融放贷机构需要加强对产业场景的把握和认识，深度挖掘产业与各环节企业的特征，进而创新金融产品和服务，满足客户的多样化金融需求。例如，产业链不同环节的企业经营周期不同，产业金融放贷机构可以根据企业的周转天数设计不同的还款期限。产业金融放贷机构需要结合各参与主体的价值诉求，提供灵活的金融产品和服务，助力打通产业链的郁结。

启示3：产业金融行业应提高自身数字技术应用水平。产业金融行业需要积极探索数字技术与实际应用的结合，提高自身数字技术应用水平。这有利于其提高自身对信用数据的处理能力和对产业场景的认知程度。例如，区块链技术可用于构建产业链共享数据体系，进行货物确权，确保各环节的可追溯性和安全性。产业金融行业应当抓住以 5G、人工智能、大数据和物联网为核心的"新基建"发展机遇，强化自身数字化能力。这有利于其提高运行效率，对接产业部门的多样化需求，使其更加适应产业场景的要求，推出更加市场化的产业金融产品。

总而言之，我国消费金融的发展仍面临挑战。本文通过深入分析消费金融行业的主要发展困境和影响因素，有针对性地提出促进消费金融行业健康发展的对策建议，并进一步从中获得消费金融行业发展对产业金融行业发展的启示。消费金融行业应当在政策限度内努力突破发展困境，提高精细化运营能力，充分发挥其行业优势，助力我国消费的扩容提质。发展消费金融需要凝聚各方智慧和力量，使消费金融在我国的经济社会中发挥更为积极的作用。

参考文献

鄂春林：《互联网消费金融：发展趋势、挑战与对策》，《南方金融》2018 年第 3 期。

李燕桥：《中国消费金融发展的制约因素及对策选择》，《山东社会科学》2014 年第 3 期。

彭静、张宇：《互联网消费金融商业模式与创新监管对策研究》，《商业经济研究》2018 年第 21 期。

宋华、卢强：《基于虚拟产业集群的供应链金融模式创新：创捷公司案例分析》，《中国工业经济》2017 年第 5 期。

田长海、刘锐：《消费金融促进消费升级的理论与实证分析》，《消费经济》2013 年第 6 期。

王江等：《消费金融研究综述》，《经济研究》2010 年第 1 期。

温雪：《社会资本、消费信贷与农户家庭消费》，《消费经济》2018 年第 4 期。

杨帆：《金融监管中的数据共享机制研究》，《金融监管研究》2019 年第 10 期。

叶治杉：《我国征信体系建设发展障碍与战略对策——基于美国经验的考察与借鉴》，《西南金融》2021 年第 5 期。

臧日宏、王春燕：《消费金融如何提振乡村消费》，《人民论坛》

2020 年第 5 期。

曾刚、吴语香：《消费金融助力"双循环"发展》，《中国金融》2020 年第 14 期。

赵保国、盖念：《互联网消费金融对国内居民消费结构的影响——基于 VAR 模型的实证研究》，《中央财经大学学报》2020 年第 3 期。

"惠民保"产品的社会价值及其
市场发展方向探析

曾　燕　孙艺宁　杨佳慧

摘要▷本文主要分析了我国"惠民保"产品的社会价值，提出了促进"惠民保"产品市场发展的对策建议，并总结了"惠民保"产品对保险产品创新的启示。第一，梳理了"惠民保"产品的特点、产生背景与市场发展现状。第二，从构建多层次医疗保障体系、衔接商业健康险与医疗保障体系、创新发展保险产品三个方面，分析了"惠民保"产品的社会价值。第三，指出了"惠民保"产品的缺陷及其市场发展困境。第四，从政府部门、承保公司与地区经济状况三个方面归纳影响"惠民保"产品市场发展的因素。第五，提出了一些促进"惠民保"产品市场发展的对策建议。第六，总结了"惠民保"产品为保险产品创新提供的启示。

2020 年 9 月 1 日，由国富人寿和轻松集团联手打造的首款省级"惠民保"产品——"惠桂保"正式发布。"惠桂保"是一款由广西壮族自治区地方金融监督管理局等八大政府机构联合指导的商业健康险。与其他健康险产品相比，"惠桂保"不仅投保条件相对宽松、保费较低、保障力度较大，并且根据广西居民健康特征定制了保障范围。具体而言，该产品对参保人的年龄与职业均无限制，未患 5 项约定既往症①、参保广西壮族自治区基本医保的居民均可投保。同时，该产品根

---

① "惠桂保"约定的既往症包括肿瘤、肝肾疾病、心脑血管与糖脂代谢疾病、肺部疾病和其他疾病（系统性红斑狼疮、瘫痪、再生障碍性贫血等）5 类重大疾病。参见沃保，https：//news.vobao.com/article/9884739258142145211.shtml。

据投保人年龄段设置了 46 元、66 元与 96 元三个档次的保费。参保人在报销范围内的住院医疗费用[1]超过 2 万元年免赔额后，"惠桂保"不仅能够按照报销比例 80%、最高赔付 100 万元的标准报销医保范围内的个人自付费用，而且能够以相同的标准对广西地区 11 种高发疾病产生的费用进行报销。

2020 年起，全国多个地区相继推出多款"惠民保"产品，引起人们广泛关注。北京"京惠保"、广州"穗岁康"、武汉"惠医保"等多款"惠民保"产品参保规模可观。例如，上海"沪惠保"上线仅 31 小时便有超过 200 万人参保。[2]"惠民保"产品不断攀升的热度既说明此类产品迎合当下社会需求，又反映出"惠民保"产品市场拥有巨大的发展潜能。

然而，"惠民保"产品尚未形成持续且健康的运营模式，其爆发式增长的背后隐患重重。嘉兴"惠嘉保"推出仅一个月便匆匆下线，[3] 该产品夭折事件为各方打了一针"镇静剂"。人们开始探索近年来"惠民保"产品热度持续上涨的原因以及其存在的重要意义。"惠民保"产品的现存问题和影响"惠民保"产品市场发展的关键因素引起各方关注。各方也期望充分发挥自身作用，支持"惠民保"产品长久履行"惠民"的使命。

基于上文描述，本文将探析"惠民保"产品的社会价值及其市场发展方向。本文结构安排如下：第一节梳理"惠民保"产品的特点和产生背景，并说明"惠民保"产品市场的发展现状；第二节具体阐述"惠民保"产品的社会价值；第三节归纳此类产品现存的缺陷和"惠民保"产品市场的发展困境；第四节分析影响"惠民保"产品市场发展的因素；第五节提出一些促进"惠民保"产品市场发展的对策建议；第六节总结"惠民保"产品对保险产品创新的启示。

---

[1] "惠桂保"报销范围包括医保范围内的住院医疗费用、广西 11 种高发疾病的住院医疗费用。广西 11 种高发疾病包括原发性鼻咽癌、原发性肝癌、出血性登革热等。参见沃保，https：//news. vobao. com/article/988473925814214521. shtml。

[2] 新浪科技，https：//finance. sina. com. cn/tech/2021 - 04 - 28/doc - ikmxzfmk9526051. shtml。

[3] 中国保险网，http：//www. china - insurance. com/cpinsur/20201010/44522. html。

一 "惠民保"产品的特点、产生背景及其市场发展现状

2020 年 11 月 20 日，中国银行保险监督管理委员会（以下简称"银保监会"）发布《关于规范保险公司城市定制型商业医疗保险业务的通知（征求意见稿）》，为"惠民保"产品赋予官方定义，即"城市定制型商业医疗保险"。① 城市定制保险是一类多由政府主导，保险公司承保，面向参加基本医疗保险的城乡居民和职工销售，主要以城市为推广单位的短期定制商业医疗保险。该类保险凭借较高的普惠性被广泛称作"惠民保"产品。②

2015 年 6 月 1 日，"惠民保"产品的雏形——深圳重特大疾病补充医疗保险正式发布。然而，直到 2019 年珠海、南京、广州和佛山的"惠民保"产品先后落地，此类产品才真正开始受到保险市场的关注，并于 2020 年起进入爆发式增长阶段。"惠民保"产品市场逐步发展，与"惠民保"产品的特征和社会需求变化密切相关。下文将具体介绍"惠民保"产品的特点，分析此类产品产生的背景，并概述"惠民保"产品市场的发展现状。

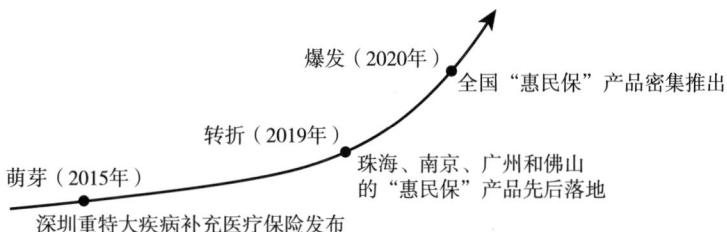

图 1 "惠民保"产品市场的发展历程

资料来源：笔者根据公开资料绘制。

---

① 中国银行保险报网，http：//xw. sinoins. com/2020 – 11/23/content_371617. htm。
② 中国银行保险报网，http：//xw. sinoins. com/2020 – 11/23/content_371617. htm。

（一）"惠民保"产品的特点

"惠民保"产品兼具社会保险与商业保险属性。首先，"惠民保"产品多由当地政府和保险公司合作开发，政府主要负责推动项目实施，保险公司具体承办相关保险产品。其次，此类产品由消费者自愿参保，并且仅面向参加医保的人员销售，部分产品允许通过医保个人账户余额缴费。最后，"惠民保"产品主要报销医保报销范围内的个人自付费用，多数产品还会根据当地居民健康特征，对部分医保目录外的高额药品费用进行报销。另外，武汉"惠医保"等少数"惠民保"产品不仅将医保目录外的住院医疗费用纳入了保障范围，还能够为因感染新冠肺炎身故的参保人，以及接种新冠肺炎疫苗出现异常或偶合症的参保人提供补偿。[①]

"惠民保"产品投保条件宽松，保费低廉，报销比例与保额较高。在投保条件方面，该类产品对被保险人的健康状况要求宽松，对其年龄与职业也无严格限制，因而对"长尾人群"[②] 较为友好。在保费方面，多数地区的"惠民保"产品采用统一定价方式，并将保费控制在百元以内。在报销比例与保额方面，"惠民保"产品的报销比例大多超过70%，最高可达100%；其保额通常在100万—300万元，因此曾被公众称作"缩减版百万医疗保险"。"京惠保"是"惠民保"产品的典型代表之一，具备大多数"惠民保"产品的共同特征。如图2所示，地方政府部门与保险公司和健康科技公司共同开发了"京惠保"。北京市医保参保人员不必经历等待期、参与体检和进行健康告知，缴纳79元的保费后即可参保，并且能够按照报销比例90%以上、保额超百万元的标准获得赔付。

（二）"惠民保"产品的产生背景

"惠民保"产品顺应了个人医疗费用上涨、公共卫生支出压力加大

---

① 网易新闻，https：//news.163.com/21/0105/15/FVJB9NVI00019OH3.html。
② "长尾人群"，是指为传统金融服务所忽视的人群，如低收入者、小镇青年、中老年人群等（曾燕等，2020）。

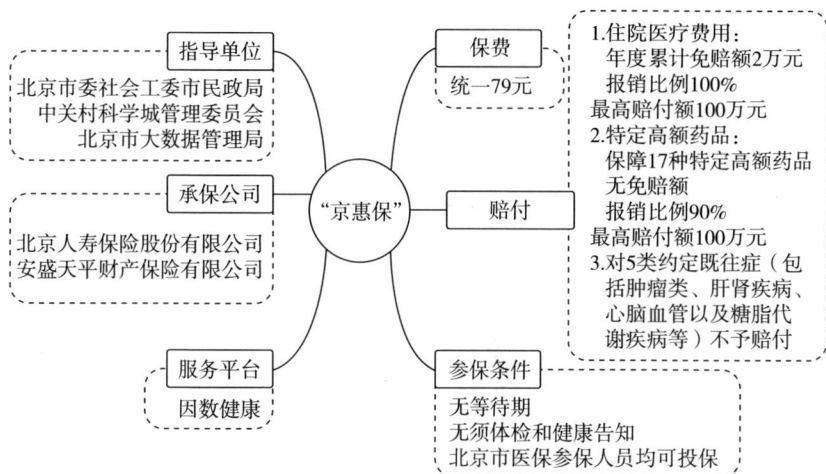

图2 "京惠保"产品信息

资料来源：笔者根据公开资料整理。

和商业健康险市场发展的社会变化趋势。"惠民保"产品的产生是这三方面因素共同作用的结果，下文将对此进行具体分析。

第一，我国居民医疗保障水平偏低，较高的个人医疗费用压力为"惠民保"产品提供了市场空间。我国人均医疗费用不断上涨，2019年同比增长12.4%。[①] 2019年我国医疗费用中医保支付部分占50%，商业保险支付仅占5.6%，而个人负担部分达到总费用的44.3%，与多数发达国家个人自付费用不超过20%的比例存在较大差距。[②] 另外，我国社会的人口老龄化程度不断加深，居民慢性病发病率攀升且亚健康问题凸显，激化了不健全的医疗保障体系与不断增长的"长尾人群"医疗保障需求之间的矛盾。在此背景下，"惠民保"产品能够报销医保范围内的个人自付费用，且投保条件较为宽松，这不仅能有效减轻个人医疗费用压力，还能加强对"长尾人群"的医疗保障力度。

第二，公共卫生支出压力持续加大，政府不断推进构建多层次医疗

① 《2019年全国医疗保障事业发展统计公报》，http://www.nhsa.gov.cn/art/2020/6/24/art_7_3268.html。

② 艾瑞咨询：《2020年中国百万医疗保险行业发展白皮书》，http://report.iresearch.cn/report/202101/3716.shtml。

保障体系，为"惠民保"产品市场发展提供了政策支持。近年来，我国卫生总费用支出快速增长，其中政府卫生支出所占比例由 15.3% 提高到 26.7%。[①] 为了提升医疗保障水平并缓解迅速增长的医疗费用支出压力，近年来政府特别重视创新发展商业健康险。表 1 列举了我国政府发布的关于医疗保障体系改革的部分重要文件，体现了当前支持商业健康险深度参与构建我国医疗保障体系的政策导向。"惠民保"产品作为商业医疗险领域的创新保险产品，其独特的属性与构建多层次医疗保障体系的目标高度契合。在国家政策推动下，"惠民保"产品在补充原有医保制度体系方面进行了积极探索，迎来了发展的黄金期。

表 1 我国政府发布的关于医疗保障体系改革的部分重要文件

时间	文件名称	相关内容
2012 年 8 月	《关于开展城乡居民大病保险工作的指导意见》	允许利用基本医保结余基金，招标商业保险机构承办大病保险
2018 年 8 月	《深化医药卫生体制改革2018 年下半年重点工作任务》	完善以政府购买服务方式引导具有资质的商业健康险机构等社会力量参与基本医保经办服务
2020 年 3 月	《中共中央、国务院关于深化医疗保障制度改革的意见》	到 2030 年年底，全国建成以基本医疗保险为主体，医疗救助为托底，补充医疗保险、商业健康险、慈善捐赠、医疗互助共同发展的医疗保障制度体系
		加快发展商业健康险，丰富健康保险产品供给

资料来源：笔者根据公开资料整理。

第三，我国商业健康险的市场规模持续扩张，其产品丰富度与质量水平亟待提升，激发了保险公司开发"惠民保"产品的动力。2011—2019 年，健康险原保费收入年复合增长率高达 34%，健康险行业成为

---

① 中国财经，http：//finance. china. com. cn/industry/medicine/20200701/5307619. shtml。

了保险领域增长最快的细分市场。^① 2020年新冠肺炎疫情暴发加速了健康险产业发展。2020年上半年，健康险保费收入达4760亿元，同比增长19.72%。^② 然而，我国健康险市场当前发展仍存在诸多困境。其一，短期健康险的代表性产品——百万医疗保险赔付率逐年上升，盈利空间不断缩小，现已进入转型升级阶段。^③ "惠民保"产品为陷入瓶颈期的短期健康险提供了新的发展思路。其二，长期以来商业健康险覆盖的人群有限，^④ 导致保险公司自身积累的居民健康信息数量不足，难以满足其风险识别与控制的需要。而"惠民保"产品作为一类保费低廉且投保门槛较低的商业健康险，有利于承保公司扩大其客户群体规模，充实健康数据的储备。

（三）"惠民保"产品市场的发展现状

2020年"惠民保"产品市场进入发展黄金期，全国范围内此类产品数量迅速增长，其开发主体类型与具体产品形态不断丰富。但同时"惠民保"产品的运营模式仍存在不足，且相关的监管政策有待完善。"惠民保"产品市场的发展现状具体论述如下。

第一，"惠民保"产品市场的规模迅速扩张。据统计，2020年共有111款"惠民保"产品在23个省82个地区179个地市上线，累计超过4000万人参保，保费收入超50亿元。^⑤ 且此类产品数量的增长速度整体呈上升趋势，图3展示了2020年3—12月我国"惠民保"产品累计上线数量的变化情况。

第二，"惠民保"产品的开发主体多元化，产品形态不断丰富。"惠民保"产品的开发主体可划分为地方政府部门、保险公司和第三方企业。参与"惠民保"产品开发的地方政府部门具体包括省（市）政府、地方医保局、地方金融办等。参与的保险公司具体包括中国人寿等

① 波士顿咨询，https：//www. bcg. com/zh－cn/build－health－management－capabilities－overcome－commercial－health－insurance－challenges。

② 央广网，http：//china. cnr. cn/xwwgf/20200927/t20200927_525278995. shtml。

③ 经济观察网，http：//www. eeo. com. cn/2021/0109/454990. shtml。

④ 金融界，http：//insurance. jrj. com. cn/2021/03/09111232096668. shtml。

⑤ 澎湃新闻，https：//www. thepaper. cn/newsDetail_forward_11476787。

（个）

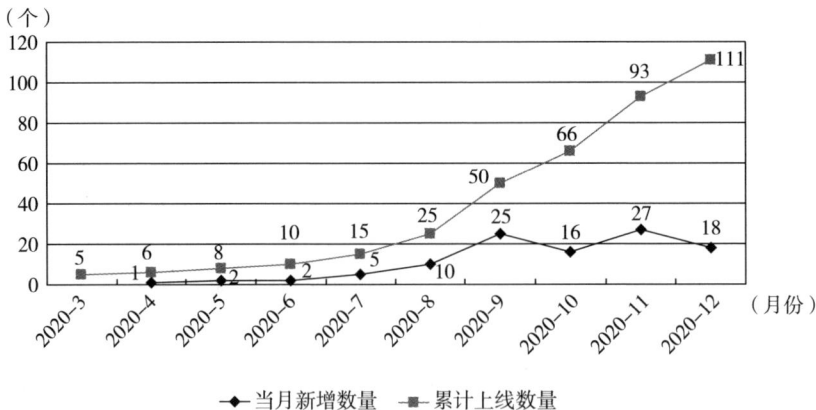

图3　2020年3—12月我国"惠民保"产品上线数量

资料来源：澎湃新闻，https：//www.thepaper.cn/newsDetail_forward_11476787。

大中型保险公司和一批中小型保险公司，其中财险公司数量最多，养老险与寿险公司次之。① 而参与"惠民保"产品开发的第三方平台中，除了360数科②等保险经纪公司外，还有镁信健康等健康科技类平台，用科技为"惠民保"产品赋能。③ 如今"惠民保"产品不断分化，可以根据推广的地域范围分为市级、省级、全国级三种类型。在2020年上线的111款"惠民保"产品中，有"湖北城惠保"等14款省级"惠民保"产品和"众惠全民普惠保"等5款全国级"惠民保"产品。④ 表2列举了我国在广西、珠海等不同省市或全国范围销售的部分"惠民保"产品以及其对应的开发主体信息。

　　第三，"惠民保"产品尚未形成可持续的运营模式。首先，对于非标准体⑤而言，"惠民保"产品的投保门槛较低，其保障的可及性更高，

---

　　① 中国经济新闻网，http：//www.cet.com.cn/xwsd/2716133.shtml。

　　② 2020年8月，360金融更名为360数科。参见金融界，http：//bank.jrj.com.cn/2020/08/10133430465279.shtml。

　　③ 同花顺财经，http：//news.10jqka.com.cn/20201123/c624892947.shtml。

　　④ https：//mp.weixin.qq.com/s/86TWG2azLUd0g6RJt0UGBA。

　　⑤ 在人身保险核保中，非标准体指发生约定事故的风险较高的参保人，具体包括健康状况较差，从事高风险职业，以及高龄的人群等。参见招商信诺，https：//www.cignac-mb.com/zhuanti/201906305574.html。

表2 我国部分"惠民保"产品及相关信息

销售地区		产品名称	开发主体	
			政府部门	企业
城市	珠海	大爱无疆	珠海市医疗保障局	中国人寿珠海分公司
	广州	广州穗岁康	广州市医疗保障局	中国人寿广东分公司、平安养老、人保财险、太平洋寿险
	盐城	市民保	盐城市医疗保障局	人保财险盐城分公司
		惠民保	无	平安养老险盐城中心支公司
全省	广西	惠桂保	广西地方金融局 广西扶贫开发办公室 南宁市卫生健康委员会 广西保险行业协会 广西职工保障互助协会	国富人寿 轻松集团
	湖南	全民保	湖南省地方金融局	太平洋产险湖南分公司、太平洋寿险湖南分公司、镁信健康
全国		360城惠保	北京市卫生健康委员会 中国科学院成员单位国科健康 中华社会救助基金会	360保险、泰康在线、中国人寿、众安保险、中华财险、永诚保险、众惠相互

资料来源：笔者根据公开资料整理。

这导致此类产品存在较高的投保人逆向选择①风险，需要足够的参保规模进行风险分散。虽然"京惠保"等产品的参保人数非常可观，但受到地区人口特征等因素的影响，目前面临销售困境的"惠民保"产品不在少数。且部分地区出现多款"惠民保"产品同城竞争现象，使相关产品的销量危机进一步恶化。其次，"惠民保"产品的保费较低，导致该类产品只能以"保本微利"为盈利目标。另外，由于竞争激烈，部分企业采用低价竞争策略，进一步压缩了利润空间。最后，为了解决

---

① 逆向选择，是指投保人所做的不利于保险人的合同选择。投保人在投保时往往从自身利益出发，做出不利于保险人利益的合同选择，使其承担更大风险。参见《法学大辞典》，https：//gongjushu. cnki. net/RBook/Book/BookTextNavi？ fn = R200701024&treetype = 1&value = 039&pageindex = 2。

"惠民保"产品盈利能力弱的难题，一些承保公司利用此类产品投保门槛较低的优势，积极扩大客户规模，并将客户引流至利润较高的保险产品。然而"惠民保"产品二次转化客户的效果是否理想尚待检验。总之，多重因素叠加使此类产品长期运营的前景不容乐观。

第四，"惠民保"产品市场乱象滋生，相关监管政策仍需完善。其一，"惠民保"产品的质量良莠不齐。一方面，部分企业采用"跑马圈地"的商业模式，一味地以扩大市场规模为目标，忽视了产品设计；另一方面，多元主体争相入局，市场参与者鱼龙混杂，大批保险公司并不具备承办"惠民保"产品的实力。"惠民保"产品作为定制型商业保险产品，本应基于目标客户群体需求进行个性化设计，而如今部分承保公司生搬硬套其他同类产品的保障条款，导致市面上"惠民保"产品同质化现象严重。其二，部分"惠民保"产品宣传过程乱象丛生。政府参与度高是"惠民保"产品的重要特征。政府对产品的支持力度会直接影响消费者决策，最终影响产品的销售规模。部分承保公司为了提高产品竞争力，在宣传过程中模糊表述甚至歪曲事实，使一些消费者误以为该产品由地方政府主导。如长沙"星惠保"在上线之初自称由长沙医保局指导，而半个月后长沙医保局便发布公告予以否认。[①] 2021 年6 月 2 日，银保监会正式发布《关于规范保险公司城市定制型商业医疗保险业务的通知》[②] 是目前唯一专门针对"惠民保"产品的监管文件，它对现存的多项问题进行了规范。但该文件依然存在监管范围较小等不足之处，且"惠民保"产品尚处于快速发展阶段，政府需紧跟此类产品的变化趋势，及时补充相关领域的监管空白，引导"惠民保"产品市场向好发展。

综上所述，"惠民保"产品的产生背景顺应了减轻个人医疗费用负担、构建多层次医疗保障体系、促进商业健康险市场发展的社会发展趋势。当前"惠民保"产品的市场规模迅速扩张、其开发主体多元化且产品形态不断丰富，迸发出极强的市场活力。但"惠民保"产品同时

---

① 21 经济网，http：//www.21jingji.com/2020/10 – 28/yNMDEzODBfMTYwMTIyNQ.html。
② 信用中国，https：//www.creditchina.gov.cn/hangyexinyong_ 824/faguiguifanbiaozhun/zhongyangrenminzhengfu/202106/t20210608_236725.html。

也存在运营模式难以持续的问题，亟须强化政府监管与政策引导。

二 "惠民保"产品的社会价值分析

"惠民保"产品有效衔接基本医疗保险，并对原有商业健康险的部分缺陷加以改进。基于前文阐述的"惠民保"产品的特点、产生背景及其市场发展现状，本节将具体分析"惠民保"产品的社会价值。

（一）"惠民保"产品参与构建多层次医疗保障体系

第一，与基本医疗保险相比，"惠民保"产品能够帮助解决部分居民"因病致贫"和"因病返贫"的问题。我国基本医疗保险虽然覆盖面广，但由于纳入医保目录范围内的项目有限且医保报销比例低，存在给付不足的问题。一方面，医保主要负责报销基础的药品和诊疗用品，而癌症靶向药等高额药品则未被纳入医保报销目录。《国家基本医疗保险、工伤保险和生育保险药品目录（2020 年）》维持"保基本"的功能定位，收载西药和中成药共 2800 种，[1] 这不足国家批准药品总数的2%。因此，医保对重特大疾病患者的保障能力较弱。如进口的免疫检查点抑制剂[2]至今仍未能进入医保药品目录。另一方面，医保的报销比例不统一，部分参保人群的报销比例较低，如惠州的参保职工若连续医保缴费不满 6 个月，则仅能享受 50% 的报销比例。[3] 因此，许多重症患者经济能力有限，难以负担高额的医疗费用支出。"惠民保"产品重点针对医保报销范围内个人自费部分进行报销，且此类产品大多结合各地情况对特定高额药品予以赔付，在一定程度上能够弥补医保在重特大疾病保障方面的不足。有关数据显示，2019—2020 年度的南京"惠民健康保"总赔款接近 1420 万元，参保市民个人医疗费用负担平均降

---

[1] 国家医疗保障局，http://www.nhsa.gov.cn/art/2020/12/28/art_37_4220.html。

[2] 免疫检查点抑制剂是一种能够有效治疗癌症的药物。由于我国免疫检查点抑制剂行业处于发展初期阶段，技术积累不足，因此我国免疫治疗产业长期被外企垄断。参见搜狐新闻，https://www.sohu.com/a/430533321_385826。

[3] 社保查询网，https://huizhou.chashebao.com/yiliao/19827.html。

低15%。①

第二，与原有商业健康险相比，"惠民保"产品更有利于普及商业健康险产品，加强对"长尾人群"的健康保障。思派健康副总经理陈明东指出，促进客户对社会保险和商业保险的理解是"惠民保"产品最大的价值。② 首先，大部分当地医保参保人员均可满足当地"惠民保"产品的投保条件。我国医保覆盖13.5亿人口，参保率达95%以上，可见"惠民保"产品目标人群的范围之广。其次，多数"惠民保"产品受当地政府不同程度的支持，政府的公信力有利于提升群众对产品的认可度。密切参与"惠民保"产品开发的地方政府往往还会协助宣传，让产品触达更大范围的群体。其次，"惠民保"产品天然对下沉市场③更具渗透能力。下沉市场的客户虽然群体规模大，但价格敏感性强，追求极致的性价比。尽管其他商业健康险保障更加全面，这类人群会更倾向于保障范围略窄，但价格更为优惠的"惠民保"产品。最后，"惠民保"产品宽松的投保条件对经济条件不佳、年龄较高、从事高危职业和健康状况较差的人群较为友好。以百万医疗保险为代表的其他商业健康险普遍定价过高。且保险公司一般情况下会要求投保人提供一系列健康证明，投保人经历等待期后才能参保。对于高龄与高危职业人群，保险公司则可能直接通过拒保来规避风险。总之，投保门槛较高导致原有的健康险对人群的覆盖不充分。"惠民保"产品则可以强化对长尾人群的保障力度，较好地弥补商业健康险的市场缺口。

（二）"惠民保"产品推动商业健康险与医疗保障体系衔接

一方面，政府部门通过提供医保数据支持等方式，积极参与"惠民保"产品开发。各地政府大多通过提供数据支持等形式参与产品开发。上海市医保局、上海市大数据中心分别为"沪惠保"提供了当地

---

① 中国江苏网，http：//zfrx. jschina. cn/ywel/jdxw/202003/t20200330 _ 2518148. shtml。

② 中国银行保险报网，http：//pl. sinoins. com/2020 - 11/06/content_ 369575. htm。

③ 下沉市场指三、四线以下城镇和农村地区的低端消费人群、中老年人群、中低学历人群等。参见新浪财经，https：//finance. sina. com. cn/chanjing/cyxw/2019 - 09 - 26/doc - iicezueu8416920. shtml。

全量的医保数据，使其承保公司能够运用大数据分析技术精准进行产品设计。① 此外，政府部门对"惠民保"产品的支持力度正在不断提升。2021 年 1—4 月推出的 59 款"惠民保"产品中，政府部门深度参与的产品比例达到 30%，比 2020 年提高了 10%。② 因此，保险公司有望进一步夯实医疗等数据基础，开发更契合当地居民健康状况与医保政策的商业健康险产品。

另一方面，部分"惠民保"产品与医保结算系统对接，从而实现"一站式"理赔。投保人在定点医院结算医疗费用可以即时进行"惠民保"产品理赔，这一功能已成为此类产品设计的趋势。如平安养老险通过建立可与医保系统对接的开放式协作系统，使其"惠民保"产品可以提供"一站式"理赔服务。③ 这不仅能够提升其产品参保人的理赔效率，而且有利于推动实现基本医疗保险、大病保险、商业健康险及其他保险的"一站式"结算，真正提升我国医疗保障服务质量。

（三）"惠民保"产品正确引导保险产品的创新方向

一方面，较大的市场竞争压力促使承保公司提高"惠民保"产品的保障力度，以取得竞争优势。Porter（1985）指出，企业的竞争优势最终来源于为顾客创造的价值：提供较低的价格打造成本优势或增加独特性形成差异化优势。当前"惠民保"产品类型不断分化，从价格、保障内容到推广范围各有不同，其主流的创新导向是不断增大产品的普惠属性。各公司在尽力保证较低保费的同时，不断对产品品质进行升级。以苏州"苏惠保"为例，2021 年的新版本比原版本投保条件更宽松，保障范围更广泛。新版本不仅降低了免赔额，扩大了特定高额自费药品目录的范围，还删除了投保人未患约定既往症这一限制条件。"苏惠保 2021"通过一系列调整大幅增强了产品的吸引力，使其参保人数

---

① 新浪财经，https：//finance. sina. com. cn/roll/2021 - 05 - 03/doc - ikmyaawc3183926. shtml。

② 和讯网，http：//insurance. hexun. com/2021 - 04 - 23/203480341. html。

③ 中国保险网，http：//www. china - insurance. com/qiye/20210201/51789. html。

突破了 130 万人,① 远高于"苏惠保2020"67.5 万人的参保规模。② 该产品不同版本的相关信息对比如表 3 所示。

表 3　　　　"苏惠保 2020"与"苏惠保 2021"各项条款对比

版本	苏惠保 2020	苏惠保 2021
保费	49 元	
保额	100 万元医疗费用保障、100 万元特定高额自费药品费用保障	
报销比例	70%	患有 9 种既往重症（包括重度恶性肿瘤、严重慢性肾衰竭、严重慢性肝衰竭等）的新参保人员按 30% 的比例赔付,其他参保人按 70% 的比例赔付
免赔额	2 万元（特药保障无免赔额）	1.5 万元（特药保障无免赔额）
健康要求	患有 8 种指定重大疾病（包括恶性肿瘤、肾功能不全、肝硬化等）的人员不能参保	允许消费者带病投保
特定高额自费药品数量	15 种	20 种

资料来源：笔者根据公开资料整理。

另一方面,"惠民保"产品的成功经验能拓宽保险公司的创新思路,推动普惠保险的发展进程。2015 年 10 月第一款百万医疗保险正式发布,③ 此类产品虽然免赔额较高,但凭借低保费与高保额的优势迅速赢得了消费者青睐。百万医疗保险的设计思路启发"惠民保"产品聚焦当前居民对高额医疗费用保障的需求,并通过进一步降低保费和放宽投保条件的方式提高产品的可得性。孙蓉等（2019）指出普惠保险是具有普惠理念的保险集合,目前我国普惠保险仍有很大的发展空间。

① 搜狐, https://www.sohu.com/a/446055741_627624。
② 苏州市人民政府网, http://www.suzhou.gov.cn/szsrmzf/szyw/202012/bcb3deb3e44d4cefb65d54350f066d9a.shtml。
③ 艾瑞咨询：《2020 年中国百万医疗保险行业发展白皮书》, http://report.iresearch.cn/report_pdf.aspx?id=3716。

"惠民保"产品高度关注长尾人群的医疗费用保障需求,属于典型的普惠保险,其成功经验有望引导商业保险以"普惠"为创新导向,更充分地提升社会效用。2020 年 8 月,海南省银保监局、海南省医保局与博鳌乐城国际医疗旅游先行区管理局联合中国人寿财险、中国人保和圆心惠保,共同推出第一款省级定制的惠民型全球特药险——"海南自贸港博鳌乐城全球特药险"。该产品保障范围涵盖 70 种中国内外高额药品,可为国内常见的 35 种癌症提供用药保障。且该产品的投保条件宽松,全体海南省居民无须进行体检或健康告知即可参保。消费者最低仅须支付 29 元保费,即可获得最高 100 万元的用药保障。① 该产品为解决国内罕见病药品费用高和国外药品用药难的问题做出了积极探索。

总而言之,前文通过分析"惠民保"产品相对于基本医疗保险以及其他商业健康险的独特优势,展现了"惠民保"产品在构建多层次医疗保障体系中的重要作用。并从政府提供医保数据支持和承保公司积极优化理赔流程两个方面,说明了"惠民保"产品推动商业健康险与医疗保障体系衔接的重要价值。从新发布的"惠民保"产品和其他保险产品两个维度,阐述了"惠民保"产品引导保险产品以"普惠"为创新方向的巨大意义。

三 "惠民保"产品存在的缺陷及其市场发展困境

"惠民保"产品的特征适应了当前的市场需求,在参与构建多层次医疗保障体系、推动商业健康险与医疗保障体系的衔接、正确引导保险产品的创新方向三个方面具有重要价值。然而此类产品飞速成长过程中出现的诸多问题尚待解决。下文将指出"惠民保"产品存在的缺陷及其市场发展困境。

(一)"惠民保"产品存在的缺陷

现阶段,"惠民保"的产品设计不够成熟,开发主体为了确保产品

---

① 新浪新闻,https：//news. sina. com. cn/c/2020 - 08 - 02/doc - iivhuipn 6428072. shtml。

能够正常运营，在一定程度上限制了此类产品的"普惠"属性。"惠民保"产品大多设置了针对既往症的理赔限制条款和较高的免赔额，并且存在投保时间较短与产品稳定性较差的问题，下文将对此进行具体分析。

第一，多数"惠民保"产品对部分重大且高发的既往症引起的医保范围内的医疗费用不予赔付。尽管"惠民保"产品对参保人几乎没有健康要求，拒保概率极低，但投保门槛较低无疑会增加产品的风险。保险公司为了控制风险，通常会围绕重大高发疾病设置理赔限制，导致被其他健康险产品拒保的非标准体同样难以得到"惠民保"产品的保障。如"京惠保"约定的重大既往症涉及肿瘤类、肝肾疾病、心脑血管以及糖脂代谢疾病等五大病种①，明确表示由这些既往症产生的费用不予报销。② 因此，针对重大且高发既往症设置的限制条款会降低"惠民保"产品的保障力度，进而可能影响产品的销售规模，也容易在理赔环节引发纠纷。

第二，"惠民保"产品的免赔额较高，且针对医保目录外支出的保障能力不及百万医疗保险等其他健康险产品。"惠民保"产品的免赔额约为2万元，即当医保报销之后的个人自付费用超过2万元才能进行理赔。这意味着患者医保目录范围内的整体医疗费用达到5万元左右才能满足"惠民保"产品的报销条件。因而多数投保人得到"惠民保"产品赔付的可能性较低，特别是医保目录范围内整体医疗费用处于2万—5万元的患者，其既无法在医保基础上通过"惠民保"产品进行二次报销，又承受了较重的自费负担。因此，"惠民保"产品对罹患重特大疾病患者的保障作用更为显著，其"高保额"的产品特征也服务于该目标。虽然多数"惠民保"产品能够对医保范围外特定高额药品进行报销，在一定程度上减轻了大病患者的医疗费用负担，但与百万医疗保险等产品相比，此类产品针对医保目录外费用的保障范围依然较窄，保障力度也相对较弱。因此，仅参保"惠民保"产品的大病患者难以获得

---

① "京惠保"约定既往症涉及的五大病种具体包括肿瘤类、肝肾疾病、心脑血管以及糖脂代谢疾病、肺部疾病和其他特殊疾病。参见保险海，http://news.baoxianhai.com/toubao/jiankang/992424999763.shtml。

② 新华网，http://www.xinhuanet.com/local/2020 - 10/20/c_1126634311.htm。

充分的医疗费用保障。

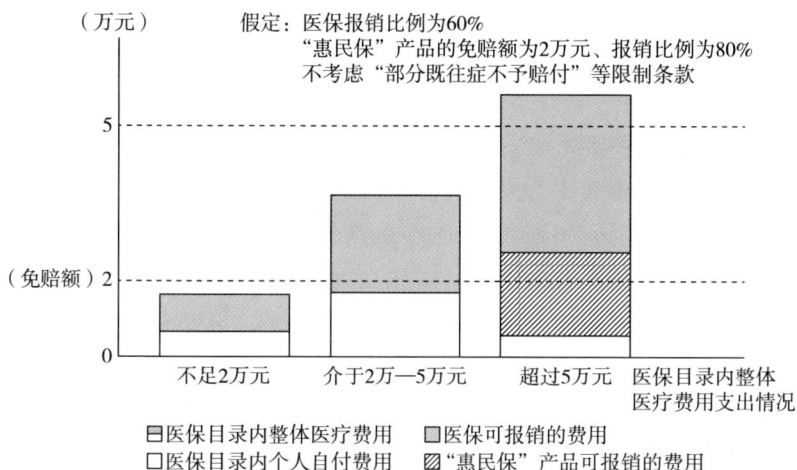

图4　不同整体医疗费用下医保与"惠民保"产品的报销情况

资料来源：笔者根据公开资料绘制。

第三，"惠民保"产品的投保开放期相对较短，多数产品不接受消费者中途参保。"惠民保"产品的投保开放期多为1—2个月，并且规定了统一的投保期限和保单生效时间。部分居民未能及时获悉相关投保信息，最终错过了"惠民保"产品的参保期限。由于多数"惠民保"产品不允许消费者中途参保，因此部分"惠民保"产品的参保人数与实际可开发的客户规模存在较大差距。这既不利于承保公司分散风险，更干扰了公司对当地市场潜力的评估。

第四，"惠民保"产品运营过程中的稳定性较低，其保障内容调整频繁，且无法为参保人提供稳定的医疗保障。如今，许多原有的"惠民保"产品已陆续到期。一方面，各地"惠民保"产品的开发主体仍需不断探索此类产品的运营模式。新发布的"惠民保"产品普遍在原有产品的基础上进行了不同程度的调整。以深圳重特大疾病补充医疗保险为例，其保费从最初的20元上涨至30元，且该项目最新中标结果表明，未来其保费还将进一步提升至 39 元。[①] 另一方面，短期健康险产品按规定不可包含"保证续保"条款。[②] 因此承保公司可能在"惠民保"产品到期后放弃对此类产品的经营，无法确保为消费者提供持续稳定的医疗保障。

（二）"惠民保"产品市场的发展困境

"惠民保"产品成为现象级产品，与其发展初期流量红利的支持密不可分。然而随着流量红利逐步衰退，产品的风控难度高、承保公司向保险行业头部集中、现有可开发市场即将饱和以及相关法律规范缺失都给"惠民保"产品市场发展带来重重隐患。

第一，多数"惠民保"产品定价不够合理、参保规模不足且成本控制难度大，增加了产品运营的风险性，使其难以长期稳定发展。首先，产品定价方式粗糙，难以形成足够的保费规模。从微观层面看，"惠民保"产品普遍以统一的保费进行销售，加之市场参与者鱼龙混杂，部分承保公司数据基础薄弱，定价较为粗糙。从宏观层面看，定价作为保险行业面对的共同难题，在健康险领域尤为突出。一方面，保险公司缺乏高质量的健康医疗数据积累与共享。另一方面，我国商业健康险市场一直没有实施专业化经营，各类保险公司均可开发健康险产品，激化了商业健康险市场非理性价格竞争现象。不合理的定价将严重影响产品最终的保费规模，降低承保公司的风险承受能力。其次，多数产品参保规模无法有效分散风险。南开大学卫生经济与医疗保障研究中心主任朱铭来表示，参保人群覆盖率超过 70% 才能有效实现风险分散。[③] 但对于"惠民保"产品而言，参保率为 30%—50% 已属于较高水平，部分产品的参保率甚至不及 5%，远未达到足以分散风险的水平。[④] 最后，"惠民保"产品的理赔成本不易控制。"惠民保"产品引致风险[⑤]高。

---

① 中国医疗，http：//med. china. com. cn/content/pid/239299/tid/1018。
② 中国银行保险报网，http：//xw. sinoins. com/2021–01/14/content_ 378724. htm。
③ 中国保险网，http：//www. china–insurance. com/hyzx/20201028/45794. html。
④ 金融界，http：//insurance. jrj. com. cn/2021/03/02114532056280. shtml。
⑤ 健康保险中的引致风险指由于健康保险的介入，参保人、第三方医疗机构追求个人利益最大化而导致的经营风险，主要包括逆向选择风险和道德风险。

从逆向选择风险的角度考虑,"惠民保"产品宽松的投保条件对非标准体具有较强吸引力。从道德风险的角度考虑,"惠民保"产品较高的免赔额很可能促使被保险人与医疗机构串通,采取过度医疗等手段使其相关费用达到理赔条件。"惠民保"产品赔付的情况并不乐观,深圳市医疗保障局公布的2017—2020年《深圳市重特大疾病补充医疗保险业务承办合同》履约验收结果表明,该项目理赔支出占总保费比例为105.46%,理赔支出成为项目亏损的重要原因。① 在保险有效期内,承保公司的风险控制手段主要包括医疗控费和健康干预。然而,当前我国商业健康险普遍缺乏有效的医疗控费手段,② 如针对医疗服务临床合理性方面的分析与判断等。在健康干预方面,部分承保公司尝试通过慢病管理等服务对消费者的健康进行干预。但由于我国健康管理等行业发展尚不成熟,目前难以构建有效的风控模型。③ 因此,多数"惠民保"产品的承保公司仍选择通过制定责任免除条款降低风险。

第二,较高的经营难度可能导致部分承保公司停售"惠民保"产品,使"惠民保"产品市场形成寡头垄断的格局,降低市场效率。如前文所述,"惠民保"产品难以长期稳定发展,该类产品普惠性与风险性都相对较高,导致其盈利能力较弱。因此,越来越多的承保公司将其作为流量入口,吸引"惠民保"产品的客户购买其他高利润保险产品。深圳市重特大疾病补充医疗保险较为成功地运用了这一商业模式,其承保公司平安养老通过对客户进行二次开发,拓展了约3000万元规模的百万医疗保险等业务。④ 但该模式对承保公司保险产品丰富度和运营管理能力的要求较为严苛。大多数中小承保公司难以在提供多种保险产品的同时精准转化客户。且"惠民保"产品对下沉市场渗透力强,其开发的客户群整体价格敏感度高,这种心理特点抑制了二次开发的转化效果。因此,现阶段承保公司需要拥有坚实的业务基础和强大的精细化运营能力,才有持续开展"惠民保"产品业务的可能。而包括多数中小保险公司在内的大量企业可能陆续放弃经营此类产品,并改由大型保险

① 健康界,https://www.cn-healthcare.com/article/20210226/content-551505.html。
② 中国保险行业协会,http://www.iachina.cn/art/2018/7/27/art_22_102772.html。
③ 人民网,http://jx.people.com.cn/n2/2020/0517/c186330-34022665.html。
④ 中国银行保险报网,http://pl.sinoins.com/2020-12/03/content_373320.htm。

公司开发当地的"惠民保"产品。朱金渭等（2014）指出，寡头垄断的竞争格局会降低保险市场效率。因此，"惠民保"产品的经营主体向保险行业头部集中，不利于此类保险产品市场效率的提升。

第三，"惠民保"产品可开发的市场即将饱和，这可能导致区域间"惠民保"产品市场发展不平衡，并激化恶性竞争现象。尽管2020年以来"惠民保"产品的覆盖规模迅速扩大，但随着此类产品在经济发展较发达的地区先后落地，"惠民保"产品的开发主体竞争方式即将迎来巨大变革。一方面，我国大部分欠发达地区居民的健康保障意识不足，对商业健康险的接受程度也较低，因而当地的"惠民保"产品市场发展空间较小。另一方面，如前文所述，"惠民保"产品客户群体的价格敏感度偏高，所以客户的二次开发较为困难，且欠发达地区居民平均收入水平较低，这进一步提升了转化工作的难度。由此可见，从"惠民保"产品的前期推广到其客户群体的后期转化，真正具备良好市场开发环境的地区非常有限。未来承保公司可能在经济发达且人口密集的地区重复开发"惠民保"产品，这将加剧"惠民保"产品市场区域发展不均衡的现状。此外，"惠民保"产品普遍具有较强的互联网商业健康险性质，而我国互联网商业健康险在快速增长的背景下已出现恶性竞争现象（许飞琼，2020）。因此，部分地区"惠民保"产品密度激增也容易导致此类产品恶性竞争。

第四，当前政府部门对"惠民保"产品的监管力度不足，"惠民保"产品的行业规范亟须完善。如前文所述，"惠民保"产品质量良莠不齐且虚假宣传乱象频出。2021年2月1日起施行的《互联网保险业务监管办法》[①]重点明确了互联网保险业务范围与经营资质，对以网络平台为主要销售渠道的"惠民保"产品具有一定的规范作用。但目前仅有2021年6月2日银保监会下发的《关于规范保险公司城市定制型商业医疗保险业务的通知》[②]（以下简称《通知》）是专门针对"惠民保"产品的规范性文件，且依然存在不足之处。首先，《通知》仅围绕

---

① 中国政府网，http：//www. gov. cn/zhengce/zhengceku/2020 – 12/14/content _ 5569402. htm。

② 信用中国，https：//www. creditchina. gov. cn/hangyexinyong _ 824/faguiguifanbiaozhun/zhongyangrenminzhengfu/202106/t20210608_236725. html。

城市定制型商业医疗保险进行了规定。尽管城市型"惠民保"产品的定制性更强，更具推广价值，但目前各类省级与全国级"惠民保"产品已然出现，其监管仍处于相对空白状态。其次，《通知》对"惠民保"产品经营主体的资质没有严格规定。北京工商大学保险专业副主任宋占军建议，银保监会应与国家医保局联合出台相关文件，从产品经营主体的资质等方面规范"惠民保"产品市场。[①]

综上所述，"惠民保"产品大多严格限制既往症理赔，设置的免赔额较高，开放的投保时间较短且稳定性较差，这弱化了此类产品的"普惠"属性。此外，当前"惠民保"产品面临多重困境，主要包括产品风控难度高、承保公司向保险行业头部集中、现有的可开发市场即将饱和以及相关法律规范缺失。

四 "惠民保"产品市场发展的影响因素

"惠民保"产品市场发展受到多种因素影响。如前文所述，首先，"惠民保"产品兼具社会保险和商业保险属性，亟须政府大力支持与科学监管。其次，作为核心开发者和运营者，承保公司应具备足够的实力为"惠民保"产品的全生命周期提供保障。最后，优质的外部环境有助于"惠民保"产品发挥最佳的市场表现。下文将从政府、承保公司与地区经济三个维度出发，探讨"惠民保"产品市场发展的影响因素。

（一）政府的支持和监管力度

一方面，政府部门加强对"惠民保"产品的支持力度能够提升保险公司参与"惠民保"产品开发的意愿。多数"惠民保"产品受政府高度支持，所以承保"惠民保"产品对于保险公司深化与政府的合作关系、增强业务能力和提升品牌影响力有重大意义。但不同产品的政府参与度存在较大差异。清华大学五道口金融学院中国保险与养老金研究中心专家朱俊生指出，积极推进"惠民保"产品开发的地方政府会密切参与各项调研活动，从数据等方面予以支持；而部分态度谨慎的地方

[①] 中国保险网，http://www.china-insurance.com/hyzx/20201123/47374.html。

政府认为"惠民保"产品已超出其管理的职责范围，采取不支持也不反对的策略。① 此外，政府参与度对"惠民保"产品的销售尤为关键。以同城竞争的"盐城市民保"与"盐城惠民保"为例。两款产品均于2020年8月上线，前者是中国人保在盐城市医保局支持下开发的产品，而后者则由腾讯微保和平安养老联合推出，"盐城市民保"的政府参与度明显更高。尽管"盐城惠民保"的保障范围和保障力度优于"盐城市民保"，但"盐城市民保"的销售情况依然可观，其上线首日的投保人数便突破2万人次。② 综上所述，从产品供给角度来看，政府积极参与"惠民保"产品的开发过程有利于承保公司深化与政府的合作关系与充实医疗数据基础；从产品需求角度看，较高的政府参与度能够提升居民对"惠民保"产品的信任感，进而促进产品销售。因此，政府加强对"惠民保"产品的支持力度能够有效提升保险公司的业务能力，并激发其承保"惠民保"产品的动力。

另一方面，监管机构加强对"惠民保"产品的监管能够规范相关主体的经营活动，推动"惠民保"产品市场健康发展。2020年11月25日银保监会发布的《关于规范保险公司城市定制型商业医疗保险业务的通知（征求意见稿）》③ 针对保险公司开展"惠民保"业务进行了规范。2020年12月14日银保监会发布的《互联网保险业务监管办法》④ 强化了对互联网保险业务的监管力度。未来随着"惠民保"产品相关的监管法律、法规不断完善，该类产品市场的准入门槛将进一步提高。部分缺乏数据基础、参与恶意压价和夸大宣传的产品将被逐步淘汰，最终将显著提升"惠民保"产品整体的质量水平。近年来，快速发展的网络互助具有费用低廉且保障较高的特点，其突出的"普惠"特征与"惠民保"产品相似。然而自2020年9月百度"灯火互助"关停后，

---

① 21 财经，https：//m. 21jingji. com/article/20201028/63ccba348834a3bc279e4d3aa1d0e852. html。

② 盐城市人民政府，http：//www. yancheng. gov. cn/art/2020/8/17/art_49_ 3413258. html。

③ 新浪财经，https：//finance. sina. com. cn/money/insurance/bxdt/2020 - 11 - 24/doc - iiznctke2945845. shtml。

④ 中国政府网，http：//www. gov. cn/zhengce/zhengceku/2020 - 12/14/content_ 5569402. htm。

2021年美团互助、轻松互助、水滴互助和悟空互助也陆续宣布关停。[①]网络互助的衰落与监管的缺失密切相关。网络互助平台长期存在管理粗放和风控能力差的问题，却始终没有明确的监管主体和监管标准。网络互助整体出险率攀升，理赔纠纷频发，使大量会员退出计划，进而导致逆向选择风险激增，严重威胁项目运营。[②] 由此可见，监管机构只有加快完善"惠民保"产品相关的法规体系，在保持参与主体创新活力的同时，及时整治"惠民保"产品运营过程中出现的乱象，才能支持"惠民保"产品市场健康发展。

（二）"惠民保"产品承保公司的综合实力

一方面，"惠民保"产品承保公司运营产品的能力决定了其产品的保障内容与服务品质，进而影响"惠民保"产品市场的发展方向。除"普惠"之外，"定制"也是"惠民保"产品的核心理念。2020年以来虽然"惠民保"产品不断涌现，但部分产品的条款内容高度相似，[③] 其承保公司未能结合当地的医保制度与居民患病状况对产品做出适当调整。此外，省级和全国级的"惠民保"产品目标人群范围较大。若承保公司设置统一的保障标准，则产品的定制成分较低。若承保公司想根据不同地域区分"惠民保"产品的保障内容，则需要具备坚实的数据基础、较好的模型精度与较高的管理水平。因而大批参与"惠民保"产品开发的公司受自身能力限制，可能会弱化其产品的定制属性，将工作的重心放在提高新产品开发速度等方面，最终误导"惠民保"产品整体的发展方向。

另一方面，"惠民保"产品承保公司的创新能力直接影响"惠民保"产品迭代升级的质量，进而影响"惠民保"产品市场的发展速度。高质量的"惠民保"产品创新能够使此类产品更充分地满足目标客群的需要，同时能够改善承保公司对产品的运营状况。当前，许多"惠民保"产品的开发主体期望通过提供有创新性的优惠政策或增值服务，

---

① 新华网，http://www.xinhuanet.com/finance/2021-03/30/c_1127270949.htm。
② 搜狐网，https://www.sohu.com/a/446741609_120988533。
③ 东方财富网，http://finance.eastmoney.com/a/202102251821591092.html。

扩大参保规模、改善参保人健康状况、优化商业模式，以降低产品风险性并提高产品盈利能力。承保公司根据投保人的运动记录，给予消费者下一年度的保费折扣是一种相对常见的优惠政策。广州"穗岁康"承诺，如果参保人在保障期间日均步数超过8000步，下一年度便可以享受90%的保费折扣。①"穗岁康"通过鼓励参保人增加运动量以改善投保人群健康状况，进而降低赔付率。这一创新思路强化了产品的健康理念，同时提高了参保人的参与感和获得感。但"惠民保"产品本身价格相对低廉，因此价格优惠产生的效果极为有限，承保公司应当对处方咨询、药品配送和健康管理等增值服务予以更高关注。例如，吉祥人寿和善诊共同开发的"吉湘保—邵阳惠民保"将惠民保险与惠民体检相结合，每份保险均附带一次免费的体检服务。该产品在实现保险普惠的同时，对已退休中老年人体检的需求缺口进行了补充。②高质量的创新成果能够激发各参与主体创新设计"惠民保"产品的灵感与动力，提高此类产品迭代升级的速度，促使"惠民保"产品更快地趋于完善。

（三）地区经济发展水平

与中国的区域经济发展状况类似，我国健康险也存在区域发展不均衡的状况。地区经济发展水平对当地人口特征和医疗卫生及健康产业发展会带来一定程度的影响，进而为"惠民保"产品营造了不同的市场环境，这导致当前"惠民保"产品市场区域发展不均衡。

一方面，经济发展水平在一定程度上塑造了当地人口特征，影响当地"惠民保"产品的参保规模，进而影响"惠民保"产品市场区域均衡发展。当前，我国"惠民保"产品市场区域发展不均衡，受到三大人口特征因素的影响。其一，经济发展水平较高的地区人口相对稠密，更利于保险公司扩大"惠民保"产品的销售规模，分散产品风险。其二，齐子鹏等（2018）的实证结果表明，老年人口抚养比显著影响商业健康险密度。"惠民保"产品投保门槛低且赔付额度高的优点对老龄人口极具吸引力，因此，当地居民老龄化程度对"惠民保"产品的销

---

① 广州本地宝，http://gz.bendibao.com/life/2020121/282413.shtml。
② 东方财富网，http://finance.eastmoney.com/a/202010211671642447.html。

售有重要影响。现阶段经济发达地区的人口老龄化程度普遍高于欠发达地区，有利于"惠民保"产品的开发与运营。而在"迁移老龄化"背景下，我国经济欠发达地区人口老龄化速度不断加快，发达地区的老龄化速度则有所减缓（陈蓉、王美凤，2018）。未来"惠民保"产品在落后地区的需求量有望大幅增长，这将促进"惠民保"产品在当地的发展。其三，肖志光（2007）指出，地区经济发展水平提升有利于提高居民文化教育水平，进而增强居民的保险意识。而欠发达地区的居民整体受教育水平较低，在一定程度上限制了各类保险业务在当地的发展。

另一方面，经济发展水平在一定程度上决定了当地医疗卫生与健康产业发展水平，影响当地"惠民保"产品开发与创新的难度，进而影响"惠民保"产品市场区域均衡发展。地区经济发展水平会直接影响当地医疗卫生与健康产业的发展水平。医疗卫生资源是开展医疗活动的基础，更是商业健康险发展的前提。医疗卫生资源充足的地区对医疗健康保障服务的发展有更高要求，政府、医疗机构与承保公司也具备更强的合作意愿与更大的合作空间。另外，"惠民保"产品的增值服务往往由保险公司与健康科技公司等其他类型企业合作开发，现已成为承保公司未来的竞争点和潜在的盈利点。因此，健康产业发展较成熟的地区更利于承保公司形成高质量的"惠民保"产品创新成果。

综上所述，政府的支持和监管力度会影响保险公司参与"惠民保"产品开发的意愿及其经营活动的规范程度；承保公司的综合实力会影响"惠民保"产品的发展方向和其商业模式优化的进程；地区经济发展水平通过影响当地人口特征和当地医疗卫生及健康产业发展水平，制约"惠民保"产品区域间均衡发展。

五 促进"惠民保"产品市场发展的对策建议

前文分析了政府与承保公司在"惠民保"产品市场发展中发挥的关键作用，以及当地经济状况对此类产品开发运营的重要影响。下文将从夯实"惠民保"产品开发的数据基础、合理调整"惠民保"产品的条款内容及丰富"惠民保"产品市场参与主体的类型等方面，提出一些促进"惠民保"产品市场稳定发展的对策建议。

（一）夯实"惠民保"产品开发的数据基础，提高"惠民保"产品科技水平

第一，政府应着力完善医疗数据的共享机制，打破行业间医疗数据壁垒。当前保险公司获取医疗数据的成本较高，难以有针对性地开发保险产品。且保险公司与医疗机构等主体之间数据共享效率普遍低下，影响了保险公司风控手段的实施效果。时任银保监会副主席周延礼建议，政府应打通保险公司之间、保险公司与医疗卫生系统之间、不同地域之间的医疗数据壁垒，提升承保公司专业经营能力，科学进行"惠民保"产品定价等工作。① 有关部门可通过立法解决医疗数据确权问题、加快落实医疗数据标准化工作、搭建保险行业数据与社会医保数据共享平台等方式，降低医疗数据的获取成本并提高其共享效率，助力商业健康险业务精细化与科技化发展。

第二，承保公司应基于前沿技术开发"惠民保"产品，不断增强自身科技实力。其一，承保公司应基于真实数据并借助前沿技术，根据不同群体的风险精细化设置保费，转变粗放的定价方式。其二，承保公司可以通过科技手段提高风控能力。例如，"惠桂保"在参保端口引入了智能核保风控系统②以降低项目的风险，为其面向广西全区的大范围推广模式提供了技术保障。其三，承保公司应借助科技手段简化流程，优化服务体验。"广州惠民保"允许客户通过平安健康 App 进行线上理赔。③ 快速赔付让被保险人享受到了更好的保障服务，也降低了承保公司的理赔成本。其四，承保公司应借助科技手段实现对目标客户的精准触达，加强二次转化。刘冬姣等（2017）指出，保险中介借助"互联网＋"技术能够更高效地挖掘并整合服务资源。因此，科技手段在保险销售方面存在巨大应用价值，这也是近年来大量互联网企业积极布局

---

① 新浪财经，https：//finance. sina. com. cn/money/bank/2021 – 03 – 08/doc – ikknscsh 9442984. shtml。

② 21 财经，https：//m. 21jingji. com/article/20201028/63ccba348834a3bc279e4d3aa1d0 e-852. html。

③ 广州本地宝，http：//gz. bendibao. com/life/20201120/281590. shtml。

保险业务的重要原因。

（二）合理调整"惠民保"产品的条款内容，积极优化产品运营模式

第一，承保公司可以根据产品实际运营情况适度调整保费和限制条款。一方面，当前"惠民保"产品的开发主体为了增强产品的竞争优势，不断扩大其产品的保障范围。另一方面，未来医疗通胀压力将持续加大。因此，承保公司需要根据"惠民保"产品具体销售与赔付的情况，对产品的保费进行适度调整。南京市的"惠民保"产品从 2019 年落地以来，虽然保费从 49 元逐步调整至 99 元，但保障范围也在不断扩大，因此产品的销售状况依然良好。此外，部分地区的"惠民保"产品如果取消针对重大既往症的理赔限制，可能严重威胁该产品的正常运营。"沪惠保"创新采用了对既往症与非既往症人群按不同比例报销的理赔标准，① 在一定程度上保证了产品公平性，也减轻了保险公司的赔付压力。

第二，"惠民保"产品运营状况较好的承保公司应尝试放开投保的时间限制。如前文所述，由于承保公司缺乏相关业务经验，多数"惠民保"产品的投保开放期限较短。当具体产品的运营逐步成熟后，承保公司可以通过"允许消费者分批投保""保单即时生效"的方式，使产品的投保时间灵活化，提高产品的可及性，进而扩大参保规模。同时，由于投保时间分散化会提高产品运营的难度，承保公司可以在特定投保时间实施优惠政策，以提升消费者投保时间的集中度。

（三）丰富"惠民保"产品市场参与主体的类型，激发市场创新活力

第一，政府应出台政策鼓励多元主体有序参与"惠民保"产品开发，促进产业融合发展。政府应引导承保公司和不同类型的第三方公司联合打造"惠民保"产品，促进传统保险业务与其他产业之间有效整

---

① 上海市人民政府网，http：//www.shanghai.gov.cn/nw17239/20210427/d048e93b1b534516a0e80beaec76134e.html。

合，丰富"惠民保"产品的服务内容和运营模式。一方面，丰富"惠民保"产品的服务内容顺应了客户需求多元化的趋势，也有利于承保公司从增值服务等角度入手，解决产品盈利能力弱的问题。另一方面，创新"惠民保"产品的运营模式有望显著提升承保公司的业务能力。如互联网科技公司可以尝试通过承担线上营销工作或为线上销售提供技术支持的方式，大幅增加产品销量。但同时监管机构应注意参与主体复杂化对市场的稳定性影响，加强对"惠民保"产品市场发展动向的关注，通过监管沙盒等方式评估新兴的商业模式，及时对危害性的商业活动进行规范，严防乱象滋生。

第二，承保公司应积极与各类企业展开合作，实现优势互补。从与其他保险公司合作方面看，目前由共保体①承保的"惠民保"产品依然较少。共保体模式下各承保公司共担风险并共享资源。组成共保体的保险公司应明确各公司的具体职责，规定统一的业务标准，同时建立保险数据共享平台，从而提升保险服务质量。从与第三方企业合作方面看，"惠民保"产品开发主体仍需探索新型合作模式。一方面，相关主体可以融合不同行业的业务模式，弥补"惠民保"产品的缺陷。如国富人寿与轻松集团参考"轻松筹"模式，在"惠桂保"中引入"筹款绿色通道"和"医疗救助专项基金"，补充了当患者医疗自费部分未达免赔额时"惠民保"产品不予报销的保障空白。②另一方面，保险公司可以利用其他类型企业的独特资源，优化"惠民保"产品业务流程。图5展示了淄博"齐惠保"的共保体模式。该产品由腾讯微保与其他12家保险公司联合推出，腾讯微保不仅面向用户提供相应的保险服务，还为保险公司提供统一的运营平台，全流程严格把控保险服务品质。③

---

① 共保是共同保险的简称，是指两个或两个以上的保险公司及其分支机构（不包括同一保险公司的不同分支机构）使用同一保险合同，对同一保险标的、同一保险责任、同一保险期限和同一保险金额进行的保险。参与共保的保险公司称为共保承保人，某一保险的所有共保承保人称为共保体。参见中国保险监督管理委员会《关于大型商业保险和统括保单业务有关问题的通知》，http：//www.law-lib.com/law/law_view.asp?id=41644。

② 中华网科技，https：//tech.china.com/article/20200901/092020_592988.html。

③ 和讯网，http：//stock.hexun.com/2020-09-25/202137374.html。

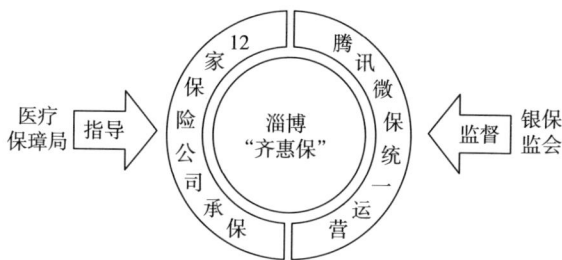

图5 淄博"齐惠保"的共保体模式

资料来源：笔者根据公开资料绘制。

（四）培养欠发达地区居民的健康保障意识，推动"惠民保"产品市场区域均衡发展

第一，政府应积极开展健康教育等活动，提高欠发达地区居民的保险意识。"惠民保"产品具有保费较低且保额较高的特点，能够为多数欠发达地区居民提供较好的健康保障。然而在保险发展较落后的地区，居民普遍倾向于对健康风险进行"事后控制"，商业健康险发展的社会基础较差（锁凌燕等，2015）。一方面，欠发达地区的地方政府应深化居民的健康保障理念，结合当地居民健康特征，有针对性开展健康保障的宣传教育活动。另一方面，地方政府应着力提高居民对商业健康险的认可度，可以协助保险机构普及商业健康险的基本知识，为"惠民保"产品开发构建良好的市场基础。

第二，政府应加快落实医药卫生体制改革工作，推动欠发达地区医疗卫生及健康产业发展。我国商业健康险区域发展失衡与医疗卫生资源区域配置失衡密切相关（锁凌燕等，2015）。因此，政府应加快推进区域医疗中心建设等医疗改革工作，落实远程医疗等技术在各地医疗机构中的应用，以提高欠发达地区医疗服务的质量和可及性，健全基层医疗卫生服务体系。地区医疗卫生资源不断丰富能够带动配套的健康产业发展，进而为当地"惠民保"产品市场发展创造有利条件。

第三，政府应通过适度的政策倾斜，鼓励保险公司承保欠发达地区的"惠民保"产品。钟水映等（2016）指出，保险公司在经济发展相对落后地区的投资意愿不足，有关部门应通过政策倾斜促进保险行业区域平衡发展。政府可通过给予"惠民保"产品承保公司一定的财政补贴或主动提供数据支持等方式，刺激欠发达地区的"惠民保"产品市场发展。适度进行政策倾斜一方面能够减轻经济发达地区"惠民保"产品承保公司的竞争压力，另一方面能够更充分地发挥此类产品的普惠价值，强化对弱势群体的健康保障。

（五）尽快完善"惠民保"产品监管体系，规范"惠民保"产品市场秩序

第一，监管机构应及时跟进"惠民保"产品变化趋势，扩大监管的覆盖面。思派健康的总经理钟能聪认为，与部分在全省或全国推广的产品相比，城市定制型"惠民保"产品更有利于提高效率并节约成本。① 如前文所述，当前我国仅针对"城市定制型商业医疗保险"出台了规范性文件。但政府在重点支持城市定制型"惠民保"产品发展时，也应及时填补对省级和全国级"惠民保"产品的监管空白，严格控制此类产品设计不合理导致赔付率过高的风险。监管机构应紧跟"惠民保"产品市场发展趋势，通过监管沙盒试点等方式，及时将创新的产品类型与业务模式纳入监管范围。

第二，监管机构应严格把控"惠民保"产品开发企业的经营资质。由于"惠民保"产品属于个人自愿参保形式，居民对保险产品风险的识别能力有限，监管机构应强化对企业经营资质和产品报备的把控，适度提高市场准入门槛，避免"惠民保"产品的质量问题损害消费者权益。有关政府部门可以借鉴美国联邦政府的医疗保险优势计划（Medicare Advantage Plan）中的星级评定制度。美国联邦医保中心对符合基本条件的保险公司进行评估，综合医疗数据质量等因素给予星级评定，民众参考政府给出的评价信息作出投保决策。Reid 等（2013）的研究结果表明，医疗保险优势计划公开报告的星级评定结果与消费者的选择呈正相关。由此可见，政府评级作为可靠的信息来源，对消费者决策具有较高的参考价值。

综上所述，促进"惠民保"产品市场发展的对策建议主要有：第一，政府应着力完善医疗数据共享机制，承保公司应基于前沿技术开发

---

① 每经网，http://www.nbd.com.cn/articles/2020-07-15/1460991.html。

产品，共同提高"惠民保"产品的科技水平；第二，承保公司应适度调整产品的保费与限制条款，或尝试放开投保时间限制，积极优化产品运营模式；第三，政府应鼓励多元主体有序参与"惠民保"产品开发，承保公司应积极与其他企业展开合作，共同激发"惠民保"产品市场的创新活力；第四，政府应积极开展健康教育等活动，加快落实医药卫生体制改革工作并对欠发达地区适度予以政策倾斜，推动"惠民保"产品市场区域均衡发展；第五，监管机构应及时跟进"惠民保"产品变化趋势并严格把控"惠民保"产品开发企业的经营资质，规范"惠民保"产品市场秩序。

六 "惠民保"产品对保险产品创新的启示

"惠民保"产品属于一类新兴的保险产品，其凭借突破性的创新已取得了较好的成果，但仍需政府以及承保公司等主体在实践中进一步探索其产品市场发展的方向。因此，下文将阐述"惠民保"产品为保险产品创新提供一些启示，包括聚焦目标人群需求、发挥多元主体合作优势与充分考虑产品设计的合理性三个方面。

启示1：保险产品创新应以目标人群需求为核心，量体裁衣进行定制化创新。阳光保险集团董事长张维功指出我国商业健康险产品针对性弱且市场细分能力差，往往无法满足目标人群需求。[①] 其一，"惠民保"产品融合社会保险与商业保险特征，提供性价比较高的健康保障服务，从宏观层面较好地弥补了保险市场缺口。其二，"惠民保"产品结合当地居民健康特征进行定制化设计，从微观层面紧密贴合目标人群的健康保障需求。因此，保险公司创新发展保险产品应积极采用大数据分析等方式深入挖掘市场需求，开发适销对路的产品。

启示2：保险产品创新应发挥多元主体合作优势，实现突破性的创新。"惠民保"产品最大的突破在于强化了政府与商业保险机构的合作。由前文分析可知，政府在数据资源和公信力两个方面具备优势，在保险产品开发与推广过程中能够发挥重要作用。此外，"惠民保"产品

---

① 亿欧，https：//www.iyiou.com/analysis/2016121436034。

在承保公司方面除了由单一保险公司独立承保和运营以外，还有多家保险公司联合承保或保险公司联合第三方平台进行产品开发等多种合作模式。多元主体参与产品开发过程，能够有效激发各方的创新活力，这是当前相关企业能够不断创新发展"惠民保"产品的重要原因。因此，保险公司创新发展保险产品可以从建立多方合作关系入手，打通不同企业与行业间的信息壁垒，实现数据共享与业务融合，为保险产品的突破性创新提供更多思路。

启示3：保险产品创新应充分考虑产品设计的合理性，提高创新的可持续性。虽然"惠民保"产品充分展现了普惠保险的价值，但其基本设计原理上的不足带来了较高的非经营风险。高风险会威胁参保人与承保公司的利益，甚至导致产品运营难以为继。而在新型保险产品市场发展的初期，承保公司往往会通过降低保险费率等方式取得竞争优势，进一步提高了风险控制的难度。大量保险市场参与者承担过高风险，容易导致恶性竞争，对保险市场整体环境带来负面影响。因此，保险公司进行保险产品创新不可过度追求新颖的设计和极致的保障，只有基于可持续的商业逻辑，创新成果才能更长远地发挥价值。

总之，"惠民保"产品迎合了我国当下的发展需求，具有重大的社会价值。相关保险公司等参与者应总结经验，在政府带领下突破"惠民保"产品市场的重重困境，规范产品运营模式，不断探索适合"惠民保"产品市场的发展道路。只有明确了稳定且健康的市场发展方向，"惠民保"产品才能拥有强大的生命力，长久地履行普惠使命。

参考文献

陈蓉、王美凤：《经济发展不平衡、人口迁移与人口老龄化区域差异——基于全国287个地级市的研究》，《人口学刊》2018年第3期。

刘冬姣等：《基于价值网络理论的保险中介服务平台创新研究——以泛华车童网为例》，《保险研究》2017年第9期。

齐子鹏等：《基于人口结构角度的商业健康保险需求分析》，《保险研究》2018年第5期。

孙蓉等：《普惠保险及其发展水平测度》，《保险研究》2019年第1期。

锁凌燕等:《我国商业健康保险地区发展失衡现状及原因研究》,《保险研究》2015年第1期。

肖志光:《论我国保险市场区域均衡发展——基于保险需求的理论与实证》,《金融研究》2007年第6期。

许飞琼:《中国多层次医疗保障体系建设现状与政策选择》,《中国人民大学学报》2020年第5期。

曾燕等:《中国数字普惠金融热点问题评述(2019—2020)》,中国社会科学出版社2020年版。

钟水映等:《我国保险业发展水平的地区差异及其分布动态演进,《保险研究》2016年第3期。

朱金渭等:《我国保险业市场格局演变分析》,《保险研究》2014年第11期。

Porter, M. E., "Competitive Advantage of Nations: Creating and Sustaining Superior Performance", New York: Free Press, 2011.

Reid, R. O. et al., "Association Between Medicare Advantage Plan Star Ratings and Enrollment", *The Journal of the American Medical Association*, 2013, 309 (3): 267–274.

P2P 网贷行业走向衰亡的思考与启示

曾　燕　卢文静

摘要　本文梳理了我国 P2P 网贷行业走向衰亡的具体过程，研究了行业由盛转衰的主要原因，总结了其发展过程对数字金融①发展的启示。第一，阐述了 P2P 网贷行业走向衰亡的具体过程。第二，梳理了 P2P 网贷平台的清退路径。第三，从宏观、中观和微观三个维度剖析了行业从鼎盛走向衰亡的主要原因。第四，总结了 P2P 网贷行业发展历程对数字金融发展的启示。

2020 年，我国监管部门大力推进 P2P 网络借贷（以下简称 P2P 网贷）整治工作，P2P 网贷行业风险得到持续压降。2020 年 11 月，银保监会②发布官方消息称，我国 P2P 网贷平台的实际在营数量业已清零。③短短 13 年内，中国市场见证了 P2P 网贷行业的兴衰。自 2007 年诞生以来，我国 P2P 网贷行业发展态势迅猛，数量最多时达到 5000 多家，累计借贷额居全球之首。④与此同时，P2P 网贷行业险象环生，导致社会信任度急剧下降。基于上述背景，本文将对 P2P 网贷行业走向衰亡这

---

① 数字金融泛指传统金融机构、互联网企业以及其他商业组织利用数字技术打造的新型金融产品、业务流程与商业模式（黄益平、黄卓，2018）。

② 本文银保监会均指中国银行保险监督管理委员会。

③ 新华社，https：//baijiahao. baidu. com/s?id = 1684520966573379100&wfr = spider&for = pc。

④ 中国政府网，http：//www. cbirc. gov. cn/cn/view/pages/ItemDetail. html? docId = 947694& itemId =915&generaltype = 0。

一过程展开研究，具体结构安排如下：第一节阐述 P2P 网贷行业走向衰亡的具体过程；第二节梳理 P2P 网贷平台的清退路径；第三节剖析 P2P 网贷行业从鼎盛走向衰亡的主要原因；第四节总结 P2P 网贷行业发展历程对数字金融发展的启示。

一　P2P 网贷行业走向衰亡的具体过程

P2P 网贷属于民间借贷范畴，指个体间依托互联网平台实现的直接借贷。[①] 过去十余年，我国违规开展 P2P 网贷业务的信用中介型平台泛滥，正规信息中介型平台的生存空间不断萎缩，[②] 这直接导致 P2P 网贷行业走向衰亡。根据阶段特点和监管法规的变迁，可将 P2P 网贷行业划分为五个发展阶段，分别是萌芽期、高速发展期、风险爆发期、政策调整期和清退转型期，其具体发展历程与相关特征如表 1 所示。本节将梳理 P2P 网贷行业的发展过程，并归纳各阶段的行业特征。

表 1　　　　　　　　**P2P 网贷行业的发展历程及阶段特征**

	正常运营平台数量	行业风险	关键特征
2007—2011 年 萌芽期	较少	风险较高，未集中爆发	出现信用中介与信息中介的分化
2012—2013 年 高速发展期	爆发式增长	风险较高，建立初步风险控制机制	头部平台纷纷成立
2014—2015 年 风险爆发期	持续增长	风险开始集中爆发	雄厚资本入场，出现大批平台暴雷现象
2016—2018 年 政策调整期	急剧下降	风险持续爆发	停业及问题平台较多，行业监管框架逐步建立

---

① 该定义由中国人民银行、工业和信息化部等十部委在《关于促进互联网金融健康发展的指导意见》（银发〔2015〕221 号）联合印发提出。

② 根据我国监管法规，广义上，P2P 网贷平台包括网络借贷信息中介平台（以下简称为"信息中介型平台"）和网络借贷信用中介平台（以下简称为"信用中介型平台"）。狭义上，P2P 网贷平台仅指"依法设立、专门从事网络借贷信息中介业务活动的金融信息中介公司"。本文从广义角度论述 P2P 网贷平台的情况。参见银保监会等部门《网络借贷信息中介机构业务活动管理暂行办法》《关于做好网贷机构分类处置和风险防范工作的意见》。

续表

	正常运营平台数量	行业风险	关键特征
2019—2020 年 清退转型期	减至清零	风险持续压降	以清退为主基调

资料来源：笔者根据公开资料整理。

　　2007—2011 年是 P2P 网贷行业的萌芽期，此时 P2P 网贷平台数量较少，行业中异化出信用中介型平台①，但风险尚未爆发。2007 年，拍拍贷的成立标志着我国 P2P 网贷的诞生。该时期内，P2P 网贷平台较少且有效投资者的数量有限。截至 2011 年年末，我国约有 60 家 P2P 网贷平台，其中活跃平台的数量低于 20 家，有效投资者仅为 1 万人左右。②此时，大多数 P2P 网贷平台为信息中介型平台。例如，拍拍贷坚持信息中介型的无垫付模式，2009 年成立的贷帮网明确表示拒绝兜底。在监管方面，该时期内，P2P 网贷行业基本处于监管空白状态。2011 年 9 月，首部有关 P2P 网贷的监管文件③发布，其以人人贷为例总结了 P2P 网贷的潜在风险，但并未明确限制 P2P 网贷的业务性质，也未指定行业的直接监管部门。在监管缺位的背景下，部分 P2P 网贷平台异化出了信用中介模式，如 2009 年 3 月上线的红岭创投率先推出本息垫付模式。信用中介型平台推动了 P2P 网贷行业发展，但由于其不具备银行牌照，无法接入征信系统并开展有效的贷后管理，导致 P2P 网贷行业的坏账率有所攀升。

　　2012—2013 年是 P2P 网贷行业的高速发展期，该时期 P2P 网贷平台呈井喷式增长，部分大型 P2P 网贷平台在此时成立。截至 2012 年年末，行业内仅有 132 家 P2P 网贷平台，而在 2013 年其数量增至 572 家。④ 在此期间，一些头部 P2P 网贷平台成立，这对 P2P 网贷行业的发

---

　　① 信息中介型平台指平台只担任信息的提供者和交易的撮合者，平台自身不参与借贷，不承担违约风险；信用中介型平台则指平台以自有资金或公众资金池向客户借款，平台享有利息时须为投资者兜底。笔者根据公开资料整理。
　　② 新浪财经，https://baijiahao.baidu.com/s?id=1684740462724615621&wfr=spider&for=pc。
　　③ 此处指 2011 年银保监会发布的《关于人人贷有关风险提示的通知》。
　　④ Wind，网贷之家。

展产生较大影响。例如，平安银行于 2012 年 1 月正式推出 P2P 网贷平台陆金所，截至 2020 年 11 月底，陆金所的累计交易规模居 P2P 网贷平台之首。2012 年 7 月，团贷网正式上线，首次设立投资奖励机制，通过调高投资利率吸引了许多投资者，并掀起了 P2P 网贷行业的"价格战"，为后来的风险集中爆发埋下伏笔。

2014—2015 年是 P2P 网贷行业的风险爆发期，① 该时期平台的数量和平均注册资本持续增长，行业风险也开始集中爆发。一方面，P2P 网贷平台数量持续增长。由于主流媒体数次正面报道 P2P 网贷，② 且监管部门对 P2P 网贷持包容鼓励态度，大众对行业的信任度较高。截至 2015 年年末，P2P 网贷平台数量增至 3464 家，较 2014 年增加了 1213 家。③ 另一方面，由于众多国有与非国有上市公司相继入场，P2P 网贷平台的平均注册资本也大幅提高。④ 但与此同时，P2P 网贷行业风险积聚，坏账率不断攀升，平台暴雷事件接连出现。一方面，行业居高不下的坏账率表明 P2P 网贷平台的风控能力不足。2014 年 8 月，红岭创投披露一笔数额上亿元的坏账，为垫付投资者本金，其动用了 8000 余万元的风险准备金甚至部分股本金，损失极为惨重。⑤ 另一方面，由于平台违规运营和股市大跌，P2P 网贷行业在该阶段爆发了两次暴雷潮。有关数据显示，2014 年 P2P 网贷行业的问题平台数量达到 275 家，⑥ 2015 年停业平台数量更是高达 1291 家，⑦ 其中"e 租宝事件"⑧ 较为恶劣，大大降低了大众对 P2P 网贷行业的信任度。

2016—2018 年是 P2P 网贷行业的政策调整期，该时期内行业风险

---

① 中国人民大学中国普惠金融研究院：《中国数字普惠金融发展报告——在曲折中前进（2018）》。

② 环球网，https：//tech. huanqiu. com/article/9CaKrnJT12a。

③ 前瞻产业研究院，https：//bg. qianzhan. com/trends/detail/506/200408 – 9067ee5d. html。

④ 网贷之家，https：//www. wdzj. com/news/hangye/16216. html。

⑤ 网贷之家，https：//www. wdzj. com/zhuanlan/shendu/8 – 217 – 1. html。

⑥ 网贷之家，https：//www. wdzj. com/zhuanlan/guancha/17 – 237 – 1. html。

⑦ 网贷之家，https：//www. wdzj. com/news/yc/3652157. html。

⑧ 根据监察机关公告，e 租宝通过 P2P 网贷业务非法吸收公众资金累计人民币 762 亿余元，至案发集资款未兑付人民币 380 亿余元，波及多达 90 余万投资者。参见新浪财经，http：//finance. sina. com. cn/money/lczx/2017 – 03 – 02/details – ifycaafp1462535. shtml。

持续爆发，引发监管部门的重视，P2P 网贷监管框架逐步建立。2018年 6 月，钱宝网、唐小僧等头部平台的暴雷引发了第三次暴雷潮。有关数据显示，2018 年行业内停业平台数量高达 1279 家，涉及金额超千亿元，波及范围较以往更加广泛。① 为推动 P2P 网贷等业态良性发展，监管部门逐渐加大监管力度。2016 年是 P2P 网贷的监管元年。2016 年 3 月，互联网金融协会成立。2016 年 4 月，监管部门开始落实针对 P2P 网贷等新业态的专项整治工作。2016—2017 年，以银保监会为主导的监管部门将银行存管、平台备案和信息披露三大配套政策全部落地，引导各地落实并强化备案要求。监管部门的备案和"三降"要求②提升了平台的合规成本，加快了 P2P 网贷行业的风险出清速度。

2019—2020 年是 P2P 网贷行业的清退转型期，该时期内监管部门清退了大量问题平台，P2P 网贷平台纷纷退出金融市场或转型为其他金融机构。2019 年，P2P 网贷平台进一步落实"三降"要求，压缩业务存量规模。此外，多家大型平台停发新标并寻求业务转型。2019 年 1 月，监管部门出台"175 号文"③，指出 P2P 网贷行业将以机构退出为主要方向，行业展开大规模清退工作。2019 年 11 月，"83 号文"④ 为 P2P 网贷平台转型为小贷公司提供了指导意见，但因转型门槛过高，平台仍以退出为主。该阶段不少地方部门着手取缔 P2P 网贷业务，多省市发布清零通告。截至 2020 年上半年，我国 P2P 网贷平台中的问题平台数量累计达到 5799 家，行业发展空间不断萎缩。⑤ 2020 年 11 月 27日，全国实际运营的 P2P 网贷平台完全清零，这表明行业已全面衰亡。

综上所述，P2P 网贷行业经历了萌芽期、高速发展期、风险爆发期、政策调整期和清退转型期这五个发展阶段。在萌芽期，平台数量较少，行业异化出信用中介型平台，但风险尚未爆发。在高速发展期，平

---

① 网贷之家，https：//www.wdzj.com/news/yc/3652157.html。

② 三降指降低待还余额、降低出借人数与降低借款人数。资料来源：搜狐网，https：//www.sohu.com/a/283030731_104992。

③ 此处指《关于做好网贷机构分类处置和风险防范工作的意见》，以下简称为 175 号文。

④ 此处指《关于网络借贷信息中介机构转型为小额贷款公司试点的指导意见》，以下简称为 83 号文。

⑤ 再无债，https：//www.zaiwuzhai.com/portal/article/index/id/7153.html。

台数量迅猛增加，部分头部平台在此时成立。在风险爆发期，平台数量持续增加，风险集中爆发。在政策调整期，P2P 网贷行业风险持续爆发，监管框架逐步落成。在清退转型期，P2P 网贷行业以清退为主基调，平台问题积重难返，导致行业最终走向衰亡。

二 P2P 网贷平台的清退路径

上节梳理了 P2P 网贷行业的发展历程，本节将进一步阐述 P2P 网贷平台的清退路径。2019 年 1 月，175 号文首次提出 P2P 网贷行业"坚持以机构退出为主"的政策方向，奠定了行业清退的主基调。在 P2P 网贷行业走向衰亡的过程中，P2P 网贷平台有彻底退出金融市场和转型为其他金融机构两种清退路径。

（一）彻底退出金融市场

以能否完全化解借贷余额存量为标准，P2P 网贷平台退出金融市场的方式可划分为被迫清盘[①]与良性退出[②]。我国监管部门坚决推动市场出清，引导多数 P2P 网贷平台良性退出（以下简称良退）。但在实际清退过程中，大量平台被立案侦查，一部分平台面临化解借贷存量的困境，只有小部分平台能顺利实现良退。下文将具体分析 P2P 网贷平台如何彻底退出金融市场。

第一，大量 P2P 网贷平台因违反法律法规被立案调查，只能被迫清盘。根据公安部官网数据，2020 年公安部门对 60 余家 P2P 网贷平台展开立案调查，其中爱钱进、摇财树、金元宝等平台因涉嫌非法吸收公众存款罪等受到法律制裁。[③] 截至 2020 年年末，平台被立案调查的数

[①] 清盘是一种法律程序，公司停止生产运作，所有资产在短期内出售变现，按先后次序偿还（分派给）未付的债项，之后按法律程序宣布公司解散的一连串过程。参见网贷之家，https：//baike. wdzj. com/doc – view – 3226. html。

[②] 深圳互联网金融协会明确定义，"良性退出"强调通过出借人、借款人、P2P 网贷平台等利益相关方达成和解的方式，维护出借人的合法权益，确保社会和谐稳定。参见新浪财经，http：//finance. sina. com. cn/money/lcp2p/2020 – 01 – 13/doc – iihnzahk3907851. shtml。

[③] 消费金融频道，https：//mp. weixin. qq. com/s/3SIHCpgPMfxDHgraf6VUcA。

量累计已逾 846 家。① 2021 年年初，本已宣布"良性退出"的千亿级平台小牛在线因"非法吸收公众存款"被立案侦查，其后升级为"集资诈骗罪"，平台尚未兑付的本金总额超过百亿元。② 在平台被迫清盘的情况下，投资者虽然享有追偿本金与部分利息的合法权利，但由于审判周期漫长且追缴资金困难，大部分投资者难以收回本息。

第二，大部分宣布"良退"的平台面临化解借贷存量的难题，尚未真正实现良退。截至 2021 年年初，实现全额兑付的平台数目仅占累计转型、停业以及问题平台之和的 3% 左右。③ 由于恶意逃废债④的现象增多，大部分平台化解借贷存量的过程并不顺利。例如，截至 2021 年 3 月 26 日，点融的贷款逾期率已高达 80%，已诉案件逾 2 万件，回款较为艰难。⑤ 为处置存量资产，P2P 网贷平台通常采取分期回款、以物抵债和打折债转三种方案，但实际实施的成效不佳。例如，红岭创投采取分期回款方案，在 2019 年推出"三年清退计划"，但直至 2021 年 3 月 26 日，红岭创投仅兑付完本金的 13% 左右。⑥ 2018 年 11 月，小丰年通过以物抵债的方式还款，宣布以红酒和螃蟹抵偿其未兑付本金，名为兑付，实则卖货，引发投资者诟病。⑦ 人人贷、PPmoney、点融等平台则采取打折债转⑧方案，将债权打折兑付，如人人贷给予债权的折让是 6.5—7 折，PPmoney 在 4.5 折左右，点融在 3 折左右。⑨ 投资者起初往往难以接受平台的低折扣，不愿低价放弃债权，但又无法保证平台能够正常回款，抉择时面临巨大心理压力。

---

① 中国政府网，https://www.mps.gov.cn/。

② 网易新闻，https://www.163.com/dy/article/G1L3CU1705372UCH.html。

③ 经济参考报，http://www.jjckb.cn/2021-01/28/c_139703231.htm。

④ 逃废债是一种民事违约行为，但不是所有的欠债不还都是逃废债，它比较强调债务人的主观故意。"逃""废"体现的是有履行能力却不尽力履行债务。参见重庆承业律师事务所，http://www.023cyls.com/changshi/xingshizhishi/10098.html。

⑤ 网贷之家，https://mp.weixin.qq.com/s/TlJHXHP1C27efbvjflNJUw。

⑥ 红岭创投，https://mp.weixin.qq.com/s/-EPwUwrzMoIGWx_jYl93Vg。

⑦ 和讯网，https://news.hexun.com/2019-10-09/198806144.html。

⑧ 打折债转，指投资者将手中标的打折出售给其他有意愿接手的投资者。一般而言，原投资者由于急于"下车"，债转的议价能力较低。参见网贷之家，https://www.chinaz.com/2020/0907/1181326.shtml。

⑨ 与 PPmoney、人人贷不同，点融的 3 折指将历史收益扣除之后按本金计算的折扣。参见新浪网，https://finance.sina.com.cn/tech/2021-01-08/doc-iiznctkf0797620.shtml。

第三，小部分平台成功实现良退并彻底退出金融市场。实现良退且彻底退出金融市场的 P2P 网贷平台包括金海贷、珠宝贷、掌众财富、钱牛牛和搜易贷等。① 一般而言，此类平台的规模和剩余存量金额普遍较小，良退的阻力也较小。行业也有大型平台从金融市场良退的案例。例如，搜易贷就于 2021 年 4 月 30 日提前完成了出借人本息全额兑付，成功实现良退。②

（二）转型为其他金融机构

成功良退的 P2P 网贷平台除彻底退出金融市场之外，也有转型为其他金融机构的情况。具体而言，P2P 网贷平台的转型方向有三种，分别是转型为小贷公司、金融科技公司和消费金融公司。③ 此类由 P2P 成功转型为其他金融机构的平台通常财力雄厚且体量较大，大多依托原业务的既有资源展开新业务。

第一，部分平台根据监管政策向小贷公司④转型，但由于转型要求严苛，成功转型的案例较少。受 2019 年 11 月监管部门发布的 83 号文鼓励，微贷网、51 人品、积木盒子等平台纷纷宣布转型为全国性小贷公司。然而，多数平台向小贷公司转型的难度极高。如表 2 所示，83 号文中指出，P2P 网贷平台转型为全国性小贷公司需要缴纳不少于 10 亿元的注册资本，而绝大部分平台无法达到该标准。截至 2021 年 2 月 2 日，仅有 7 个 P2P 网贷平台成功转型小贷公司，分别为海豚金服小贷、禹州启惠小贷、赣州发展小贷、新浪小贷、林海小贷、金投小贷和分子魔方小贷。⑤

---

① 网贷之家，https：//mp. weixin. qq. com/s/kCDgKW8IULpVaS3FlnypNw。

② 网贷之家，https：//mp. weixin. qq. com/s/5U10e377TR7zJ7HI3P9aQQ。

③ 东方财富网，http：//caifuhao. eastmoney. com/news/20200331215859819023640，2020 - 03 - 31。

④ 小贷公司包括网络小贷和区域性小贷，由地方金融办负责牌照发放和监管事宜，在经营区域上有所区别。小贷公司与 P2P 网贷平台不同之处在于小贷公司只能用自有资金发放贷款，融资渠道主要来自股东。参见 https：//www. sohu. com/a/352865832_ 190017？scm = 1002. 44003c. fe0215. PC_ ARTICLE_ REC。

⑤ 分别由 P2P 网贷平台海豚金服、禹顺贷、赣州发展融通资产有限公司网贷机构、易 e 贷、广西林海互联网金融服务股份有限公司、金行投和金可贷转型而来。参见消金财经，ht- tps：//mp. weixin. qq. com/s/CaTNx48HDh1VzklG8KgvOQ。

表 2　　　　　　　　　　　**P2P 网贷平台转型小贷公司的要求**

分类	要求
注册资本	省级小贷公司不少于 5000 万元，全国性小贷公司不少于 10 亿元，首期实缴资本不低于 5 亿元，且首期实缴货币资本应不低于转型时 P2P 网贷平台借贷余额的 1/10
风险准备金	省级小贷公司按照撮合业务余额的 1% 缴纳；全国小贷公司按照撮合业务余额的 3% 缴纳
风险补偿金	省级小贷公司按借款金额计提 3%；全国小贷公司按借款金额计提 6%
经营要求	连续经营 5 年以上，且 3 年连续盈利；净资产占总资产的 30% 以上，且净资产中权益类不得超 50%

资料来源：笔者根据公开资料整理。

第二，部分平台转型为金融科技公司，为持牌金融机构提供服务。在行业清退过程中，拍拍贷、掌众财富和信而富等平台成功转型为金融科技公司。例如，2019 年拍拍贷宣布转型为金融科技公司，并于 2020 年 9 月成功化解借贷余额。与此同时，由拍拍贷转型而来的信也科技已实现资金来源 100% 由机构自有资金提供。[①] 在业务转型时，这些头部平台能够将 P2P 老用户转化为新业务的用户，为转型后的业务提供流量。成功转型后，信也科技自建信也魔方平台、章鱼平台等智能服务系统，助力持牌金融机构提升数字化和智能化水平。[②] 但随着互联网巨头与商业银行纷纷布局数字金融市场，由 P2P 网贷平台转型而来的金融科技公司在技术、场景、数据和资金成本上面临较为严峻的竞争。

第三，部分平台转型为消费金融公司，为"长尾人群"提供信贷服务。以陆金所为例，其于 2020 年 4 月正式转型为平安消费金融有限公司，重点布局财富管理业务。根据有关数据，截至 2020 年年末，银行业机构发放的普惠型小微企业贷款[③]共支持 3007 万家小微企业。但

[①]　网贷之家，https：//www.wdzj.com/news/hangye/7016499.html。

[②]　澎湃新闻，https：//m.thepaper.cn/newsDetail_forward_11660067。

[③]　普惠型小微企业贷款指银行业金融机构向小微企业发放的，用于生产经营活动，单户授信总额在 1 千万元（含）以下的贷款。参见希财网，https：//www.csai.cn/v/13766.html。

整体上看，其信贷覆盖率仅为 1/4，表明银行业金融机构的信贷渗透率仍有待提高。① 陆金所在为小微企业提供相应的风控方案和数据使用路径上积累了丰富的实践经验，转型后提供给小微企业的贷款占比高达74.4%，能够有效弥补银行、信托等传统信贷机构的服务缺口，更好地服务实体经济。②

综上所述，随着 P2P 网贷行业逐渐走向衰亡，P2P 网贷平台在清退过程中面临彻底退出金融市场与转型为其他金融机构两种清退路径。具体来说，平台在彻底退出金融市场时存在被迫清盘、努力化解借贷存量和成功良退三种状态，良退的平台还可能转型为小贷公司、金融科技公司或消费金融公司。

三 P2P 网贷行业从鼎盛走向衰亡的主要原因

在行业初期，部分学者将 P2P 网贷等互联网金融视为传统直接金融与间接金融以外的第三种模式，认为其能有效拓展融资渠道和提高金融服务可得性（谢平、邹传伟，2012）。但 P2P 网贷行业发展不仅未能符合市场预期，反而在发展过程中逐渐异化，最终走向衰亡。基于此，本节将从宏观、中观和微观三个层面剖析 P2P 网贷行业由盛转衰的主要原因。

（一）宏观原因

我国 P2P 网贷行业由盛转衰的宏观原因是社会征信体系和金融监管体系③不够完备。在社会征信体系层面，征信体系不够完备是 P2P 网贷行业由盛转衰的关键因素。在金融监管体系层面，金融监管的缺陷也在很大程度上导致了 P2P 网贷行业走向衰亡。

我国社会征信体系不完备导致 P2P 网贷的资产质量不断恶化，不利于行业的长远发展。具体来说，我国征信体系存在 P2P 网贷平台接

---

① 中国普惠金融研究院，https：//mp. weixin. qq. com/s/6fgfcRmm5lkkY30 DWZx34w。

② 新浪财经，http：//finance. sina. com. cn/money/bank/bank_ hydt/2021 – 02 – 03/doc – ikftpnny3578733. shtml。

③ 金融监管体系由金融监管法律、金融监管机构、金融监管方法和内容等组成。

入时间较迟、数量有限的问题。一方面，平台接入征信体系的时间较迟。直至 2019 年 9 月，监管部门才出台相应政策①推动 P2P 网贷平台接入征信。在此之前，平台间难以共享征信数据，导致长期以来 P2P 网贷逾期率高企不下。另一方面，征信体系对接的平台数量有限。截至 2020 年 7 月，我国仅有 20 余家 P2P 网贷平台接入中国人民银行征信中心。② 大部分平台难以获取用户数据，无法有效降低借款人的违约风险。征信不完备导致 P2P 网贷的资产质量不断恶化。一方面，由于贷前缺乏征信数据，P2P 网贷平台无法对借款人展开有效筛选，导致潜在的违约风险大幅上升。另一方面，由于贷后缺乏征信约束，部分借款人以政府打击暴力催收、保护消费者权益等政策为借口逃避还款责任，甚至成立"反催收联盟"，严重阻碍正规催收工作开展。

另外，我国金融监管体系不完备导致 P2P 网贷行业陷入早期监管缺位、后期积重难返的境地。具体来说，我国金融监管体系在 P2P 网贷上存在的问题有金融立法滞后、监管主体协调不当、监管执法不到位和投资者保护缺失。其一，金融监管部门未能适时出台 P2P 网贷的监管法规。在行业发展的早期，出于对金融创新的审慎，有关监管部门对 P2P 网贷行业较为宽容，2015 年 7 月才首次推出正式的监管法规（如表 3 所示）。然而，约 8 年的监管缺位直接导致了违规平台泛滥和后期整治困难，行业问题积重难返，监管部门只能选择全部清退。其二，监管主体存在协调不当的问题。2016 年 8 月，监管部门出台的法规③明确规定银保监会统管 P2P 网贷，地方监管部门负责辖内平台的合规引导、备案和风险防范等工作。④ 但 P2P 网贷平台天然具有跨区域性，地方监管部门的技术水平和激励程度有限，难以对全国性平台展开监管，导致监管时出现部门协调问题，未能及时化解行业风险。其三，监管部门对法规的执行不到位。例如，2017 年 12 月，银保监会等部门明令地方部门需要在 2018 年 4 月前做好辖内主要平台的备案工作，但直至 2019 年

---

① 此处指 2019 年 9 月的《关于加强 P2P 网贷领域征信体系建设的通知》。
② 网贷之家，https://mp.weixin.qq.com/s/LhaB－G53WH1MhrvVf9_nMA。
③ 此处指 2016 年 8 月的《网络借贷信息中介机构业务活动管理暂行办法（征求意见稿）》。
④ 网贷之家，https://www.wdzj.com/zhuanlan/guancha/17－1495－1.html。

6 月监管部门仍未施行备案。① 这导致平台的合规成本不断提高，部分问题平台选择在暴雷潮中顺势暴雷以减少平台损失，加快了行业风险爆发并走向衰亡的过程。其四，金融监管缺乏完备的投资者保护机制。由于行业风险频发，众多的分散小额投资者缺乏有效的事后救济渠道，投资者对行业的信任度大幅下降，推动行业走向衰亡。我国证券集体诉讼制度②于 2020 年 7 月底正式落地，但截至 2021 年 4 月，我国才出现首例证券纠纷特别代表人诉讼案例，③ 且监管部门尚未探索出有效的投资者权益救济制度。

表3 我国 P2P 网贷行业的部分重要监管政策

行业阶段	时间	政策名称	主要内容
萌芽期	2011 年 9 月 15 日	《关于人人贷有关风险提示的通知》	指明经调研发现的 P2P 网贷有关问题及风险，并给出初步的监管措施及要求，如建立银行与平台的"防火墙"等
风险爆发期	2015 年 7 月 18 日	《关于促进互联网金融健康发展的指导意见》	明确 P2P 网贷平台的信息中介性质、业务边界和直接监管部门
政策调整期	2016 年 8 月 24 日	《网络借贷信息中介机构业务活动管理暂行办法》	规范了 P2P 网贷平台的业务活动范围，提出禁止自融等 13 项禁止行为
	2016 年 10 月 28 日	《网络借贷信息中介机构备案登记管理指引》	推动 P2P 网贷平台备案登记
	2017 年 2 月 23 日	《网络借贷资金存管业务指引》	规范第三方存管制度
	2017 年 8 月 24 日	《网络借贷信息中介机构业务活动信息披露指引》	规定 P2P 网贷平台的信息披露内容

---

① 新浪财经，https://finance.sina.com.cn/wm/2020-08-14/doc-iivhvpwy1066529.shtml。

② 最高人民法院于 2020 年 7 月 31 日发布《最高人民法院关于证券纠纷代表人诉讼若干问题的规定》，该制度规定投资者保护机构作为代表参与诉讼，对保障投资者合法权益和降低投资者维权成本具有重大意义。参见中证网，http://www.cs.com.cn/xwzx/hg/202008/t20200802_6081921.html。

③ 新浪财经，https://baijiahao.baidu.com/s?id=1699457702314234838&wfr=spider&for=pc。

续表

行业阶段	时间	政策名称	主要内容
政策调整期	2017 年 12 月 13 日	《关于做好 P2P 网络借贷风险专项整治整改验收工作的通知》（57 号文）	要求各地在 2018 年 4 月底之前完成辖区内主要 P2P 网贷平台的备案登记工作
	2018 年 8 月 13 日	《关于开展 P2P 网络借贷机构合规检查工作的通知》《网络借贷信息中介机构合规检查问题清单》	要求 P2P 网贷平台进行机构自查、自律检查以及行政核查三轮检查
清退转型期	2019 年 1 月 21 日	《关于做好网贷机构分类处置和风险防范工作的意见》（175 号文）	明确以 P2P 网贷平台退出为主要工作方向
	2019 年 9 月 2 日	《关于加强 P2P 网贷领域征信体系建设的通知》	推动 P2P 网贷平台接入征信体系
	2019 年 11 月 27 日	《关于网络借贷信息中介机构转型为小额贷款公司试点的指导意见》（83 号文）	推动 P2P 网贷平台转型为小贷公司
	2020 年 3 月 6 日	《关于预防银行业保险业从业人员金融违法犯罪的指导意见》	严禁银行业保险业从业人员违规为 P2P 网贷平台提供中介、销售和支付结算等服务

注：行业在高速发展期无重大监管政策。

资料来源：笔者根据公开资料整理。

（二）中观原因

我国 P2P 网贷行业由盛转衰的中观原因包括行业的流动性风险较高和竞争力较弱。在行业风险方面，P2P 网贷行业流动性风险较显著，这加剧了行业的脆弱性。在行业竞争方面，P2P 网贷行业难以缓解资产端的"融资贵"难题，相比传统金融机构和大型科技公司等竞争力较弱。

在行业风险层面，P2P 网贷行业在风险传染的机制下面临较高的流动性风险。一方面，在行业内部，单个平台的流动性风险易通过内部传导机制扩散至其他平台，导致行业面临较高的流动性风险（陶玲、朱迎，2016）。由于行业内平台具有共同的业务特征，特定平台的流动性风险易通过市场恐慌情绪扩散至整个行业，大大动摇了行业总体的稳定性。例如，2015 年 e 租宝、泛亚、中晋等头部平台纷纷暴雷，在投资者恐慌挤兑和借款端坏账率攀升的双重压力下，极少平台能免受波及。另一方面，在行业间，由于 P2P 网贷行业与证券部门、银行部门等关系密切，行业容易受到其他部门的流动性影响，面临较高的流动性风险。例如，2015 年 6 月正值年中资金紧张、股市暴跌时期，P2P 网贷行业出现多达 114 家问题平台。① 可见，P2P 网贷行业长期以来的流动性风险较为显著，这增加了行业的脆弱性与不稳定性。

在行业竞争环境层面，P2P 网贷行业难以缓解资产端的"融资贵"问题，且受到传统金融机构和大型科技公司等竞争对手的挤压，行业竞争力较弱。一方面，P2P 网贷行业的贷款利率过高，在满足资产端的融资需求上存在明显劣势。数据显示，2018 年企业通过银行贷款融资的平均利率仅为 6.6%。相比之下，我国企业通过 P2P 网贷融资的平均成本高达 21%，其通过 P2P 网贷融资的比例只占 1.10%。② 另一方面，P2P 网贷行业面临的主要竞争对手包括传统金融机构和经营金融业务的大型科技公司。在行业发展后期，P2P 网贷平台与传统金融机构之间竞争不断加剧。由于监管部门提出"三支箭"③ 和"一二五"④ 目标，国内银行逐渐加大对民营企业的放款力度，使 P2P 网贷的企业贷市场不断萎缩。此外，近年来国内外的互联网巨头等头部平台纷纷加码个人信贷业务。根据蚂蚁集团招股文件数据，花呗借呗在 2019 年共服务 5 亿用户，已成为用户使用最多的普惠型消费信贷产品，在满足"长尾人群"的需求上具有独特优势。⑤ 总之，大多数 P2P 网贷平台难以与具有

---

① 网贷之家，https：//www.wdzj.com/news/yc/2712161.html。

② 搜狐网，https：//www.sohu.com/a/225622945_618581。

③ "三支箭"提出于 2018 年，包括增加民营企业信贷、支持民营企业发债、研究设立民营企业股权融资支持工具。参见新浪财经，http：//finance.sina.com.cn/roll/2018 – 11 – 06/doc – ihmutuea7558491.shtml。

④ "一二五"目标指在新增的公司类贷款中，大型银行对民营企业的贷款不低于 1/3，中小型银行不低于 2/3，争取三年以后，银行业对民营企业的贷款占新增公司类贷款的比例不低于 50%。参见搜狐网，https：//www.sohu.com/a/274083010_670374.html。

⑤ 新浪财经，https：//baijiahao.baidu.com/s?id=1675989519403218173&wfr=spider&for=pc。

流量、品牌、数据和资金等雄厚优势的竞争对手们匹敌，行业市场空间不断萎缩，加速了行业衰亡的进程。

（三）微观原因

我国 P2P 网贷行业由盛转衰的微观原因包括信用中介型平台风控能力与合规性不足、信息中介型平台的资金端需求不足且盈利困难和投资者显著的羊群行为。

第一，信用中介型平台的风控能力与合规性不足，不仅未能降低投资者风险，反而推动行业走向衰亡。信用中介型平台本应降低投资者决策成本和风险，但由于其缺乏风控能力与合规性，反而引发各种乱象，加速行业衰亡。在风险控制上，信用中介型平台缺乏数据与技术支撑，实际上并不具备担保的能力。例如，红岭创投等信用中介型平台承诺为投资者兜底。然而，由于平台缺乏征信等数据，且对借款人的风险评估技术水平有限，贷后逾期率易发生暴涨。当投资者纷纷挤兑，平台资金链产生断裂导致无力担保，会使市场遭受巨大损失。在合规性上，许多信用中介型平台未能严格按照监管要求开展业务，存在虚构假标、非法自融等违规行为。例如，为防止平台私自挪动资金，监管部门要求其通过银行存管来明晰资金流的流向。但实际上，平台可通过虚构借款项目、建立壳公司等手段实现资金挪用。如团贷网在 2017 年就接入厦门银行的资金托管系统，但仍有用户反映其存在资料造假和虚构借款人等问题。① 许多信用中介型平台还谎称其达到银行存管要求，以此为噱头吸引用户。如 2017 年的车投宝、兔子金服等平台将"银行存管"放在官网首页上宣传，然而，平台用户根本无法查明银行的名称，也无法确认自己的独立存管账户。②

第二，信息中介型平台在现阶段难以满足我国投资者的需求，且因盈利困难导致市场空间不断萎缩，未能有效降低行业的风险。信息中介型平台旨在降低投资者与借款人间的信息不对称程度，但其不仅未能实现该目标，反而由于需求不足和盈利问题，生存空间不断萎缩，无力阻

---

① 虎嗅，https：//www.huxiu.com/article/291669.html。
② 网贷网，https：//www.wangdai.org/640.html。

止行业走向衰亡。在资金端需求方面，信息中介型平台难以满足投资者的需求。现阶段我国的金融市场尚未成熟，投资者投资分析能力较弱且习惯刚性兑付①。在大量平台以信用中介模式扩大规模的情况下，信息中介型平台缺乏数据支撑，难以满足投资者的刚性兑付需求，从而陷入"劣币驱逐良币"的困境。而在盈利方面，信息中介的盈利空间不断萎缩。一方面，信息中介型平台的盈利渠道单一且有限，平台依靠交易佣金扩大业务规模。然而，我国信用中介型平台泛滥，信息中介型平台为扩大规模投入的开发和管理成本较高，其佣金收入难以覆盖成本。另一方面，随着我国 P2P 网贷整改的推进，监管部门进一步规范佣金费率标准及收取方式等，信息中介型平台的利润空间萎缩，导致行业发展空间也日益收窄（余涛，2020）。

第三，我国投资者的羊群行为②加剧了整个 P2P 网贷行业的风险。由于投资者与借款人、平台之间的信息不对称程度较高，行业中投资者羊群行为较为显著，具体包括市场投资者的盲目跟投和大规模资金赎回潮。一方面，我国大多数投资者缺乏基本的金融素养，习惯刚性兑付，往往出现盲目跟投的羊群行为，这增大了行业风险。学者研究发现，投资者羊群动量的大小与贷款绩效不具有相关性，这意味着其羊群行为并不能为稳定高收益提供保证，反而推高了行业风险（陈冬宇、郑海超，2017）。例如，知名 P2P 网贷平台唐小僧利率最高达到 60% 左右，且号称其有央企"瑞宝力源"的投资。但根据天眼查的数据，"瑞宝力源"不仅并非央企，还涉嫌诈骗案。③ 在实践中，多数投资者被唐小僧平台的广告和高返佣营销手段吸引，未能在合理核查标的的基础上寻求高收益，这反映了许多投资者金融素养不足、存在盲目跟投的情况。另一方面，投资者受羊群行为影响，易产生大规模资金赎回潮，这引发了大批平台的流动性危机，加速了行业衰亡进程。周宇（2019）基于金融危

---

① "刚性兑付"一词来源于信托行业，指当金融产品到期后，金融机构必须为投资者的本金兜底。

② "羊群行为"指金融市场中的一种特殊的非理性行为，指投资者在信息环境不确定的情况下，行为受到其他投资者的影响，模仿他人决策，或者过度依赖于舆论（市场中的压倒多数的观点），而不考虑自己的信息的行为。参见 MBA 智库，https://wiki.mbalib.com/wiki/%E7%BE%8A%E7%BE%A4%E8%A1%8C%E4%B8%BA#_note-0。

③ 搜狐网，https://www.sohu.com/a/236858337_153054?_f=index_pagerecom_12。

机的视角研究了 P2P 网贷行业暴雷潮，发现投资者的资金赎回潮易引发流动性危机，从而加剧了 P2P 网贷行业的暴雷潮。以 2018 年暴雷潮为例，市场投资者出于流动性需求选择大量赎回在平台的资金，直接致使多个平台的资金链断裂，最终爆发行业危机。

综上可知，我国 P2P 网贷行业由盛转衰主要有宏观、中观和微观三个层面的原因。从宏观层面来看，社会征信体系与金融监管体系不完备导致了 P2P 网贷行业的衰亡；从中观层面来看，行业流动性风险较高和竞争力较弱推动了 P2P 网贷行业走向衰亡；从微观层面来看，P2P 网贷行业由盛转衰的原因有信用中介型平台风控能力与合规性不足、信息中介型平台的资金端需求不足且盈利困难以及投资者的羊群行为。

四　P2P 网贷行业发展历程对数字金融发展的启示

2020 年 12 月，中央经济工作会议在深刻总结 2020 年经济工作的基础上，将"金融回归本源、构建新发展格局"作为 2021 年金融工作的基本要求。[①] 在当前数字金融蓬勃生长的背景下，尽管 P2P 网贷行业已全面衰亡，但其发展历程仍有其独特的参考价值。基于此，结合我国数字金融的发展情况，本节将从数字金融监管机构[②]和数字金融机构[③]两个角度出发，分析 P2P 网贷行业的发展历程对数字金融未来发展的启示。

（一）对数字金融监管机构的启示

第一，在监管方法上，数字金融监管机构应通过事前与事中监管及时将金融创新纳入监管，避免金融风险过度积聚。如上节所述，我国 P2P 网贷风险集中，易引发大规模的流动性危机乃至平台暴雷潮。然

---

① 金融时报，https://www.financialnews.com.cn/ll/ft/202101/t20210125_210460.html。
② 数字金融监管机构包括中国人民银行、银保监会、证监会、地方金融监督管理局和金融稳定发展委员会等。笔者根据公开资料整理。
③ 基于前文"数字金融"定义，在本文中，数字金融机构既包括互联网企业中的数字借贷平台（包括网络小贷公司、互联网银行和 P2P 网贷）、第三方支付公司、网络互助平台、众筹平台、数字征信公司等，也包括开展数字金融业务的传统银行、保险公司等，还包括从事数字金融业务的其他商业组织（黄益平、黄卓，2018）。

而，我国对 P2P 网贷行业的金融监管长期缺位，导致平台合规性不断降低，行业风险持续积聚。目前，我国数字金融监管与创新之间存在时滞性，错配问题仍然较为严重。因此，数字金融监管机构在持续鼓励金融创新的同时，应加强事前的试点推行和事中的穿透式监管。一方面，对于金融创新，数字金融监管机构可扩大监管沙盒的覆盖范围，以金融科技创新试点等形式验证其可行性，再考虑是否向全国市场推广。例如，2021 年 3 月我国资本市场金融科技创新试点率先在北京落地，截至 2021 年 4 月 23 日已收到 44 个项目申请，该试点能够助力北京市金融科技持续创新。[①] 另一方面，数字金融监管机构须明确界定金融活动的性质及其所属的业务范围，依据业务内容进行事中穿透式监管。例如，2020 年以来，经营贷违规流入楼市的现象有所增加，其中贷款资金的跨行协查是一个监管难点。[②] 而金融监管机构通过穿透式监管的方法，在相关银行间开展可疑贷款的流水专项排查，能够穿透式地追踪资金流向。

第二，在监管技术上，数字金融监管机构应加速数字化转型，利用数字技术[③]优化既有的监管协调体制，提高对全国性数字金融机构的统筹监管水平。如上节所述，由于数字化程度有限和平台具有跨区域性，地方部门难以有效监管 P2P 网贷平台，部门协调不到位且执行时效性差，无法及时化解行业风险。杨东（2018）认为，传统的监管模式已无法适应创新频发的市场环境，监管机构须采用与创新发展适配的科技驱动型监管。因此，数字金融监管机构应加速数字化转型，利用大数据、区块链等数字技术提高对数字金融机构的统筹监管水平。一方面，数字金融监管机构应建立全国统一的金融机构数据库，同时搭建大数据交易与共享联盟，整合并实时反映行业所有交易环节信息的真实动态，降低监管协调成本。另一方面，数字金融监管机构也应鼓励金融科技公司为监管优化建言献策，提高监管的数字化水平。例如，2020 年 8 月，为建设数字函证平台，中国人民银行重庆营管部选择采用博雅正链的区

---

① 新京报，https：//baijiahao. baidu. com/s?id = 1698099728088422001&wfr = spider&for = pc。

② 澎湃新闻，https：//m. thepaper. cn/newsDetail_ forward_11744435。

③ 指大数据、人工智能、云计算和区块链等前沿技术。

块链技术方案，提高了监管的数字化和智能化程度。①

第三，在监管配套制度上，数字金融监管机构应在合规基础上及时将从事数字信贷业务的数字金融机构接入征信体系，发挥征信对筛选优质借款人和打击恶意逃废债的作用。如上节所述，我国征信体系接入P2P网贷平台较迟且覆盖率较低，难以有效约束借款人的恶意逃废债行为，最终使贷款资产的质量恶化。我国数字金融发展离不开征信的支持，为补齐数字金融的征信"短板"，数字金融监管机构应加大征信体系的建设。首先，数字金融监管机构应在确保合规性的前提下，及时将更多开展数字信贷业务的数字金融机构纳入征信范围，提高其贷前风险控制水平。其次，数字金融监管机构应依托数据，建立并完善信用评分系统。具体来说，监管机构应充分依托传统金融机构的用户数据和数字金融行业的用户数据，同时综合考虑数字金融风险，优化信用评分指标，建立并完善专属于数字金融行业的数据库和信用评分系统（刘翀等，2020）。最后，数字金融监管机构应采取更切实有效的失信惩戒措施。具体来说，监管机构应通过冻结花呗、支付宝、微信、银行卡等手段达到更强有力的威慑作用。以钱站为例，北京市执法部门通过冻结了其违约借款人的支付宝、银行卡等支付工具，达到了显著的回款效果。②

（二）对数字金融机构的启示

第一，数字金融机构应努力降低潜在客户的顾虑，进一步提升服务小微企业的广度与深度。如上节所述，在我国P2P网贷行业中，违规平台自融、假标与暴力催收等负面新闻大大降低了外界对行业的信任度。根据社会调查结果③，2020年使用数字信贷④的小微企业比例仅为

---

① 新浪财经，http：//finance. sina. com. cn/hy/hyjz/2020 - 09 - 22/doc - iivhvpwy8221537. shtml。

② 消费金融频道，https：//mp. weixin. qq. com/s/8cM-2d3g49vhjjQmEaD2 qQ。

③ 该社会研究由北京大学数字金融研究中心与对外经济贸易大学金融学院于2021年年初联合组织，共收集815个企业信息，覆盖24个省份、15个行业，调查对象以小微企业为主。参见未名湖数字金融研究，https：//mp. weixin. qq. com/s/QKsNcN8PHJ - KPDxXqmRrZQ。

④ 此处指各互联网银行的网络贷款、P2P网贷、网络小贷和消费金融贷款（包括京东白条、花呗等）。参见未名湖数字金融研究，https：//mp. weixin. qq. com/s/QKsNcN8PHJ - KP-DxXqmRrZQ。

12.4%，且相对传统银行信贷，企业主对数字信贷的贷款安全性普遍存在顾虑。由此可见，数字金融机构服务小微企业的广度与深度仍有不足，须加大对长尾群体的有效融资支持。一方面，数字金融机构应积极与银行等传统金融机构合作，发挥其独特的技术优势，降低潜在客户的顾虑。例如，2020 年 5 月，作为互联网银行的众邦银行就与国家开发银行湖北省分行达成密切合作，通过转贷款的方式助力省内小微企业发展共计 20 亿元。[①] 另一方面，数字金融机构应从真实的贸易场景出发，挖掘优质资产端并为其提供优质服务。例如，中小农企具有真实的贸易场景和强大信用，具备成为优质资产端的潜质，数字金融机构与农业供应链深度融合能够有效助力"三农"发展（唐齐鸣等，2019）。

第二，数字金融机构应加大研发力度，运用数字技术提升大数据风控水平。如上节所述，在我国 P2P 网贷行业中，信用中介型平台承诺为投资者兜底，但其在化解业务风险上存在技术壁垒，缺乏相应的风险控制能力，这加速了行业的衰亡。目前，我国部分数字金融机构仍面临技术不足导致的风控失效问题。以网络互助平台为例，我国的网络互助业务与保险业务相似，但缺乏保险的精算技术，行业风险频发。因此，数字金融机构须持续加大技术研发力度，可综合利用人工智能、区块链等数字技术，提升风控精准施策能力。例如，2020 年，平安养老保险股份有限公司将人工智能、区块链等数字技术广泛运用于承保、核保、理赔等业务中，首创"团体保险线上核保模型"，实现了核保效率的有效提高。[②] 而中信银行则注重贷前、贷中和贷后风控联动，通过机器学习、云计算等数字技术实现信用卡交易金额挽损率提升 20%。[③]

第三，数字金融机构应充分利用自身数据和其他可获得的数据，进而降低平台与消费者之间的信息不对称程度。如上节所述，我国信息中介型平台缺乏足够的数据支撑，难以有效降低信息不对称导致的运营风险。因此，为降低平台运营风险，数字金融机构须充分依托自有数据和可获得的大数据资源。一方面，数字金融机构须充分利用自身拥有的电

---

① 澎湃新闻，https：//m. thepaper. cn/newsDetail_forward_8331221。
② 网易新闻，https：//www. 163. com/news/article/FU75GTSM00019OH3. html。
③ 澎湃新闻，https：//m. thepaper. cn/newsDetail_forward_11900159。

子商务、物流信息、资金信息等数据降低经营风险。例如，蚂蚁金服在独立的数据库基础上对数据进行分类处理，精确评估用户在不同场景下的守约行为，进而生成"芝麻信用分"，有力地发挥了大数据征信的优势。① 另一方面，部分数字金融机构可与大型平台展开资源合作，充分利用数据降低运营风险。目前，第三方支付平台等大型数字金融机构坐拥海量的用户借贷记录、人口学数据、第三方消费数据等信息，数字金融机构可与其展开合作，依托其海量数据建立大数据风控体系。

第四，数字金融机构应在主动、严格落实监管要求的前提下理性扩张。如上节所述，我国大多数信用中介型平台为牟取一时之利，未能严格落实监管机构的银行存管、信息披露等要求，导致平台在行业备案中合规成本大幅上升，被迫退出金融市场。此外，部分平台的监管套利行为演变为非法自融、集资诈骗等犯罪活动，最终面临法律制裁。目前我国数字金融发展尚未成熟，许多法律法规尚未完善，数字金融机构在短期内有许多监管套利的空间。但从长期来看，数字金融机构应在保证合规性的前提下扩大规模，否则将不利于平台自身和金融市场的稳定发展。

总而言之，在数字金融蓬勃发展的背景下，P2P网贷行业的发展历程对数字金融未来发展具有重要的参考价值。只有数字金融监管机构和数字金融机构共同发力，实现多主体协同共进，数字金融行业才能更好地发挥出我国金融体系的优势，更好地服务于广大"长尾人群"，最终促成数字普惠金融的长远发展。

参考文献

陈冬宇、郑海超：《我国P2P网贷市场的羊群行为及其决策理性研究》，《管理评论》2017年第1期。

黄益平、黄卓：《中国的数字金融发展：现在与未来》，《经济学（季刊）》2018年第4期。

刘翔等：《P2P网络借贷研究进展》，《系统工程学报》2020年第3期。

---

① CSDN技术社区，https：//blog.csdn.net/yunqiinsight/article/details/100690201。

唐齐鸣等：《农业供应链金融与 P2P 网贷平台协同发展研究》，《农村金融研究》2019 年第 4 期。

陶玲、朱迎：《系统性金融风险的监测和度量——基于中国金融体系的研究》，《金融研究》2016 年第 6 期。

谢平、邹传伟：《互联网金融模式研究》，《金融研究》2012 年第 12 期。

杨东：《监管科技：金融科技的监管挑战与维度建构》，《中国社会科学》2018 年第 5 期。

余涛：《P2P 网贷与债券等同论之批判》，《浙江工商大学学报》2020 年第 3 期。

周宇：《金融危机的视角：P2P 雷潮的深层形成机理》，《探索与争鸣》2019 年第 2 期。

后　记

在本书的撰写过程中，我们深刻认识到数字普惠金融对我国未来经济社会发展的重大意义。第一，数字普惠金融是当下金融业的实践前沿，也是学术界研究的热点话题。第二，目前来看我国数字普惠金融的发展过程中仍然存在较多问题亟须解决，学术界也需要丰富的研究成果来发展数字普惠金融的相关理论，为业界实践提供指导。第三，我国数字普惠金融创新、风险与监管之间相互联系、密不可分。可见，我国数字普惠金融发展具有重要的经济与社会价值，值得社会各界深入探究以推动其良好发展。

在本书的撰写过程中，具有不同研究背景的团队成员怀揣着对数字普惠金融的强烈兴趣与学术热情凝聚在一起。团队成员之间知识储备与思维方式各不相同，在研究热点问题时能够从多个角度出发，碰撞出思维的火花。我们历经数月编写，每周定时召开研讨会，汇报最新的写作进展，讨论写作过程中出现的问题，分享各自的收获与心得，齐心协力解决研究中遇到的每一个问题。同时，我们以严谨的学术态度对待每一篇热点评述，认真推敲每一篇热点评述的行文逻辑与表达方式，希望能够给读者带来启迪。参与本书的写作人员有（排名按文章先后顺序）：中山大学岭南（大学）学院教授曾燕、广东工业大学管理学院学生杨佳慧、中山大学岭南（大学）学院学生温君南、中山大学岭南（大学）学院学生高天洁、中山大学岭南（大学）学院王佳琳、中山大学岭南（大学）学院殷睿、中山大学国际关系学院郑思青、中山大学管理学院罗芷雅、中山大学岭南（大学）学院费钰婷、中山大学管理学院孙艺宁、中山大学管理学院学生卢文静。

本书能够完成受益于许多人的鼎力支持与大力帮助。首先，我们要感谢诸多学者与专家的指导与帮助，感谢他们给本书提出的宝贵建议。其次，我们要感谢中国社会科学出版社刘晓红编辑在本书编辑过程中所做出的重要贡献。再次，由衷地感谢团队每一位成员的辛勤工作，共同支持本书顺利完成。最后，特别感谢国家自然科学基金创新研究群体项目"金融创新、资源配置与风险管理"（编号 71771220）、国家社会科学基金重大项目"数字普惠金融的创新、风险与监管研究"（编号 18ZDA092）和广东省高等学校珠江学者岗位计划资助项目（2018）资助。

目前，关于数字普惠金融的理论研究相对较少，本书仅作抛砖引玉之用，是在这一具有广泛学术价值的研究领域的初步探索。由于时间和水平有限，本书难免存在不足乃至谬误，敬请广大专家学者与业界人士不吝赐教。

曾　燕

2021 年 5 月 15 日